2019年教育部人文社科一般项目
"近代中国西北边疆的考察与塑建"（19YJA850004）结项成果
教育部人文社科重点研究基地黄河文明与可持续发展研究中心、
黄河文明省部共建协同创新中心资助

# 近代西北"改土归流"研究

郭胜利 著

社会科学文献出版社
SOCIAL SCIENCES ACADEMIC PRESS (CHINA)

# 目　录

# 绪　论

## 一　本书写作的缘起

19 世纪末期，随着西北边疆危机的进一步加深，清政府加快推进"藩部内属""行政一体"进程，并试图通过"改土归流"对西北民族社会进行改造，加强朝廷对边疆地方的控制，但由于内忧外患日趋严重，其对西北民族社会的改造未果而终。

19 世纪末 20 世纪初，近现代国家疆域的形成与"大一统"观念的深刻影响，为近代西北民族地区社会改造奠定了基础，而晚清以来西北土司制度内涵、外延上的变化，使传统政治制度与现代政治制度之间的差距缩小，推动了近代西北民族地区社会改革的历史进程，民国政府西北"改土归流"再次被社会各个阶层所关注。

民国新疆"改土归流"，杨增新初试而未果，金树仁仓促而动荡，盛世才虽然于形式上完成了"改土归流"与边疆社会改造，但却埋下了后来新疆社会动荡的根源。作为同样从甘肃省划分而置的青海省，虽然建省较晚，但西宁"改土归流"工作在民国初年就已经提出。青海"改土归流"工作全范围展开，受地理环境迥异的影响，其民族地区局限于社会形态在青海呈现多样性特征，其"改土归流"实际上表现为草原生态系统与农业生态系统两大系统之间的矛盾，政府通过行政手段的介入，最终影响了两大系统的发展过程，并借助政治、经济、文化等手段对青海民族地区社会进行了现代化改造。相对于新疆"改土归流"，宁夏的"改土归流"工作简单明了。围绕旗县之争，省旗矛盾发展，在外部环境的重压之下，"改土归流"虽然推进缓慢曲折，但始终没有引起社会大的动荡。分省以后的民国甘肃，其民族地区社会形态几乎囊括西北大部形态，蒙古族的盟旗制度、涉藏地区的千百户制度、传统的土司制度、寺院土司制度都于甘肃有其典型形态，故而民国甘肃"改土归流"具有西北"改土归流"的完整形态，并且与西北其他三省不同，其民族地区社会改造完全由中央及地方政府主导，而非军阀起主要作用。虽然国内政治斗争、中日民族矛盾对甘肃民族地区都有所波及，但其"改土归流"工作还能顺利推行，并在一定程度上完成了民族地区社会的改造。

民国政府西北地区"改土归流"是近代中国内忧外患日益严重形势下的产物，其分别由军阀和中央政府所主导，虽然改革的目的或多或少存在着某种程度的差异，但最终还是实现了西北民族地区社会的改造，推进了西北民族地区现代化的历史进程。

"土司制度"与"改土归流"问题研究，学界成果颇丰，但相对于西南土司研究，西北土司制度及改土归流工作研究相对较弱，特别是民国政府时期，民族危机日益严重，西北地区面临着严重的边疆危机。因此加强行政一体化、对传统民族地区进行改造，成为民国政府当务之急。在内忧外患接连不断、中央政府力所难及的情况下，西北地区仍能保持较为稳定的社会秩序，其中原因令人深思，此为本书写作原因之一。

其次，民国西北民族地区社会，所处地域空间特殊，兼具民族社会、边疆社会的两大特征；西北边疆所面临的国际局势复杂，加上其内部跨国家、跨文化、多宗教、多民族的特征，从各个方面都使得对于西北传统社会的改造困难重重。虽然在内部社会改造和行政一体化进程问题上存在矛盾，但其社会现代化的历史进程并未因之而改变，探究其间的动因与深层次因素，是为本书写作的另一个原因。

## 二　概念范围界定

### (一)　西北地理

从历史的发展而观,西北地区是一个广阔的地域范围,从清朝到民国,由于疆域的大变动,西北的地理概念也随之改变。所以本书的研究范围主要集中于甘肃、青海、宁夏、阿拉善、新疆。"西北"一词的内涵与外延,自清末以来并无官方特定范围。在近代,西北系指中国西部与北部的陆地边疆地区。民国以来,陕甘等省在世人的言论中常常包括在"西北"以内,譬如1924年举行的全国实业代表会议,在其关于筹办西北垦牧业的议案中说:"盖西北一带,如陕、甘,如接壤之蒙古、新疆、青海等地,一望无垠。"① 20世纪30年代以后,一般国人所称的"西北",其范围大为缩小,因此不少人以所谓"远西北"与"近西北"之说来界定西北范围。"远西北"一般指西藏、新疆等与邻国接壤的地区,"近西北"则包括陕西、甘肃、宁夏、青海、绥远等省。

抗战以来,"西北"专指陕、甘、宁、青、新五省的倾向愈益明显,这些从当时国民政府颁发的文件中可以清楚地观察到。不过,在整个国民政府统治时期,并没有对西北做出明确的、统一的规定,1934年,戴季陶对此提出不同的看法:"目前一般人所谓西北,大都是指中国腹地,顾名思义,'西北'二字,应该是西北的边区,现在差不多以潼关以内的地方,统统叫做西北,其实在历史上,陕西、河南一带都是中国的中原,从地图上看去,也是在当中,至少要甘肃以西,才能叫做西北,不过这一带地方,因为多少年来,只有破坏,而无建设,文化的衰落,的确同边地一样,经济情形,也是如此。"② 由此可见,除了地理因素,当时国人常从社会经济与文化发展的角度,

---

① 《全国实业代表会议关于筹办西北垦牧业议案》,载中国第二历史档案馆编《中华民国史档案资料汇编》第3辑,农商(一),江苏古籍出版社,1991,第569页。
② 戴季陶:《西北救灾与兴业的起点》,中国国民党中央党史委员会:《革命文献》第88辑,台北,"中央"文物供应社,1981,第93页。

界定西北的范围。但是不管民国以来的西北所指范围有何变故，一般都包括甘宁青新在内。显然民国时期所言西北者多指的是陕西、甘肃、宁夏、绥远、青海、新疆各行省全省以及外蒙古西部，唐努乌梁海、科布多、阿尔泰等处。[①] 其面积约占全国面积的1/3[②]，人口不足全国的5%[③]，是一个地广人稀、资源丰富、战略地位极其重要的地区。

### （二）传统政治

民国初年，西北民族地区依旧沿袭旧有的统治形式，传统政治制度依旧存在，主要有盟旗制度、札萨克制、千百户制度等。

盟旗制度是清朝中央政府为了加强对蒙古地区的统治，实现"众建以分其势"的目的，在西、北蒙古族地区设置的基层政权组织，它集军事组织和社会组织功能于一身。旗有旗长（札萨克），数旗为一盟，盟设盟长和副盟长。盟旗制度是八旗制度与蒙古地区原有的"鄂托克""爱马克"等社会制度相结合的产物。旗的基本设置是金字塔形的层级管理体制，位于最上层的是旗札萨克，旗札萨克负责旗内一般行政军事等事务。协理台吉以及管旗章京协助旗札萨克处理旗务，前者可以代理旗札萨克，从王公台吉中选拔，经盟长呈报理藩院由皇帝任命，没有任期限制，为终身制。后者不能代理旗札萨克，无须皇帝任命，从台吉中选择，没有任期限制。旗下最基本的组织就是牛录（汉语称为佐领，蒙古语称苏木），设苏木章京，管理有关苏木的一切事务，其副职为昆都，旗内超过十苏木设立章京两名，不超过则设一名，管理一般地方旗民事务，受协理台吉、管旗章京控制。此外，札兰为旗的军事单位，每四至六苏木设立一名札兰章京。苏木之下的组织为达鲁噶（什户长或什长），是十户的组长，战时指挥士兵，平时维持治安，执行法律，调查户口等。以上这些官员都享有俸禄，有向

---

① 《开发西北计划大纲》，载中国第二历史档案馆编《中华民国史档案资料汇编》第5辑，第一编政治（二），江苏古籍出版社，1994，第391页。

② 寿昌：《西北建设的前提——铁道政策》，《建国月刊》第2期，1936。

③ 胡焕庸：《中国人口之分布》，《地理学报》第2期，1935。

所属部民征收赋税的特权。其中，苏木佐领是仿照满洲八旗牛录的建制而设立的，分为世袭和非世袭两种。世袭的又分为勋旧佐领、优异佐领、合管佐领。非世袭的则分为公中佐领与滋生佐领。清代的旗主要有四种形式，内札萨克旗、外札萨克旗、内属蒙古旗、喇嘛旗。

千百户制度是一种以千户、百户等官吏为主体的藏族基层管理制度，其实质与土司制度相同，均为中央政府对少数民族地区进行管理而实行的符合地方民族历史与社会发展状况的特殊行政管理体制。千百户制度的出现可以上溯到元朝，成吉思汗建国之初，实行分封制，把所属民众按万户、千户、百户、十户为单位，封给亲族和功臣，受封之人称为万户长、千户长、百户长、十户长。元朝建立后，这一制度被推广到全国，蒙古人之所以采用以人口的多寡作为其建立管理体制的依据，最根本的原因在于蒙古族是一个游牧民族，迁徙无常，不能像农耕民族那样以地域为单位划分管理的范围，而只能以人口的多寡来确定管理的规模，这种编制对于青藏高原从事游牧业生产的藏族来说，可谓因地制宜。所以到了明清以后，这一制度得到进一步的充实和发展，成为青藏高原上行之有效的地方管理形式。千百户一般具有多重身份，他们既是部落首领，又是政府在当地的执政者，对部落的所有事务诸如草场、人口、纠纷调解等负有管理的使命。藏族牧区由于游牧的生产方式，使得人员的流动性很大，但是这种流动是整个部落的集体行动，并没有打破原有的行政隶属关系，为了防止这种隶属关系被破坏，《青海番例六十八条》专门规定：部落人逃走、聚众携械同逃、追赶逃人等条目，其中对千户长、百户长等不履行其管束、追赶之责的，进行处罚。[1]

明清时期，中央政府除在河湟地区加强军事与地方行政组织建设外，也针对河湟地区诸族群具有的文化特性，通过相应的宗教组织对其加以控制。格鲁派兴起后，河湟地区众建寺庙，佛事大盛，出家修

---

[1] 青海省地方志编纂委员会编《青海省志（八十一）·附录》，青海人民出版社，2003，第 276~277 页。

行者日增。《西宁府新志》云："边人见其（僧侣）车服赫奕，殊以为荣。故番人、土人有二子，必命一子为僧。且有宁绝嗣而愿令出家者。汉人亦有为番僧者。"[1] 为有效管理河湟地区庞大的僧侣队伍，明代将曾在内地实行已久的僧纲制度引入河湟地区，且把汉僧、番僧加以区别，分而治之，使不同宗教派别的僧侣各得其所。由于寺院数量庞大，僧侣众多，加之当地藏族民众无论贵贱均虔敬信仰，河湟僧纲司的职责、权力与内地僧纲司多有不同。寺院僧领享有很高威信，具有很大权力，亦拥有雄厚的势力，一些僧纲甚或同土司权力相等，明朝亦因此在河湟地区统治中采取僧纲、土司并用策略。这些僧职土司，享有国师、禅师、僧纲等名号，其承袭及寺院的特殊地位和权力也累代相承，有自己的牧场、庄园和属民，与世俗统治系统并存，并且逐渐形成了经济实力雄厚的集团，成为西北政治舞台上一支不容忽视的力量。

## 三 研究现状及趋势

### （一）研究现状

20世纪前40余年，对中国土司制度的研究情形，查阅《边政公论》《新亚细亚》《禹贡》《地学》《云南》等刊物，当时著名的研究者有凌纯声、林耀华等人，并形成了一系列论文、专著、调查笔记等；20世纪50年代，国家对民族问题研究逐渐重视，土司制度研究在研究理论、研究方法、史料整理等方面开始有了新的突破，出现了吴永章、龚荫、杜玉亭等一大批学者。其主要成就集中于以下几个方面。

土司制度方面。佘贻泽、凌纯声、江应樑、吴永章、龚荫、李世愉、方铁、李良品等专家学者硕果累累。近年来，学界一些学者提出进一步整合人类学（民族学）、政治学、历史学等学科的"土司学"。

---

[1] 杨应琚：《（乾隆）西宁府新志》卷15《祠祀志》，青海人民出版社，1988，第385页。

对于土司制度，佘贻泽①、杜玉亭②、李干③、龚荫④等持土司制度始
于元代；江应樑⑤、张永国⑥等学者持始于明的观点。近人多持初倪于
元，形成于明，盛行于清，衰于民国，终于中华人民共和国，也有始
于明而衰于清的说法。但从总体而言前者观点得到了学界大多认同。
土司制度与羁縻州制虽然都属于封建王朝统治少数民族的一种政治制
度，都具有世袭其官、世有其土的特点，具有土官制度的形态⑦；在
土司制度形成时间上，学术界有"宋代说""元代说""明代说"三
种观点，但一般仍以"元代说"为代表。⑧

　　西北土司制度研究，在区域性上自有其不同西南土司的地域形态
与自身特征。高世荣在《西北土司制度研究》中阐述了西北地区土司
制度的起源、发展等历史，认为西北土司上起蒙元，下讫解放初始，
是传统羁縻政策与西北民族社会结合的产物⑨，龚荫、李世愉等学者
认为其不仅涵盖典型形态的农业土司，周务学、贾霄锋等也把藏族地
区的千百户、部落头人归入土司之列，民国时期的札萨克、盟旗相对
于清朝时期而言，已经发生了很大的变化。虽则名义上还保有世袭罔
替、世领其土、世有其民的成分，但此时的札萨克业已成为民国各地
方政府治下的地方势力，丧失了清朝时期的政治地位与特权，随着民
国政治体制的建立，其实际上与土司并无本质差别。所以就有学者认
为"按其性质，实为土官"⑩，"在一定意义上，哈密的札萨克旗制就

---

① 参见佘贻泽《中国土司制度》，重庆，正中书局，1944。
② 参见杜玉亭《试论云南土司制度研究中的几个问题》，《学术研究》（社会科学版）1964
　 年第 1 期。
③ 参见李干《略述元代土司制度中的几个问题》，《学术研究》（社会科学版）1964 年
　 第 1 期。
④ 参见龚荫《中国土司制度》，云南民族出版社，1992，第 23 页。
⑤ 参见江应樑《民族研究文集》，民族出版社，1992。
⑥ 参见张永国《关于土司制度研究中几个问题》，《贵州文史丛刊》1986 年第 4 期。
⑦ 张永国：《关于土司制度研究中几个问题》，《贵州文史丛刊》1986 年第 4 期。
⑧ 参见龚荫《中国土司制度》，云南民族出版社，1992，第 23 页。
⑨ 参见高世荣《西北土司制度研究》，民族出版社，1999。
⑩ 王希隆：《西北少数民族史研究》，民族出版社，2003，第 249 页。

是土司制度的一种表现形式，是具有土司性质的盟旗制"。① 王继光先生在《安多藏区僧职土司初探》一文中明确提出"僧职土司"一说。② "僧职土司与世俗土司相比，名号虽异，统治机构与承袭关系上有所差别，但在接受朝廷敕封、世袭其职、分土司民这个根本特点上与世俗土司相同"。③ 但随着西北土司制度研究的进一步深入，于西北地区土司界定方面，近年来武沐④、李世愉等学者认为札萨克、盟旗、僧职与土司是为两个不能混淆的实体概念。

改土归流原因。王钟翰认为，改土归流是由于土司制度的存在已逐渐成为统一多民族国家进一步发展和巩固的障碍，经济基础的变化促使上层建筑随之引起变革。⑤ 李世愉认为，改土归流本身是历史的产物，它的发生有着深刻的社会原因。一方面，从土司制度看，它的发展已被历史证明不适应多民族国家的统一和巩固，同时已不能被封建政权所继续容纳，改流已成为客观需要。另一方面，从封建政府看，已具备了强大的政治、军事、经济力量，能够进行改土归流。⑥

改土归流的目的。在政治上废除土司的统治，打破土司分散割据的局面；在经济上，在土司地区实行科田纳粮，变土司对土民的剥削为中央王朝直接进行粮赋的征收，以增加经济收入；在军事上解除土司的武装和收缴土司的武器，以防止地方人民的反抗，加强对地方的直接军事控制。⑦

改土归流措施和影响。吴永章认为，清王朝改土归流的具体做法是以不同借口，裁革土司，集中力量打击强大的不法土司。从大土司

---

① 李国栋、李洁：《哈密的札萨克旗制》，《周口师范学院学报》2005 年第 4 期。
② 王继光：《安多藏区僧职土司初探》，《西北民族研究》1994 年第 1 期。
③ 高士荣：《西北土司制度研究》，民族出版社，1999，第 188 页。
④ 武沐、张锋峰：《再释"土司"一词的演变》，《青海民族研究》2017 年第 2 期。
⑤ 王钟翰：《中国民族史》下，武汉大学出版社，2012，第 1439~1441 页。
⑥ 李世愉：《试论清雍正朝改土归流的原因和目的》，《北京大学学报》（哲学社会科学版）1984 年第 3 期。
⑦ 胡绍华：《中国南方民族史研究》，民族出版社，2004，第 143 页。

集中地区开始，后及其他地区，武力威胁与安抚结合。[①] 在改土归流影响方面，王钟翰认为，改土归流是土司统治地区各民族政治、经济制度上的一种变革，对各民族地区社会政治、经济、文化有较大影响，归纳起来其影响有四个方面：第一，有利于统一多民族国家的巩固和发展；第二，革除了一些旧制陋规；第三，促进了原土司地区社会经济的发展；第四，促进了土司地区文化教育的发展。[②]

### （二）不足之处

在西北土司制度方面，民国时期西北地区"改土归流"研究较为薄弱，目前国内还没有系统化、理论性成果出现，且多呈分散状态，其主要研究状况如下。

（1）对于民国西北地区"改土归流"的认识

"改土归流"不单单是改设流官的问题，它涉及政治、经济、宗教、文化等一系列的改革。民国以前的"改土归流"，学界多指中央政府废除少数民族的土司制度，改由中央政府选派流官的措施，是历史上改"土官"为"流官"这一复杂现象的概括。民国初期，对少数民族地区实施间接统治的亚形态的土司制度还广泛存在，故而，"改土归流"亦为改世职（札萨克、盟旗、寺院等）为地方官（流官）管理。民国时期，传统政治的一体化改造与民族地区社会的现代化进程互为交织，使后人在民国西北民族地区"改土归流"问题上认识不够清晰，再加上 20 世纪 30 年代中后期中国西北边疆危机日益加重，人们多是从边疆国防角度来审视西北问题，在一定程度上忽视了民国西北民族地区的"改土归流"。

（2）民国西北地区"改土归流"的研究领域

在地理空间领域，民国甘肃"改土归流"研究，主要集中于卓尼、拉卜楞寺地区，宁夏主要集中于阿拉善旗，新疆主要集中于哈密

---

① 吴永章：《论清代鄂西的改土归流》，《中央民族学院学报》1987 年第 5 期。
② 参见王钟翰《中国民族史》下，武汉大学出版社，2012，第 1453～1455 页。

地区,相对于民国青海藏族聚居区,新疆北疆哈萨克、蒙古族地区"改土归流"研究尚存在区位空缺。

在研究对象上,国民政府认为土司属于各省地方事务,应委任各省处理,并没有设置中央机构予以专门管理,故而民国西北地区"改土归流"主要由两个层面构成:中央政府与地方政府。在研究过程中,学者多注重地方层面,甘肃省政府、杨增新和金树仁时期新疆研究较为充分,马鸿逵时期宁夏亦有涉猎,马步芳时期青海、盛世才时期新疆明显不足。

在对象分析上,民国西北地区"改土归流"研究中,对于其背景、进程、影响等方面的研究,学者们多从政治因素分析,对于影响民国西北"改土归流"历史进程与发展方向的经济状况、社会心理、地理空间、气候变化等因素注意不够,导致相关支撑的分析及理论相对单薄。

(3)"改土归流"与近代中国政治关系

民国西北地区"改土归流"是清末以来"藩部内属""行政一体"的延续,是中国西北地区现代化进程中不可或缺的一部分,探讨"改土归流"与中国近代政治重建中民族政治关系建构问题,或许更有助于我们理解当前中国民族区域自治制度的理论价值与现实意义。故而,在民国西北地区"改土归流"与新中国初期的民族社会改造之间的关系上,在学术研究层面有待关注。

**(三)研究趋势**

土司制度研究中,目前学界已多注重多学科交叉研究的应用,但在民国政府西北"改土归流"研究中,学界多注重从政治学角度考察,跨学科研究的理论方法、多样化的分析手段与工具运用不多,这也在某种程度上制约了民国西北"改土归流"研究的进一步深入。因此,跨学科多样化的分析手段与工具运用将在未来西北"改土归流"研究中出现,并不断推进此一领域研究的深入。

总体而论,虽然说在研究中,学者们业已开始注意到跨学科、多样化分析手段的应用，但多处于尝试阶段，无论从微观层面还是宏观层面，都还需要进一步深入；其次，民国政府西北地区"改土归流"研究，目前尚处于分散状态，从研究领域到研究理论，亟须系统化的阶段性总结。

## 四　研究目标、重点和难点

### （一）研究目标

主要目标在于通过对民国政府西北地区"改土归流"历史进程梳理，运用跨学科研究的理论方法，多样化的分析工具与手段，总结民国政府西北地区"改土归流"的特点，揭示西北地区民族社会近代化改造的本质与规律，进一步完善民国西北土司制度研究的学科结构与理论体系，形成民国政府西北"改土归流"研究的标志性成果。

### （二）研究重点

研究的重点在于，通过对甘肃、宁夏、青海、新疆四省"改土归流"研究，分析民国西北"改土归流"的本质与特点，完善民国西北"改土归流"研究的结构框架与理论体系，探讨"改土归流"与近代中国西北边疆政治重建中民族政治关系建构问题。

### （三）研究难点

研究需突破的难点有二：跨学科研究理论方法与多样化的分析工具手段运用；民国政府"改土归流"与解放初期西北民族地区社会主义改造关系分析。

## 五　研究思路和研究方法

### （一）研究思路

首先对搜集的民国西北地区土司及"改土归流"相关文献进行梳理，继而对学术研究史进行总结分析，运用历史学、社会学、人类学、经济学等跨学科综合方法依地理空间格局分别对四省"改土归流"进行研究，分析西北民族地区现代化进程中存在的问题及其本质规律，完善民国西北"改土归流"研究的结构框架与理论体系。

**（二）研究方法**

本书以文献学研究法和历史研究法为基础，结合政治学、民族学、经济学等跨学科的相关理论和研究方法，将档案资料、文献资料、文物资料与笔记资料等有机地结合利用，把传统的历史学研究方法与现代的历史学研究方法相结合。

历史学研究方法。文献资料搜集法，搜集散失于民族地区以及现存于史籍中的文献资料、实物资料、口碑资料等；史料考证法，对搜集到的资料考证辨伪，挖掘其中有价值的资料；史实考证，对于流传于民族地区的口碑资料进行考证挖掘，以补正史，以备开发。

政治学研究方法。政治学历史分析法，把民国时期西北"改土归流"置于当时之社会背景和历史背景之下，从中对其按照不同脉络进行分析，以找出其历史现状及变化规律；经济分析法，对于民国政府"改土归流"政策的经济基础及其与政治之间的互动关系，进行分析，找出政策的制约因素；制度研究法，利用民国时期的宪法、法律等正式文件、议会的议事日程和会议记录等，从立法、司法、行政诸方面对民国时期"改土归流"政策进行系统分析；政治系统分析法，通过民国时期西北民族问题及政府应对，从中对民国政府"改土归流"政策进行动态化的分析。

跨学科研究方法。人文科学历史学资料搜集、文献分析法，民族学实地调查法，政治学系统分析法，社会学多变量分析法；自然科学生态学系统平衡理论，地理学系统研究法等。

# 第一章　清末西北社会问题与改土归流政策试行

清朝统一之后，根据"因俗而治""因地制宜"的方针，针对边疆地区不同情况，设置了相应的管理机构，制定了与之相配套的管理措施。其治边民族政策的总体指导思想为"恩威并施""因俗而治"，对于西北边疆民族地区也是以这一主导思想为出发点，在蒙古地区实施盟旗制度，在新疆实施伯克制度，在甘边地区实施千百户制度和土司制度，清朝廷根据不同地区的特点制定相应的民族政策，以期达到保境安民、维护国家统一的目的。新疆建省后，针对内部形势与外部环境变化，中央政府进一步加大西北地区行政一体化与藩部内属的政治进程，并试图通过哈密地区的改土归流推进整个西北边疆的一体化进程。

## 第一节　清末西北社会问题

嘉庆、道光时期，清朝已显衰落之势。1840 年鸦片战争之后，西方资本主义势力接踵而至，对中国社会各个方面造成猛烈冲击，使得中国逐步沦为半殖民地半封建国家。严重的内忧外患，使清政府陷入了统治危机之中，造成了"俄北瞰，英西眈，法南瞬，日东耽"的局面①，中国广大边疆地区完全暴露在列强的侵略锋芒之下，中国西北

---

① 　陈永正编《康有为诗文选》，广东人民出版社，1983，第469页。

地区的边疆安全局势日益恶化。

俄国对中国西、北边疆领土的觊觎由来已久。早在 17 世纪中叶，俄国便开始进入贝加尔湖南岸地区，通过移民、修筑城堡、驻兵、设机构等对中国边疆进行侵略活动。19 世纪后的俄国保留着农奴制，仍然是一个军事封建帝国。随着俄国经济的发展，俄国商人对原料和市场的需求与日俱增。俄国开始走上军事扩张之路。1822 年，俄国西伯利亚当局颁布了《西西伯利亚吉尔吉斯人条例》，废除了哈萨克小、中玉兹汗，完全吞并了哈萨克的西部和中部地区。俄国在征服吞并中亚各个汗国的同时，以这些地区为基地，进一步向中国西北边疆地区渗透。

1825 年夏，俄国军官舒宾上校率兵越过中俄边界，深入巴尔喀什湖东南的哈喇塔拉地区，私建房屋，并向当地哈萨克人宣称"哈萨克本其旧属，今来收取租赋，欲择哈喇塔拉水草好处筑城种地"[1]。1831 年 12 月和 1832 年 1 月，俄国举行了西西伯利亚和亚洲问题委员会会议，决定进一步侵略中国西北边疆，采取"遵循一些渐进步骤和审慎态度，不去惊扰中国人。但是必须贯彻始终地、可以说是渐进地使他们理会到额尔齐斯河彼岸的一些土地，沿阿亚古斯、列普萨、科克佩克丁斯克各河流，并继续向前到斋桑湖，直到中国卡伦线，都是属于俄国的"的方针[2]。1840 年鸦片战争爆发后，清朝的积弱日益暴露，于是沙俄加快了侵略的步伐。1846 年，沙俄越过爱古斯界河，深入中国边境 700 多里。1848 年，俄国在科帕尔设立"大汗国督察官"，颁布《大汗国吉尔吉斯人的管理及谢米列契地区的监督条例》，宣布将清朝边境地区的哈萨克部落置于其统治之下。面对清政府的抗议，沙俄为自己辩护，声称此举实为"保护伊等，以备强暴"[3]。1851 年，沙

---

① 故宫博物院辑《清代外交史料（道光朝二）》，台北，成文书局，1968，第 15~16 页。

② 〔俄〕伊·费·巴布科夫：《我在西西伯利亚服务的回忆（1859—1875 年）》，王之相译，商务印书馆，1973，第 161 页。

③ 中国第一历史档案馆：《清代中俄关系档案史料选编》第 3 编（上册），中华书局，1979，第 6 页。

俄通过《中俄伊犁、塔尔巴哈台通商章程》，获得了在新疆设立领事、领事裁判权、通商免税、建立贸易圈等特权，并进一步向清政府提出了领土要求。1864 年清政府被迫签订《中俄勘分西北界约记》。之后，又与沙俄先后签订《中俄科布多界约》《中俄乌里雅苏台界约》《中俄塔尔巴哈台界约》，通过这三个勘定界约书，俄国一共割去中国西部领土 44 万多平方公里。与此同时，俄国还趁新疆发生变乱，派兵入侵新疆，非法军事占领伊犁地区十余年。

英国和俄国是当时世界上两个主要殖民帝国，沙俄从北向南扩张的同时，英国也由南向北发展，双方在土耳其、中亚以及我国西部地区形成一个长条形冲突地带。中亚是俄、英冲突的焦点之一。1873 年1 月，沙俄外交大臣戈尔恰克夫致函英国，认为巴达克山和瓦罕具有独立的性质；但又表示不拒绝英国所划定的界线，要求英国停止进一步向北扩张，这就是所谓的《格伦威尔-戈尔恰克夫协定》。通过这个协定，英俄两国背着中国政府划分了在中国帕米尔地区的势力范围。对于英俄两国践踏既定协议，私自分割中国领土的行为，清政府多次提出强烈抗议。1894 年，庆常与格尔斯商谈帕米尔问题时，发现英俄争夺小帕米尔，当即严正声明"小帕米尔应归中国"。在俄英两国达成私分帕米尔的协议后，清政府授命驻俄使臣许景澄和驻英使臣薛福成分别向俄英政府"执约力辩"①，"其中俄界址兹暂停议，此后日必重申前说"②。但此时正值甲午战争前后，清政府对于西北地区的边疆危机一时无力顾及，中国西北边疆地区日益面临着英俄帝国主义瓜分的危险。

帝国主义国家在军事和经济上加紧对中国西北侵略的同时，笼络和收买边疆少数民族上层、蛊惑煽动他们脱离清政府的统治，最终分割和瓜分中国领土，也是其侵华的主要策略和计划之一。俄国在向东部扩张的过程中，相继征服了一些信仰藏传佛教的游牧部落，他们之

---

① 王彦威、王亮辑编，李育民、刘利民、李传斌、伍成泉点校整理《清季外交史料（光绪朝）》5，湖南师范大学出版社，2015，第 2253 页。

② 王彦威、王亮辑编，李育民、刘利民、李传斌、伍成泉点校整理《清季外交史料（光绪朝）》4，湖南师范大学出版社，2015，第 1811 页。

中包含伏尔加河流域的土尔扈特蒙古部落，分布在贝加尔湖东北一带的布里亚特蒙古部落，叶尼塞河上游的唐努乌梁海蒙古部落，这些部落与中国西、北地区的蒙古族有着深厚的血缘和历史关系，而且同蒙藏地区一直保持着密切的宗教联系，俄国就利用这一特殊关系加紧向西北蒙藏地区渗透，培植亲俄力量。1741 年，俄国政府在色楞格斯克东南修建了桑格里寺，同年，俄国西伯利亚当局提出了关于藏传佛教的第一个正式政策，从蒙古地方迁来 150 名西藏、蒙古喇嘛，并决定免除他们对国家的一切税役。1764 年，俄国恰克图边境衙门任命色楞格部床兀儿氏出身的丹巴多尔济扎雅耶夫为后贝加尔地区全体佛教徒的首席班第达堪布喇嘛。[①] 1853 年，沙皇尼古拉一世批准了东西伯利亚总督穆拉维约夫起草的《关于东西伯利亚喇嘛教条例》，对喇嘛的等级、权利和义务、寺庙的数量、定员等都做了明确的规定；还规定，分给堪布喇嘛土地 600 俄亩，锡勒图喇嘛 200 俄亩，每额定喇嘛 15 俄亩[②]，并享有免税特权。这样俄国将上述地区的佛教完全纳入自己的统治轨道，使佛教上层成为沙俄官僚系统中的一个组成部分。[③] 从此，俄国将自己装扮成佛教的"真正保护者"，不断向中国蒙藏地区施加影响。

19 世纪 70 年代以后，俄国进一步加强了对蒙古、西藏、新疆宗教领袖的争取和拉拢，企图使他们脱离中国而接受俄国的"保护"。另一方面，由于晚清以来西北边疆政策的变化，再加上清末新政运动影响，为英俄帝国主义的侵略提供了可乘之机。俄国不断派遣宗教人员到西北地区，以"游历拜佛"为名义进行蛊惑煽动，从而给西北各民族宗教上层人士与清政府之间埋下了隐患，造成了西北地区的不稳定状态。

---

① 〔日〕若松宽：《清代蒙古的历史与宗教》，马大正等编译，黑龙江教育出版社，1994，第 359~360 页。
② 库德里亚夫采夫等编《布里亚特蒙古苏维埃社会主义自治共和国史》，乌兰乌德版，1954，第 214 页。
③ 苏德毕力格：《晚清政府对新疆蒙古和西藏政策研究》，内蒙古人民出版社，2005，第 24~26 页。

## 第二节　晚清政府的政策应对

我国自古以来就是统一多民族国家，疆域辽阔，人口众多，各民族在长期的劳动过程中共同缔造了我们伟大的国家。因此，民族关系的好坏与民族政策的制定都直接影响着国家的长治久安。只有制定出一套因地制宜、行之有效的边疆民族政策，才能处理好各个民族之间的关系，保证国家的领土统一和边疆地区的长治久安，历代统治者在借鉴前朝统治经验的基础上，也清醒地认识到边疆问题的重要性，因此他们深深地体会到"边疆一日不靖"①、"内地一日不安"②的道理。作为一个由少数民族建立的统一的多民族封建王朝，清朝建国以后，历代统治者都以晚明教训为鉴，重新调整了治理边疆的方针政策，针对边疆地区推行"恩威并施""因俗而治"的基本方针。

"恩威并施"是历代王朝对边疆地区实行的传统治理方针，作为少数民族建立的统一的多民族国家，清朝统治者也继承了这一传统理边思想。清朝统治者在总结历代王朝统治经验的基础上，从维护其根本统治利益出发，对边疆地区实施恩威并施、剿抚并用方针。一方面对少数民族上层人士实行怀柔与笼络，另一方面对边疆民族地区的割据势力和分裂行为实施军事镇压与征剿。"恩威并施"的基本方针，在清朝不同的发展阶段，由于历史环境的变化，其所偏重的方面也因之有所变化，有时表现为恩威并施，有时表现为偏之于恩，抑或偏之于威，尽管二者在不同时期表现有所不同，但无论怎样波动，都是围绕着巩固对边疆地区的稳定而展开的，二者从总体而言是相辅相成、并行不悖的。

19世纪中后期，在国内外局势的影响下，清政府被迫走上了改革救亡的道路。随着清末新政在全国的实施，清政府对于西北边疆地区

---

① 《清世宗实录》，雍正九年辛亥夏四月癸巳朔。

② 《清高宗实录》，乾隆二十一年丙子十一月己酉。

的民族政策也相应发生了变化。

行省制度在西北地区的建设。清朝立国之初，在西北地区推行因俗而治、恩威并施、笼络羁縻的传统民族政策，建立了多元化的行政管理体制，通过这些对边疆少数民族地区进行的有效治理，巩固了"大一统"的政治局面，为中国各民族之间的经济、文化交流创造了有利条件。经过清朝两百多年的发展，边疆地区在经济、文化、思想观念等各个方面都发生了很大变化。长城以北原本单一的游牧地区变成了既有游牧经济，又有农业、商业和手工业的多种经济并存的地区。随着清末新政和移民实边政策的推行，西北地区和内地的差距进一步缩小。据统计，乾隆四十二年（1777），"新疆共有移民 35 万人左右，汉族及其后裔占全疆人口的 53%。乾隆四十二年之后，汉族入疆的人口和总人口数仍在继续增加之中"①。

新疆建省前后，清政府多次降谕左宗棠等，要求其大兴屯政，尽快恢复新疆农业。左宗棠和刘锦棠审时度势采取了一系列措施，使得新疆农业人口再次聚集。经过多年来的政策扶植，新疆人口数量逐渐回升。

晚清的新政促进了边疆与内地的经济往来，尤其是大量移民的充实，促进了内地与边疆地区的文化交流。它反映了农耕文明的适应性，同时也表明了边疆少数民族地区对其他民族文化的适应性。这种文化之间的互动，为各民族超越各自狭隘地域的限制，实现相互间的社会、文化和政治的渐次整合提供了更为广泛的基础。

正是由于以上诸多方面的因素，19 世纪末清朝整个西北地区民族政策发生了转变。以左宗棠为首的一批中兴重臣纷纷提出筹边改制的种种设想和主张。虽然他们的主张各不相同，但都有一个共同的思想基础，那就是调整清初以来因俗而治的羁縻政策，改变蒙藏回部原有的政治地位，加强中央的直接管辖。正是出于上述因素的考虑，清政

---

① 曹树基：《中国移民史》第 6 卷，福建人民出版社，1997，第 495 页。

府在新疆废除伯克改行省，在蒙古移民垦边、张荫棠入藏改制、通过筹建行省等一系列改革后，逐步调整前朝前期的"齐其政而不易其俗"与"恩威并施"的施政方针。

此一筹边方略的改变，一方面是清政府治边思想的转变，另一方面是清政府面临着严重的国内外统治危机，一些民族地方势力趁机崛起。同治年间的陕甘之变，极大地动摇了清政府在西北的统治秩序。在平定陕甘回民之变过程中，以马占鳌为首的地方势力逐渐崛起，并且逐步发展成为影响甘肃政局的重要力量。虽然说整个运动以失败告终，但它给回族社会、西北地区以及清政府造成的影响并没有因为运动的失败而消失，相反，其继续通过各种隐蔽的或转换面貌的形式发挥着作用。①

河州之战后，马占鳌归附左宗棠，与马海晏、马千龄等人一同被编为清军河州镇马队，马占鳌任三旗督带兼中旗旗官，全军归董福祥甘军节制。马海晏随军作战，在平定陕甘之变中屡建奇功，渐次升为副旗官。诸马集团的最初形成则与这一时期发生的两件大事——"河湟事变""庚子事变"有着不可分开的关系。

1894 年甲午战争爆发，董福祥的甘军进京防卫，马安良、马麒随军入京。西北军力空虚，马占鳌去世后，光绪二十一年（1895）发生了河湟事变。事变发生后，清政府一面把杨昌浚、雷正绾、汤彦和革职留任，一面急调董福祥统带马步三十营督办甘肃军务进行镇压。董福祥借马安良、马福禄、马海晏之手，残酷地镇压了河湟事变。事后，马安良升任巴里坤总兵，马海晏因身先士卒记军功一次，授予花翎副将总兵衔，升为骑兵督带。

1900 年八国联军进犯北京，甘军大部被调入京，后又随驾西行。马海晏不顾自己年逾古稀，鞍前马后，心力交瘁，结果病逝于宣化，旗官一职由其子马麒担任，并赐玉麒麟一只。慈禧到达西安以后，对

---

① 霍维洸：《近代西北回族社会组织化进程研究》，宁夏人民出版社，2000，第 159 页。

诸马的忠心大加褒扬，曾赐宴马安良、马福祥、马麒等人，传谕慰问嘉奖。慈禧返京后，对西行有功人员加官晋爵。马安良由总兵升任提督，马海晏承袭父亲旗官一职。董福祥因为在阻击八国联军进军北京和攻打使馆中出力甚多，成为各国使馆要求严惩的对象。清政府被迫将其革职查办遣归固原故里，并且永不叙用。董福祥的去职，为诸马军阀的崛起铺平了道路。1902年，马安良递升甘州提督，坐镇兰州，主持大局；马麒所部重兵驻扎化隆扎巴镇，1906年被马安良保荐为循化营参将，领花翎副将衔，势力由扎巴扩展到循化地区，取得了自己在青海一带独立发展的基本地盘。

清朝末年，实行新政，裁汰旧式的绿营、防勇，仿照西法编练新军。西北诸马在军界的地位得到进一步发展和巩固，马安良的镇南军改为精锐军，又称精锐西军或西军。马安良自任精锐军总统，马麒为帮统，成为甘肃境内力量最大的一支武装。

从上述资料不难看出，由于面临严重的统治危机，清政府不得不改变原有的西北民族政策，在边疆地区推行行省制度，逐渐改变"齐其政不易其俗"传统的羁縻政策，通过各种手段取消地方势力的政治特权，达到整齐划一的统治秩序。同时由于国家财力所限，一些传统的优抚政策也在变得形同虚设。面对崛起的地方军事势力，在不危及统治的前提下允许其在一定范围内存在，并加以限制和利用。

清朝成为我国统一多民族国家最终形成的重要时期，这与其数百年来的社会经济发展、边疆民族政策的正确实施都有很大的关系。清朝前期，在逐步统一全国的过程中，吸取了历代封建王朝的治边经验，继承了汉唐以来的传统的羁縻政策，采取从俗从宜的方针，使西北民族地区保持了近百年的社会稳定、经济发展，各民族之间的往来日益紧密，最终形成了统一的多民族国家，奠定了近代中国的疆域和民族格局，促进了各民族之间的交融。

但是我们同时也应该看到，作为封建专制王朝，其所制定的一切政策都是为统治阶级利益服务的，难免都会打上该时代的烙印，具有其时代的局限性。因此，对于清朝的民族政策，我们也应该一分为二地进行分析，在肯定其积极性一面的同时，也要客观地看到其消极的一面。

清政府虽然对部分少数民族上层人士施之以笼络手段，但作为以少数民族身份入关的清政府，其首先要维护的是满族贵族的特权利益，尽管对少数民族上层人士封官赐爵，给予种种特权，但仍采取隔离、牵制等措施加以防范，这反映出清代民族政策仍然具有民族歧视与民族压迫的特征。特别是清末新政以来，随着边疆与内地一体化新政改革的推行，这些丧失了原有特权的少数民族上层人士，逐渐产生了不满的倾向，埋下了清末民初边疆民族地区的动荡根源。

清朝在西北地区的一切政策，都是出于维护国防安全的考虑，左宗棠在规复新疆的过程中曾经指出："重新疆者，所以保蒙古；保蒙古者，所以卫京师。西北臂指相连，形势完整，自无隙可乘。若新疆不固，则蒙部不安。匪特陕西、山西各边时虞侵轶、防不胜防，即直北关山亦将无晏眠之日。"[1] 因此，清朝对于西北民族地区，更多出于政治安全的考虑，对于民族地区经济文化方面相对就比较薄弱。特别是在文化方面，仅仅停留在语言文字的保留这一层面，对于民族地区的教育只注重少数上层人士的培养上，因此造成广大下层民众极易为少数破坏分子挑拨利用，为帝国主义从中渔利和民族分裂势力的萌发造就了温床。

为了维护自己的统治，清朝政府针对边疆少数民族先后出台了《回疆则例》《蒙古律例》《西藏通例》《理藩院则例》等一系列法规、政策，无形中在各民族之间造成隔阂。一方面，清政府大力提倡满蒙联姻；另一方面，严禁蒙汉两族之间通婚，不准内地汉民出关，不准蒙古王公延请内地书吏学习儒家文化。在新疆地区，清政府还专门修建了满、汉、回城，以隔绝各族人民之间的联系。就是在同一民族内

---

① 左宗棠：《左宗棠全集》奏稿 6，岳麓书社，2009，第 649 页。

部，清政府也实行限制和隔离政策。为了维护自己的统治，清政府也承袭了过去的"以夷制夷"的政策，最终达到分而治之的目的。这样做的严重后果是造成了部分边疆地区现代国家意识的淡薄，一旦中央权威丧失，国家出现动荡，边疆地区就极易出现民族势力抬头的现象，特别是偏远的民族地区，长期以来下层民众只知地方的宗教和部落头人而不知国家，这样就形成了清末整个西北的动荡，为英俄帝国主义国家分裂中国的企图形成了可乘之机。因此在内外危机之下，对于西北民族地区传统政治改造就成为当务之急。

## 第三节　清末西北改土归流试行及其影响

乾隆二十三年（1758），清朝于哈密设立办事大臣，办理哈密粮饷、回部以及往来一切政务。1884 年后办事大臣裁撤，唯留哈密通判，通判下辖巡检一员，分别管理"地土民情、往来大臣、官员、差役、遣犯盐菜口粮骡价车价等事，并官兵养廉粮饷"①，以及监狱兼地方事务。汉人和不属于札萨克亲王的回民及蒙古人亦为哈密厅所管辖。而"所有回户皆伊萨克（即第五代旗长）之阿拉巴图（奴）"②，回部民向回王纳税、申诉法律纠纷。1907 年日野强至时见到"（哈密）以通判为长官，巡检一名为副手，以下在各个村落设乡约。官府有事即责成乡约办理，下情均经由乡约上达"③。新疆建省后，清政府对哈密札萨克旗制未予触及，农奴制生产关系依旧存在。④ 但此一时之哈密经济已经开始处于向封建地主经济过渡时期，⑤ 因之，由于严重的经济上与王府依附关系存在，哈密地方基层民众实际上依然处于王府

---

① 钟方：《哈密志》卷 25《职官志二》，台北，成文出版社，1968，第 109 页。
② 椿园七十一：《西域闻见录》卷 1，乾隆四十二年刻本。
③ 〔日〕日野强：《伊犁纪行》上卷，华立译，黑龙江教育出版社，2006，第 98 页。
④ 王希隆：《哈密达尔罕伯克额贝都拉及其投清之影响》，载王希隆《西北少数民族史研究》，民族出版社，2003，第 230 页。
⑤ 黄建华：《沙木胡索特统治时期的哈密维吾尔人的农业》，《中国社会经济史研究》1991 年第 2 期。

都尔嘎控制之下。

1884 年新疆设省，吐鲁番及南疆回部地区旧有的王公伯克幸存者甚微，因而此类地区开府置县水到渠成。然哈密于勘定新疆之役效力颇多，故其旧有王公札萨克制度得以保存。但旧有体制与现行省府制度、中央集权与地方独立的矛盾却日渐显现。

哈密所处之战略位置对于整个西北边防之意义自不待言。因而，朝廷有识之士对其亦颇有隐忧。左宗棠就哈密地区制度问题上奏朝廷，指出：

> 哈密厅旧设通判一员，原兼理地方事务。其土著户民，向本回族种类。所有诉讼案件一切，均系回目台吉、伯克等办理；所有回户滋生多寡、物产盈虚，通判不复过问。是名虽久隶版图，实仍各分气类，望其一道同风，而政教难施，渐靡无自，何以致之……所有一切兴革事宜，均应责成哈密厅承办……若援照吐鲁番例，兼管回务，缠回仍归地方官治理。一切诉讼案件，概由官审断申报。其回目台吉、伯克向以催纳贡粮为事，姑仍其旧。如有横征苛派病民情弊，许回民赴官申理（军机大臣奉旨："着照所请。该衙门知道"钦此）①。

光绪十三年（1887）九月，理藩院知照有关部门"仿吐鲁番同知之例，改铸哈密通判兼管理事回民事务官防一颗颁行领用"②。

然哈密回部王公政治地位亦非一蹴而就，《钦定大清会典事例·理藩院》载：康熙三十六年（1697），清政府封额贝都拉为札萨克一等达尔汗，雍正、乾隆年间朝廷一直对之恩宠有加。道光二十年（1840），

---

① 《哈密回务请由哈密通判兼筹折》（1880 年 9 月 11 日），载左宗棠《左宗棠奏稿·七》，岳麓书社，1996，第 585 页。

② 《镇迪道就土尔扈特蒙众等改归地方管理事给吐鲁番厅的札》（1887 年 12 月 16 日），载新疆维吾尔自治区档案局、中国社会科学院边疆史地研究中心编《近代新疆蒙古历史档案》，新疆人民出版社，2008，第 3 页。

晋多罗郡王,咸丰三年(1853),赐亲王衔,同治六年(1867),追封和硕亲王。光绪七年(1881),(伯锡尔)侄沙木胡索特袭。[1] 王府之下设协办回务伯克二员、管旗固山章京二员、扎兰章京二员、佐领十三员,管理"哈密五堡及各处回民入册者一千九百五十余户共大小男妇一万两千六百余口"[2]。回城设有回王府及衙门,职掌王府及回部民政、宗教、司法、经济文化、农田水利、王府之内政外交、武装守卫诸方面事宜。在司法上"凡两造俱系回民案件,应令将人犯交扎萨克公经营"[3]。

对于王府在哈密地位,佐口透认为"(哈密)其地位相当于所谓的'公国',哈密王是直接统治哈密属民的君王,清朝在哈密同在回部其他地区一样设立行政、军事统治机构,原则上不干预哈密居民的生活",但是"历代哈密王作为伊斯兰王公都只是在清皇室的庇护下才能行使领主权,才有可能拥有对属民的一切专权"[4]。

光绪十三年(1887)后,清政府开始注意对哈密旧有体制的变革,哈密"该地方回务,前左宗棠奏准照吐鲁番例,由哈密通判兼管办理、数年,汉、回称便"[5]。哈密厅辖地汉回称便的前提是对旧有王府权力的转移,此举势必有损于王府权益。特别是1884年裁撤哈密办事大臣之后,所遗留的职权划分转移问题更为突出。虽然哈密通判原则上兼理回务和一些诉讼案件,但并未得到实际落实,名义上权归地方,实则为王府所控。故虽然哈密通判、哈密王府同为朝廷治下的地方政权,但是囿于历史、民族、宗教以及边防诸方面缘由,两者之间存在诸多问题、矛盾。

置省后各方矛盾之显现,朝廷与王府关系的变化,首先可以从

---

① (清)会典馆编《钦定大清会典事例·理藩院》,中国藏学出版社,2006,第132页。

② 钟方:《哈密志》,台北,成文出版社,1968,第216页。

③ 常钧等辑《敦煌杂钞·哈密》卷上,1937年4月禹贡学会钞本。

④ 〔日〕佐口透:《新疆哈密的伊斯兰王国——哈密郡王统领史》,邢玉林、阿拉腾奥其尔译,《东洋学报》1991年第72卷第3、4号。

⑤ 刘锦棠:《刘襄勤公奏稿》卷9,全国图书馆文献缩微复制中心,1986,第1182页。

《清实录》所载史实进行分析：

> 伯都讷副都统明春奏，札萨克回子亲王沙木胡索特因兵燹之后，修理坟墓。请赏借俸银。得旨，著照所请。准其借支十年俸银二万两，以示体恤。①
>
> 甘肃新疆巡抚刘锦棠代奏，回子亲王沙木胡索特请觐。得旨，著准其按班朝觐。②
>
> 哈密回子亲王沙木胡索特感受足疾呈请暂缓进京朝贺，允之。③
>
> 哈密札萨克回子亲王沙木胡索特在神武门外瞻觐。④
>
> 赏哈密回子亲王沙木胡索特紫缰。⑤
>
> 赏哈密回子亲王沙木胡索特黄缰。⑥
>
> 以捐助军饷，予回部亲王沙木胡索特奖叙。⑦
>
> 以因公捐输，赏回子亲王沙木胡索特黄马褂。⑧
>
> 庚申赏哈密回子亲王沙木胡索特穿带嗉貂褂。⑨

由上观之，1884 年新疆设省之后，朝廷对于王府一直恩宠有加。对于朝廷德意，沙木胡索特上折亦表示"勤修斋勉循敬戒溥圣朝之雅化"⑩。光绪三十三年（1907）二月，沙木胡索特复上折朝廷达谢圣恩。对于朝廷的恩赐封赏，屡请巡抚联魁代奏叩谢圣恩。甚而于晚清飘摇之际，其亦不忘进京向朝廷表示效忠。朝廷囿于内地形势变革，

---

① 《清德宗实录》，光绪九年癸未六月辛酉。
② 《清德宗实录》，光绪十二年丙戌秋七月壬辰朔。
③ 《清德宗实录》，光绪十四年戊子十一月戊申朔。
④ 《清德宗实录》，光绪十七年辛卯十二月辛卯朔。
⑤ 《清德宗实录》，光绪十七年辛卯十二月丙午。
⑥ 《清德宗实录》，光绪二十年甲午十二月癸亥。
⑦ 《清德宗实录》，光绪二十二年丙申三月丙申朔。
⑧ 《清德宗实录》，光绪二十二年丙申四月辛巳。
⑨ 《清德宗实录》，光绪三十年甲辰十二月庚申。
⑩ 《奏为据请代奏叩谢天恩折》（光绪三十一年十二月十五日），载中国第一历史档案馆编《光绪朝朱批奏折》第 115 辑，中华书局，1996，第 574 页。

电寄袁大化、电奏悉哈密沙木胡索特贡差,"著俟路通再令进京"。①

从史料记载看,朝廷对于王府眷宠一直未断,王府与朝廷之间似并不存在问题,但通过左宗棠奏折及刘锦棠上书,置省前后,清政府在维持总体稳定前提之下,还是默许了地方对哈密旧有体制的变革,两者关系相对之前已经开始有了微妙的变化。先是左宗棠时援吐鲁番例兼管一切案件,其后刘锦棠时又把哈密回民事务奏请归哈密通判管理②,王府方面虽然对于朝廷"藩部内属、行政一体"的改制多有微词,但是囿于自身经济实力衰退,政治、军事地位降低,已经无力与中央相抗衡,故而只有采取捐助军饷、因公捐输、请觐等方式竭力向中央输诚,以期保留固有的权益。

## 一 哈密地方与王府之矛盾

有清一朝,内地与朝廷为新疆协饷、专饷总额近四亿两③,几乎为清政府 10 年财政总和。协饷用途主要为驻屯官兵俸饷,蒙古及回部王公、伯克、台吉、喇嘛岁俸。建省之初,"甘肃新疆岁饷耗近岁财赋所入六分之一"④。光绪十一年(1885),刘锦棠、谭钟麟会商后,决定自光绪十二年起关内外每年军饷总额定为 480 万两。辛丑之役后,中央财政日益困难,自光绪三十年(1904)起,甘新协饷被减少为 440 万两,再加上甘新每年负担 70 万两庚子赔款,甘新协饷实则减为 370 万两。⑤ 而当时新疆巡抚项下岁需就达 222.6 万两⑥,再加上各省拖欠之数,光绪三十三年(1907)前后新疆财政经济窘境可想而知。

---

① 《大清宣统政纪卷之六十五》,宣统三年辛亥冬十月乙未朔。

② 刘锦棠:《蒙部缠回改归地方官管辖并改铸关防片》,《刘襄勤公奏稿》卷 12,全国图书馆文献缩微复制中心,第 1605 页。

③ 齐清顺:《清代新疆"协饷"和"专饷"》,《新疆历史研究》1985 年第 1 期。

④ 沈桐生:《光绪政要》第 2 册,台北,文海出版社,1969,第 562 页。

⑤ 王树枏等纂修,朱玉麒整理《新疆图志》卷 105《奏议十五》,民族文化宫图书馆据志局本复印版,1983,第 11 页。

⑥ 王树枏等纂修,朱玉麒整理《新疆图志》卷 105《奏议十五》,民族文化宫图书馆据志局本复印版,1983,第 11 页。

对于哈密厅而言，由于整体财政状况的恶化，每年由省府拨下来的经费更是少之又少。

1884 年前，哈密厅"岁征商民进关口票每张税银四钱"[①]，哈密厅银库经费开销每年需要 5 万两，供给各官厅、驻卡、遣犯、王府、过往官员及外藩朝贡驻跸之需。[②] 1885 年，哈密厅设立税局，开始对境内行商坐贾收取赋税。王府在回城亦设有巴扎伯克，但是不能过问新城老城的税收，由哈密厅统一管理。[③] 然实际上"汉民欲至各缠庄交涉贸易者，非领回王路票亦不敢入"[④]。故而此一税项对于哈密厅的庞大开支而言，无异于杯水车薪。要想解决财政困难，此时亦只有把注意力转到民间，但哈密地区财政实际为王府所控，哈密回王直接统治的城邑有"哈密、素木哈尔灰、阿思他纳、托哈齐、拉珠楚克、哈拉托巴"[⑤]。根据马达汉 1907 年的调查，哈密人口当在 1.8 万人以上，其中绝大多数是维吾尔族人。[⑥] 哈密通判所辖者为汉族和不属于札萨克亲王的回族及蒙古族人民。据《新疆图志》所载"其地膏腴之土，多属王业……有采地三万"[⑦]，到沙亲王时期耕地面积扩大到三万四千二百多亩。[⑧] 民国初期，王府还"有羊十余万头，牛马各数千头，骆驼数十。岁收田租变卖银钱均埋于地下，知其底蕴者云，至少五百万元"[⑨]。

"哈密回部亲王因在同治叛乱期间向清廷贡献过军费，又有捕拿回匪首领之功，故规定当地的缠回一律向王爷缴纳赋税"。虽则地方

① 钟方：《哈密志》卷 21《食货志四》，台北，成文出版社，1968，第 93 页。
② 钟方：《哈密志》卷 20《食货志三》，台北，成文出版社，1968，第 85~92 页。
③ 苏北海、黄建华：《哈密、吐鲁番维吾尔王历史》，新疆大学出版社，1993，第 60 页。
④ 刘润通：《哈密直隶厅乡土志》，载马大正、黄国政、苏风兰整理《新疆乡土志稿》，新疆人民出版社，2010，第 150 页。
⑤ 椿园七十一：《西域闻见录》卷 1，乾隆四十二年刻本。
⑥ 〔芬兰〕马达汉：《马达汉西域考察日记（1906-1908）》，王家骥译，中国民族摄影艺术出版社，2004，第 332 页。
⑦ 王树枏等纂修，朱玉麒整理《新疆图志》卷 2《建置二》，民族文化宫图书馆据志局本复印版，1983，第 10 页。
⑧ 祁连山等：《哈密王的政教合一统治》，载新疆社会科学院宗教研究所编《新疆宗教研究资料》第 1 辑，1979，第 20 页。
⑨ 林兢：《西北丛编》，台北，文海出版社，1974，第 231 页。

"租税缴纳谷物,大体每亩地征麦一斗三升,其中两成到了地方官员手里"①。实际却是"田归回民耕种,入粮于其王,满汉官无与焉"②,再哈密厅权力有限,其财赋所入寥寥无几。而王府为自身利益考虑,对于此一部分权力让渡势必难从厅府之意。经济权力争夺在所难免。由此所致"地方官和王爷极少往来,除诉讼公事等万不得已的情况外,互无来往。需要见面时都是地方官前往造访王爷。然而地方官的言谈里常常流露出对王爷的轻蔑之情"③。正是哈密厅与王府之间的冲突,方有后来"五月二十六日和加米雅斯杜格买提勾串匪党造谣敛钱,称厅官奉文缠民归厅管辖,不供回王粮差"出现。④

## 二 民众与王府之矛盾

1907年日野强路过哈密,对于民众与王府的关系曾有一定认识:"回部王与民众的关系大体如同路人。"⑤橘瑞超后来在拜访哈密回王时亦提到"对部族的统治过于严酷,同族中反对的人也有不少"⑥。究其缘由,杨增新的见解可谓一针见血:"哈密缠民向与回部沙亲王因差徭繁苛,感情甚恶,又沙亲王系老回王之妻侄承袭王爵,并非嫡嗣,故缠民多有不服。"⑦"再加上(王)显得奉承和懦弱……使人有厌恶之感"⑧。两

---

① 〔日〕日野强:《伊犁纪行》上卷,华立译,黑龙江教育出版社,2006,第98页。
② 转引自林则徐《荷戈纪程》,方希孟著,李正宇、王志鹏点校《西征续录》,甘肃人民出版社,2002,第55页。
③ 〔日〕日野强:《伊犁纪行》上卷,华立译,黑龙江教育出版社,2006,第98~99页。
④ 联魁:《讯结哈密缠回聚众滋事分别惩办折》(光绪三十三年十二月二十五日),载中国第一历史档案馆编《光绪朝朱批奏折》第115辑,中华书局,1996,第601页。
⑤ 〔日〕日野强:《伊犁纪行》下卷,华立译,黑龙江教育出版社,2006,第340页。
⑥ 〔日〕橘瑞超:《橘瑞超西行记》,柳洪亮译,新疆人民出版社,1999,第104页。
⑦ 《电呈哈密叛缠情形现派都司张彩廷前往招抚文》,载杨增新《补过斋文牍》乙集一,台北,文海出版社,1965,第291页。
⑧ 〔芬兰〕马达汉:《马达汉西域考察日记(1906-1908)》,王家骥译,中国民族摄影艺术出版社,2004,第381~382页。而在〔德〕阿尔伯特·冯·勒柯克(Albert von Le Coq)《新疆的地下文化宝藏》(陈海涛译,新疆人民出版社,1999)第99页记载"哈密王沙木胡索特(Shak Maksud),是一个非常精干、聪明、可爱的人"。橘瑞超在其西行记中亦记载:最通达世情而且理解力丰富的人。参见〔日〕橘瑞超《橘瑞超西行记》,柳洪亮译,新疆人民出版社,1999,第104页。

者关系势如水火。

而王府苛刑重赋，是为王府与民众根本矛盾所在。对其中外史料颇有所载：

> 小过用五尺棍棒责打，大过则投入黑牢，或放逐到华里数百里远的沙漠中服放牧牲畜的苦役，再甚者则处的死刑。听说王爷的羊群头数多达 15 万头，主要靠服流刑的苦役牧养。[1]

后来参加 1907 年起义的人追述：

> 王府的劳役太沉重了，我们累折了腰也完成不了。王府的四万亩农田要我们耕种、收刈，还要我们提供种籽、耕畜、耕具，他的牧场也由我们照管，并且限定每年孳生幼畜的数量。此外我们还要参加王府的运输、土木工程、家务以及对官府的差徭等劳动。[2]

沉重的徭役使"一月中，每户缠民得做己事者，不过六七日耳，余均供回王及头目之差，妻女亦轮流前往执役"[3]。严酷的刑罚、沉重的赋税、无止境的徭役、落后的农奴制经济与新疆其他地区相比，已经成为制约哈密地区经济发展的桎梏，因而此次"改土归流"业已成为广大下层民众的迫切要求与社会生产力发展的必然。

王府宗教地位的变化及其与宗教下层之矛盾。在此次"改土归流"运动中，"陈天禄突将匪党毛拉惹吉派充乡约，该毛拉惹吉复听和加米雅斯、杜格买提唆使，聚众抱经盟誓，复入回城滋闹，威胁城乡善良缠民不许归回王管辖"[4]。由是可知，宗教阶层在此次"改土归

---

① 〔日〕日野强：《伊犁纪行》上卷，华立译，黑龙江教育出版社，2006，第 98 页。
② 包尔汉：《新疆五十年》，文史资料出版社，1984，第 21 页。
③ 陈赓雅：《西北视察记》（影印版），台北，文海出版社，1980，第 349 页。
④ 联魁：《讯结哈密缠回聚众滋事分别惩办折》（光绪三十三年十二月二十五日），载中国第一历史档案馆编《光绪朝朱批奏折》第 115 辑，中华书局，1996，第 601 页。

流"运动中的积极作用。

关于哈密王府政权的性质，佐口透认为被授予札萨克爵位而崛起的是哈密郡王，王希隆先生认为哈密施行的是军政合一的札萨克旗制，其具有土官的性质。[①] 对于哈密王之出身，祁连山等《哈密王的政教合一统治》中认为其先世是来自阿拉伯的传教先驱，为阿拉伯人，非哈密原住民。苏北海、黄建华在《哈密、吐鲁番维吾尔王历史》中认为其先世为成吉思汗黄金家族成员，是为蒙古人。[②] 但在《重修肃州新志》中记载"（其先世）本回子头目"[③]，光绪年间《辛卯侍行记》中记载"（回王）先世系白帽回，相传多畏兀儿回子孙"[④]，因此佐口透先生推测"他可能不属于察合台汗家族而是土著的豪族"[⑤]。王希隆先生在《哈密达尔汉伯克额贝都拉及其投清之影响》一文中亦认为："额贝都拉先世为哈密土著维吾尔首领的说法最有说服力"[⑥]。1912 年，大谷探险队队员橘瑞超到达哈密，访问了"回部王钦干霍加木"[⑦]。1928 年，斯文·赫定访问哈密，在《穿越戈壁沙漠》中记述"部下呼其（回王）为帕地夏"[⑧]，但是在沙木胡索特给新疆巡抚陶模的回信中提到其先世"额贝都拉之高祖伊萨敏、曾祖博启、祖默默特雅尔、父默默特夏伊，四世皆为伯克"[⑨]，因之，此亦排除回王的宗教地位。伯锡耳故后无

---

① 王希隆：《新疆哈密维吾尔族中的札萨克旗制》，载王希隆《西北少数民族史研究》，民族出版社，2003，第 252 页。

② 苏北海、黄建华：《哈密、吐鲁番维吾尔王历史》，新疆大学出版社，1993，第 4 页。

③ 黄文炜编撰《重修肃州新志》，载张羽新《中国西藏及甘青川滇藏区方志汇编》第 20 册，学苑出版社，2003，第 396 页。

④ 陶保廉：《辛卯侍行记》卷 6，甘肃人民出版社，2000，第 370 页。

⑤ 〔日〕佐口透：《18—19 世纪新疆社会史研究》，凌颂纯译，新疆人民出版社，1984，第 10 页。

⑥ 王希隆：《哈密达尔汉伯克额贝都拉及其投清之影响》，载王希隆《西北少数民族史研究》，民族出版社，2003，第 224 页。

⑦ 〔日〕橘瑞超：《橘瑞超西行记》，柳洪亮译，新疆人民出版社，2013，第 100 页。

⑧ 〔瑞典〕斯文·赫定：《中亚探险纪行全集》6 (9)，《穿越戈壁沙漠》，第 324 页。转引自〔日〕佐口透《新疆哈密的伊斯兰王国——哈密郡王统领史》，邢玉林、阿拉腾奥其尔译，《世界民族》1992 年第 5 期。但查诸国内版本，并未见该条记录，因之，此条应为日文版之 S. Heden《シルケロド（ヘデイン中央アジア探険纪行全集 9）》（〔日〕西义之译，东京白水社，1965）所记载。

⑨ 陶保廉：《辛卯侍行记》卷 6，甘肃人民出版社，2000，第 370 页。

嗣，其妻将己女嫁与沙木胡索特，以沙木胡索特出身 aq-Suyok（白骨头）之故①，于光绪八年，得到了清政府的册封入继袭爵。②

虽说在一些外国人的记载中，沙木胡索特被称为"和卓木""帕夏"，但其宗教上地位实非如此。有清一代"和卓迅速繁衍而又没有严密的继承制度，任何人都可以自编谱系冒充圣裔，结果和卓满地走，圣裔大泛滥"③，和卓家族最后退出新疆的历史舞台，也就成为势所必然。④ 因此，无论沙木胡索特是否还有和卓家族的光环，其宗教地位下降是不以其主观意志为转移的，这就造成了其在教民心目中宗教地位的下降，才会有众多维吾尔族民众一呼百应，走上街头。

对于宗教的管理，王府之内小台吉之下附设管理各区宗教审判事务的宗教审判两人，根据宗教法规裁决遗产的宗教事务主管三人，王府还指派 9 名民事阿訇，各负责一定范围内的宗教民事。在沙木胡索特时期，哈密新、老城设有两座大清真寺，因其规模及政治地位，使得其在哈密所有维吾尔族清真寺中居统治地位。其掌教大阿訇是王府统治核心集团成员，处事秉承回王旨意，回王通过掌教大阿訇控制着整个清真寺系统。⑤ 虽然王府利用阿訇向民众灌输"王爷、阿訇、巴依和农民、牧民之分都是安拉决定的"，但是这些高级阿訇所代表的只是王府的利益，其只为王府在宗教上的代言人。随着和卓地位的下降、下层民众经济状况的恶化，以及沙木胡索特身份的差异，因之其与下层教民和毛拉之间的矛盾已经转化为以经济基础为内容的宗教矛盾。因此方有出现商人和加米雅斯利用伊斯兰教关系在教徒中宣传"《古兰经》上写着我们都是一样的人，为什么维王世世代代骑在我们头上，为什么我们世世代代都是奴隶，我们要争取自由生活的权利，

---

① 〔俄〕格鲁姆-格尔日迈洛：《西部中国旅游记》，圣彼得堡，1896，第 472~473 页。
② 《清德宗实录》，光绪八年七月戊戌。
③ 潘志平：《和卓崇拜的兴衰》，《民族研究》1992 年第 2 期。
④ 马汝珩：《略论新疆和卓家族势力的兴衰》，《宁夏社会科学》1984 年第 6 期。
⑤ 苏北海、黄建华：《哈密、吐鲁番维吾尔王历史》，新疆大学出版社，1993，第 65~66 页。

我们必须推翻维王的统治"①。

正是上述缘由存在，使得王府成为当时社会诸方面矛盾问题集中所在，因而对其进行变革已在所难免。

### 三 哈密"改土归流"过程

光绪三十三年（1907）春，牙尔土合曼农民切如拉，恐因无力交"征购粮"而面临王府酷刑自缢而亡的事件，激起了民众对王府的不满。继而王府所属三道岭煤矿因倒塌事故致死农民17人，王府却冷漠处之，亦未有体恤之情，更加引起了民众普遍愤恨。王府不知体恤民情，一味强征豪夺，终于使得头堡、二堡、三堡、四堡、五堡500余民众，聚集于吐尔巴克兄弟周围，他们向王府提出：

> 1. 维王的耕地和煤窑全部租给农民，农民按期向回王缴纳赋税，不作无偿代耕。
> 2. 每月只给维王当差三天，其余时间农民可以自由支配。
> 3. 上项要求须由哈密厅作保后，并将上述条件刻在石板上立在王府门前。
> 4. 假如不能实现上述要求，我们将不要王爷，取消台吉。②

与此同时，另一支运动的代表人物和加米雅斯，因无力偿还回王的高利贷而与无法承受王府纳粮供差的杜格买提联合，他们一方面向哈密厅呈控，要求减少粮差，脱离王府的控制而归属哈密厅管辖，希望得到官府的支持；另一方面，利用民族宗教关系向广大下层民众宣传变革思想，以期得到来自民间力量的支持。

---

① 哈密公安处：《哈密农民暴动史料》，1962年4月，油印本，第6页。转引自苏北海、黄建华《哈密、吐鲁番维吾尔王历史》，新疆大学出版社，1993，第121~122页。
② 哈密公安处：《哈密农民暴动史料》，1962年4月，油印本，第5页。转引自苏北海、黄建华《哈密、吐鲁番维吾尔王历史》，新疆大学出版社，1993，第122页。

联魁在奏折中称："该通判陈天禄并不察度是非，接收禀词，后亦未详请示遵。"表明陈天禄接受了呈控，联魁所谓的"不察度是非"并非意陈不查，而是谓陈没有很好地认清形势，把握时机。因哈密情事，左宗棠奏改在先，刘锦棠肯定在后，并都得到了清政府的许可。陈天禄之为合乎大势，却未及时禀报巡抚。对于陈天禄而言，既有成例在前，又有民众支持；对于王府改革应是上合天意，下顺民心，理应是水到渠成之事。故而，其收受禀呈，着手"改土归流"。

在哈密厅的支持下，民众封堵王府大门，迫使王府向哈密厅求援。但在哈密厅默许下，事情的处理出现了反复。联魁饬令甘肃候补道杨增新就近查办。此亦表明联魁业已知哈密厅与王府之间的问题，意欲在平息事态前提下调解厅府之间的矛盾。虽然有百数十民众闹事，但是事态发展还在官府许可范围之内，表明新疆巡抚方面对于哈密厅的行为最起码是不置可否的，这就使得事情有了进一步的发展。

在杨增新的调解之下，王府方面暂时做出了让步，同意由杨增新拟定、新疆巡抚联魁批准的《缠民供支回部粮差章程》，释放和加米雅斯、杜格买提等人，减少王府的粮差供应。应该说在这一阶段，新疆巡抚、哈密厅、杨增新等方面在对王府方面立场基本上没有太大的差异。

但是，之后事情的发展却出现了变故。"嗣后陈天禄突将匪党毛拉惹吉派充乡约，该毛拉惹吉复听和加米雅斯、杜格买提唆使，聚众抱经盟誓，复入回城滋闹，威胁城乡善良缠民不许归回王管辖"。① 由于第一阶段的结果，只是解决了回部民众差粮赋税问题，对于王府与哈密厅之间的矛盾并没有根本解决。因此陈天禄将毛拉惹吉派充乡约，利用其宗教、民族身份四处活动，联络民众。陈意图利用来自民间的力量，对王府施加压力，从而进行"改土归流"工作。

光绪十年（1884）新疆撤销伯克制度，巡抚刘锦棠"通饬南路各

---

① 联魁：《讯结哈密缠回聚众滋事分别惩办折》（光绪三十三年十二月二十五日），载中国第一历史档案馆编《光绪朝朱批奏折》第 115 辑，中华书局，1996，第 601 页。

厅州县，传集各该城关事务繁闲，分设乡约……其乡庄地远，骤难户晓，旧有之伯克暂仍不裁，遇有缺额，亦不另补，以期渐照城关，一律改设乡约"①。在新疆实行新省制过程中，旧有的王公伯克制度逐渐裁汰，代之为省、府、厅、州、县、乡约制度。乡约制的实施"据各属禀报，自城关伯克后，经年以来，甚觉相安，回民去其壅蔽，亦意渐与官亲"②。1906年，芬兰探险家马达汉就注意到乡约穿戴的都是"清朝低级官员的制服"③。乡约主要职能在于承办公务、劝化乡人、稽查匪类、催缴赋税、征派徭役、管理农田水利等④，"乡约承长官之派充"⑤，自然听命于官厅。

1884年新疆设省之时，哈密因在历次平叛征战中效力颇多，因此没有进行省制改革。哈密厅通判直接派毛拉充当乡约，并利用其民族宗教身份四处活动，王府方面对此颇为敏感，因其直接威胁到旧有札萨克旗制的存废。因此，回王上呈新疆巡抚联魁，奏劾通判陈天禄并请省府妥为处理。为了抑制事态的发展，联魁被迫将陈天禄撤任调省查办，电调巴里坤镇总兵易盛富单骑前往，会同地方文武剀切劝导，以期消患于无形。这表明此时新疆巡抚方面对于事情之原因认识颇为清晰，调走陈天禄，化解哈密厅与回王府之间的矛盾，求得地方安稳。

应该说，事情发展至此应告一段落。但光绪三十三年（1907）八月十三日，却发生毛拉惹吉复纠集千数百人进入回城闹事的事件，此时形势亦发生了微妙变化，在此阶段群众运动并没有重提脱离王府、划归哈密厅管辖等口号。究竟何种缘由导致民众再起，相关资料并无

① 刘锦棠：《酌裁回官恳赏回目顶戴折》，载《刘襄勤公奏稿》卷10，全国图书馆文献缩微复制中心，1986，第1246页。
② 刘锦棠：《酌裁回官恳赏回目顶戴折》，载《刘襄勤公奏稿》卷10，全国图书馆文献缩微复制中心，1986，第1246页。
③ 〔芬兰〕马达汉：《马达汉西域考察日记（1906-1908）》，王家骥译，中国民族摄影艺术出版社，2004，第56页。
④ 段自成：《清末民初新疆乡约的特点》，《清史研究》2004年第4期。
⑤ 《指令尉犁县知事廖振鸿禀陈讼案谕乡约处息文》，载杨增新《补过斋文牍》辛集三，台北，文海出版社，1965，第2665页。

记载。但是根据后来事情发展以及民国初年铁木尔事变，可能的情况
是王府方面重金贿买易盛富、代理通判周应棻等人，意欲废除杨增新
订立之章程，恢复以前状态。① 之后以至民国前期的情况表明，光绪
三十三年（1907）的"改土归流"运动，实质上并没有减轻哈密民
众的粮赋、徭役。为了维护前一阶段的斗争成果，哈密民众在毛拉
惹吉带领下，再次进入回城，包围王府，以期最终减轻王府给予的
沉重负担。

## 四　民众、王府与地方——朝廷艰难之抉择

综观此次哈密民众之运动，其主要目的是减轻赋税、徭役负担，
脱离王府之统治，划归政府管辖，其运动始终没有反对政府的性质。

在此次事变中，清政府之角色亦颇为尴尬。应该说陈天禄"改土
归流"主要目的是"想自己把税收纳入国家税库"②，因而前期得到
了政府的默许，后来由于王府方面的强烈反对，清政府在权衡利弊
后，宣布民众围攻王府"形同叛逆"，并电饬该处文武会同王府将首
要各犯就近讯供，并委属哈密通判刘润道会同巴里坤总兵易盛富对
和加米雅斯、杜格买提进行复审，最终以敛钱聚众，捏控回王，哄
闹回城形同叛逆，问拟定罪。和加米雅斯、杜格买提、毛拉惹吉比
照直省刁民假地方公事强行出头聚众敛钱，构讼哄堂塞署，为首斩
枭例，拟以斩枭，遵照新章，改为斩决。赴省城民众"当时并未在
场，当即分别讯结，以免株累"。回部粮差讯明回王，尚无苛派情
事，饬照定章供支。讯明回王究竟怎样，遵照章程若何，并无明文。
"改土归流"无果而终。

---

① 马达汉在其考察日记中记载"军事长官（易盛富）在得了大量的贿银后也急于使事件
有个了结"，此亦可佐证事情之变故。参见〔芬兰〕马达汉《马达汉西域考察日记
（1906-1908）》，王家骥译，中国民族摄影艺术出版社，2004，第326页。
② 王家骥：《马达汉》，载马大正主编《走进中国西部的探险家系列丛书》，中国民族摄影
艺术出版社，2002，第184页。

事实上,"挑起民众骚乱的是一位当地官员"①,此令清政府处境颇为难堪,在王府、总兵、通判会审之下,毛拉惹吉供称"该革员(陈天禄)主使一节",使得清政府在处理时有些棘手,最后不得不以"到省上控诸缠民供词尚无实据"相开脱。对于此一转折,马达汉后来在哈密听到来自民间的不同声音:"15 个维吾尔人被抓,镇台、协台、代理办事大臣和沙亲王共同审讯,严刑拷打,逼迫他们招认向办事大臣(因发生事件被召去乌鲁木齐)交了 1500 两银子,让他们只需简单地认同自己是中国臣民,就可摆脱对亲王的赋税和劳役负担。在严厉的刑罚下,只有一人承认有罪,于是他被免于遭受更多的折磨。老百姓说,那个 1500 两银子的案子完全是沙亲王自己与军事长官编造出来的。"②清政府虽则明白其中曲直,但为了使得事情尽快完结,安抚王府方面,最终以"滥受禀词,不明权限,又将匪党派充乡约,以致辗转勾结,酿成巨案。虽非主使,而纵容之情显然,若仅于革职不足徽来,应请永不叙用,以徽官邪,仍俟交代清楚勒令回籍,不准在新逗留"结案。清政府在接到联魁奏折后,"谕电寄联魁,陈天禄著革职讯办"③。"以纵匪殃民,已革新疆通判陈天禄,永不叙用,并勒令回籍"④。一场轰轰烈烈的"改土归流"运动就此而结。

面对民众汹汹之情,通判剀切之意,王府惶恐之态,清政府最终选择了王府,放弃了哈密厅通判,镇压了反抗民众。原本下合民意、中通吏情、上顺"天"意的"改土归流"运动,最终却演变为王府与政府联合,采取逆大势所趋的措施的结局。个中原委,还要就下面诸方面加以分析。

---

① 王家骥:《马达汉》,载马大正主编《走进中国西部的探险家系列丛书》,中国民族摄影艺术出版社,2002,第 184 页。

② 〔芬兰〕马达汉:《马达汉西域考察日记(1906-1908)》,王家骥译,中国民族摄影艺术出版社,2004,第 326 页。

③ 《清德宗实录》,光绪三十三年丁未九月甲辰。

④ 《清德宗实录》,光绪三十四年戊申二月丙寅。

清末全国政局变化使然。清朝末年，南方面临革命党人的活动，北部、西部沙俄时有南下东进之企图，西南方面英国利用朝廷政策偏颇加紧了对西藏的控制步伐，外蒙古、西藏在俄、英干涉之下亦呈飘摇之态。严重的边疆、政治危机使得清政府不得不重新思考原有的御边政策，原有的"不易其宜""不易其俗"的方针①，已经不能适应形势的变化。为此，中央政府加强了藩属内属、行政一体化的进程。

光绪三十二年（1906）七月，赵尔丰被任命为督办川滇边务大臣，提出"慎固内地之藩属"②，开始进行川边"改土归流"。同年四月，朝廷任命张荫棠副都统衔，以驻藏帮办大臣身份前往西藏"查办藏事"，光绪三十三年（1907）三月，正式颁布《传谕藏众善后问题二十四条》③，开始全面对藏事进行改革。日俄战争之后，蒙古局势日趋紧张，1905 年 5 月练兵处军政司副使姚锡光在《实边条议》中提出蒙古改建行省主张④；1907 年 5 月，湖广总督岑春煊在《统筹西北全局酌拟变通办法折》中提出对西、北边疆各部之传统体制，必须进行"变通"，加强中央政府的直接管辖，建立行省，"以一事权"。⑤ 而陈天禄哈密"改土归流"时值政府对中央与地方管制自上而下改革之际，且从其所处周围环境言之，亦可谓迎合了朝廷和周围形势发展的需要。

但是由于哈密所处之地理位置，"盖哈密山缠多有与科乌蒙古接壤之处"，其一发而牵动整个西部、西北地区，因之，"不宜操之过急"⑥，应缓慢图之。再者，陈天禄在"改土归流"过程中，没有谋取

① 《清高宗实录》，乾隆二年丁巳闰九月丙寅。
② 四川省民族研究所《清末川滇边务档案史料》编辑组：《清末川滇边务档案史料》上卷，中华书局，1989，第 90 页。
③ 《张荫棠驻藏奏稿》：光绪三十三年二月"传谕藏众善后问题二十四条"，参见吴丰培辑《清代藏事奏牍》，中国藏学出版社，1994，第 1333～1337 页。
④ 姚锡光：《筹蒙刍议》卷上，《实边条议》1908 年北京刻本。
⑤ 四川省民族研究所《清末川滇边务档案史料》编辑组：《清末川滇边务档案史料》下卷，中华书局，1989，第 921～926 页。
⑥ 《电呈哈密回部屡叛原由拟将来改土归流并现在办法文》，载杨增新《补过斋文牍》乙集一，台北，文海出版社，1965，第 308～312 页。

巡抚方面直接支持，而是转而谋诸民间，利用毛拉惹吉的宗教、民族身份对广大下层民众进行宣传动员，这样就引起巡抚乃至朝廷方面的担忧，同治之乱的余悸让统治者对民众力量的发动时刻持有戒备心理。因之利用民间力量进行自下而上的改革，虽则其出发点是为朝廷稳固边防考虑，但亦由于触及了政府隐忧，因此其在关键时刻被釜底抽薪。历代哈密王府与清廷之间的关系，亦使得朝廷在被迫做出选择时转向了王府一边，这样既可维持与王府关系，借助王府力量统治地方，亦可把出现的问题转嫁到下层官吏身上，把从根源上为朝廷与王府之间的矛盾转化为地方官吏与王府之间的矛盾，继续维持朝廷在地方的地位和统治。

陈天禄哈密"改土归流"，反映了清末"藩部内属、行政一体"的边疆民族政策的变化，囿于国力及边疆形势的变化，最终不得不走上与旧有力量相妥协的道路，查办陈天禄，镇压为首农民，还是不得不在形式上保留了前期斗争的成果。

# 第二章　民国政府西北改土归流的思想基础

近代中国疆域的形成、大一统民族观念的发展与民国政府民族主义的形成，是民国政府西北改土归流与民族社会重塑的空间、思想、政治基础。各民族共同开发了中国的边疆，在与其他民族的长期交往中，一种新的民族意识逐渐形成，在此基础上，民国政府适应历史发展的大趋势，逐步对西北边疆民族地区进行政治、经济、文化等方面的改造，力图塑造新型现代化的边疆社会。

## 第一节　近代疆域的形成

近代中国疆域的形成，是历史发展的产物，也是中国各民族在长期的历史发展过程中相互学习、相互交流、互通有无、共同创造的结果。生活在不同地域内的各个民族，在政治、经济、文化乃至宗教上相互交流，共同缔造了中国的疆域。民国政府的民族政策就是这一疆域形成过程中的产物。

中国疆域的形成，是中国历史长期发展演变的结果。中原地区是中国疆域形成的核心，以其得天独厚的自然、地理因素成为历代政治、经济、文化的中心，其丰厚的历史文化积淀、高度发展的社会经济文化水平以及富饶的物质财富，使其历来成为各种政治斗争的中心。同时，以其高度发达的经济文化对周边民族产生了强大的吸引力，成为各个民族会集的中心地域，其所产生的精神文化、物质文化，先进的生产方式又通过各种渠道进入边疆地区，对于边疆地区的社会经济、政治、文化乃至宗教等都产生了深刻的影响。中原地区在中国疆域的形成过程中所产生的吸引力、凝聚力，为中国疆域的形成发挥了不可替代的作用。

中国疆域是以中原为中心和基础，以中原地区的政权为核心，通过政治、经济、文化等和平手段最终形成的，具有渐进性、非占领性、互动性等特点。无论经历怎样的朝代更替，其所统治的地域都有一个核心。而正是这一核心地域在历史上的不断反复，最终奠定了中国疆域的基础。在中国疆域的形成过程中，不断有新的民族和政权主动嵌入正在形成和发展的中国版图之中，与其他民族和地区产生政治、经济、社会和族体方面的联系，并最终成为中国行政管辖下的一部分。[①]

传统观念上的疆域形成之后，如果没有一定的经济文化支持，这样的疆域是难以稳定的。因此在中国疆域的形成过程中，各民族之间进行经济交流，彼此互通有无、相互依存，形成了主体民族离不开少数民族，少数民族离不开主体民族，各民族之间相互离不开的局面，为中国疆域的形成奠定了牢不可破的基础。

我国疆域辽阔，东渐于海，西至葱岭，南濒大海，北及大漠，地跨热带、温带、寒带，境内山川林立，江河遍布，气候条件、地理环境千差万别。同时，同一经济类型的民族，所处自然环境不同，经济文化类型也不尽相同，生产力、生产方式更是千差万别，这就为各民族之间互相依存、互通有无创造了先决条件。北方传统的游牧经济区由于自然条件的限制，对中原和南方农耕经济有所依赖；而中原和南方的农耕地区一方面对北方的畜牧产品有所需求，另一方面也需要北方民族来消费自己生产的产品。可以说正是双方在经济上的互相依靠，才为后来双方的互通往来打下了基础，而长时间的互相交流，又促进了各民族之间的文化互动，这样双方在互通有无、相互借鉴、相互交融的基础上，形成了经济、文化方面的一体化，形成了在一定疆域范

---

① 杨建新：《中国少数民族通论》，民族出版社，2009，第107页。

围内的长期共存，逐渐形成了今天的疆域形态。

中国疆域的形成，是各民族长期以来相互交融的结果。地域观念只是疆域形成的先期条件，生活在一定地域之内的民族，如果没有文化上的交融、认同，就不会形成现代意义上的国家疆域。中国疆域发展变化的过程，生动地反映了各民族之间在文化上互动交融的漫长过程。而在这一文化基础之上形成的疆域，具有长期的稳定性，虽然其在某一时间段，在某一地域之内会有所反复，但是从历史发展的长期来看，其还是反映了一定的稳定性。

梁启超曾经指出："华夏民族，非一族而成。太古以来，诸族错居，接触交通，各去小异而大同，渐化合以成一族之形，后世所谓诸夏是也。"[①] 梁氏此论，道出了各民族在文化上的交融过程，去小异而存大同。先秦以来各族文化相互碰撞、辐射、交融，为秦汉以来"天下为一，万里同风"[②] 的文化格局奠定了基础；到了魏晋南北朝时期，政权分立，战乱不断，但是由于民族大迁徙和大杂居，为各民族之间的文化交融提供了前所未有的便利条件，此一阶段应是中国文化的重要形成时期。中原文化在吸收少数民族文化的基础上有了很大的发展变化，反过来这种变化融汇了各民族的文化，又在一定程度上形成了人民共同的心理，这样随着文化的扩展，疆域观念也在无形中得到了扩大。这种文化上的变化开隋唐盛世之先声。

隋唐时代，统治者提倡"华夷一家"，在文化中贯穿了相互融会的宽容、融洽的气氛，其文化所及东至日本，西到大食，在这种融洽的气氛之下，各民族在文化上互相吸收、促进，取得了长足的发展。到了宋元时期，北方、西北各个地方政权相继建立，迭次更替，各民族在冲突中不断交融、发展，这一新的变化为元朝大一统局面的形成奠定了文化基础。元朝建立后，结束了各个民族政权之间相互并立的局面，建立起空前强大的统一的多民族国家。在元朝统治时期，各个民族

① 《太古及三代载记》，梁启超：《梁启超全集》第 6 册，北京出版社，1999，第 3459 页。
② 班固：《汉书》卷 64 下《严朱吾丘主父徐偃终王贾传》，中华书局，1964，第 2818 页。

之间、东西方之间的文化交流更加频繁和深入，这种大的文化观念的出现，为以后明清时期稳定的国家疆域的形成奠定了基础。

清朝时期，国家的统一得到了巩固，疆域有所扩大，为民族文化的进一步交流、交融提供了条件。在北方，各民族在文化上、宗教上、经济上存在大规模交流。在西南地区，随着改土归流的进一步深入，朝廷在西南地区"建郡县，设学校，渐摩以仁义，陶淑以礼乐"①，西南地区"人文振起"②，通汉语、习汉俗，蔚然成风。许多少数民族的婚丧嫁娶、衣食住行也"多汉人风""与汉人同"。民族之间文化交融的同时，各种宗教之间的相互吸收、相互借鉴、相互交流也比前期有了更大程度的发展，各民族在文化上长期以来的共存、共赢、共同发展局面的出现，促进了新的民族观念——中华民族——的出现，而这一新观念的出现，反过来又在某种程度上巩固了疆域观念。

中国现代疆域的形成，反映了历史上各民族之间在经济文化、宗教信仰等各方面的长期交往、交融的历史过程，也是中国现代民族观念的形成过程。但是相对于疆域的形成，民族观念的形成则有着更为深层次的因素，而这些因素又成为影响民国政府民族政策制定的因素。

## 第二节　近代大一统观念的发展

"大一统"思想是一个包含政治、文化等要素的内涵丰富的中国古代政治思想体系。战国时期，孟子就有天下"定于一"③的观点。《春秋·公羊传》开宗明义，首创"大一统"理念："元年春王正月。元年者何？君之始年也。……曷为先言王而后言正月？王正月也。何言乎王正月？大一统也。"何休《解诂》："统者始也，总系之辞，夫王者始受命改制，布政施教于天下，自公侯至于庶人，自山川至于草

---

① 严如熤：《苗防备览》卷8，道光二十三年本。
② 严如熤：《苗防备览》卷7，道光二十三年本。
③ 孟轲著，杨伯峻、杨逢彬注译《孟子·梁惠王（上）》，岳麓书社，2000，第9页。

木昆虫，莫不一一系于正月，故云政教之始。"① 《汉书·王吉传》云
"《春秋》所以大一统者，六合同风，九州共贯也"②。

西周时期，诸国分封，形成了"居楚而楚，居越而越，居夏而
夏"③ 的局面，但是无论是在制度上还是在人们的思想观念上，都开
始出现了较为明确的"华夷一统"的思想。春秋战国时期，虽然说在
政治上处于大分裂时期，但是在思想上却是"大一统"思想发展的重
要时期。由于这一时期还缺乏"大一统"思想形成的政治基础，因而
只有到了秦汉时期，"大一统"思想才最终形成和完善。秦汉时期，
中国统一的多民族国家在前代的基础上有了大的发展，一个新的更加
稳定的民族共同体开始形成，以这个民族共同体为核心的秦汉王朝的
出现，促进了多民族国家内部各民族之间在政治、经济、文化、风俗
伦理等各方面的进一步统一，边疆与内地、"中国"与"四夷"一统
的观念进一步加强。《礼记·曲礼》载，"君天下为天子"④，郑玄笺
"天下，谓外及四海也。今汉于蛮夷称天子，于王侯称皇帝"⑤，在其
含义之中充分体现了"华夷一统"的"大一统"思想。

汉武帝时期，罢黜百家，独尊儒术，首先在思想上完成了一统，
这样为"大一统"思想的出现扫清了障碍，在汉朝统治者的支持下，
"大一统"思想逐渐完善。

"大一统"思想的理想境界是"王者无外"⑥，其主要特征是据乱
世（内其国而外诸夏），升平世（内诸夏而外夷狄），太平世（夷狄进
至于爵，天下大小若一）。其思想之集大成者为西汉时期的董仲舒，他
对《春秋》经、传进行了精心的梳理和归纳，进一步阐发了公羊学说的

---

① 公羊高著，何休解诂，徐彦疏《春秋公羊传·隐公元年》，上海古籍出版社，1990，第
10～11页。
② 班固：《汉书》卷72《王吉传》，中华书局，1964，第3063页。
③ 荀子：《荀子·儒效》，中华书局，2015，第111页。
④ 陈澔注，金晓东校点《礼记·曲礼（下）》，上海古籍出版社，第43页。
⑤ 阮元校刻《十三经注疏》卷6《礼记正义》，中华书局，2009，第2727页。
⑥ 班固：《汉书》卷64《严朱吾丘主父徐偃终王贾传（下）》，中华书局，1964，第2818页。

大一统思想,建立了一套适应中央集权制度需要的天人合一的政治理论。董仲舒言道:"《春秋》大一统者,天地之常经,古今之通谊也。"① 董仲舒认为:"《春秋》变一谓之元,元犹原也,其义以随天地终始也。"② 董仲舒将天地万物本源、天道运行规律和建功治国原则融为一体,将原来的政治大一统变为一种先天合理、不可逆转的永恒法则。

"大一统"思想出现之后,"华夷一体"之观念也逐渐融入其中,疆域之内的民族共同组成一个统一的不可分割的政体。"凡天子者,天下之首也。何也?上也。蛮夷者,天下之足也。何也?下也。"③ 国家、天子、诸夷如为一体"身之使臂,臂之使指,莫不从制"④。对于统治者而言,"华夷一体"强调在处理统一多民族国家民族问题时要"俯视中国,远望四夷"⑤。在强调"华夷"政治一体化的同时,其也着重强调了内地与边疆、各个民族之间经济上的互通有无,着力于疆域范围内的经济整体化建设。这就从物质上亦即经济上奠定了"大一统"思想的基础,深深地影响着数千年来的中国历史。其后,无论是哪一个民族入主中原,都以统一国家为使命,以传统"大一统"观念为正统。特别是到了清朝时期,这种"大一统"思想又得到了新的发展。雍正帝提出"有德者可得天下大统"的观点,"舜为东夷之人,文王为西夷之人,曾何损于圣德乎!""夫天地以仁爱为心,以覆载无私为量,是以德在内近者则大统集于内近,德在外远者则大统集于外远……上天厌弃内地无有德者,方眷命我外夷为内地主"⑥;进一步指出在清朝的大一统政治之下,再无华夷之别、内外之分,"本朝之为满洲,犹中国之有籍贯"⑦。雍正帝在此强调中外一家,内外无别。这样就抽去了"大一统"之中"华夷之辨"的内容,剔除了正统论中民

① 班固:《汉书》卷56《董仲舒传》,中华书局,1964,第2523页。
② 董仲舒:《春秋繁露》卷5《重政第十三》,武英殿聚珍版丛书本。
③ 贾谊:《贾谊集·解县》,上海人民出版社,1976,第66页。
④ 贾谊:《贾谊集·五美》,上海人民出版社,1976,第35页。
⑤ 贾谊:《贾谊集·威不信》,上海人民出版社,1976,第68页。
⑥ 胤禛:《大义觉迷录》卷1《颁大义觉迷录谕》,北方妇女儿童出版社,2001,第8~11页。
⑦ 《清世宗实录》,雍正七年己酉九月壬申朔。

族偏见的成分,逐渐形成了以推重"大一统"政权为核心,以政权承袭关系为主线、取消华夷之辨的新的"大一统"思想观念。应该说,这种以国家为中心的"大一统"观念,是过去以民族为中心的"大一统"观念的发展,其与大一统民族思想相辅相成,共同维护着传统的多民族国家的繁荣发展。

中华民族观念的形成应该说是历史长期发展的产物,它与中国疆域的形成和"大一统"思想的出现有着很大的关系。特别是到了近代,鸦片战争后,中国逐步沦为半殖民地半封建社会,在列强侵凌压迫之下各族人民奋起抗争,在中国人民反抗外敌入侵的历次战争中,各族人民同心同德、齐心协力,共同谱写了中国历史上悲壮的一页。

1913年,内蒙古西部22部34旗王公在归绥召开西蒙古王公会议,通电声明"数百年来,汉蒙久成一家","我蒙同系中华民族,自宜一体出力,维持民国"。① 这是第一次在政治文告中,由少数民族代表人物宣告中国少数民族同属中华民族的一部分,标志着中华民族新的觉醒和由自在的民族实体嬗变为自为的民族实体。1922年梁启超先生在《中国历史上民族之研究》中对中华民族有了一个新的论述"凡遇一他族而立刻有'我中国人'之一观念浮于其脑际者,此人即中华民族一员也"②。这句话明确指出"中国人"与"中华民族"这两个概念是统一的整体。有了中国人的概念就有了中华民族的自觉,中华民族的自觉意识和中国人的自觉意识是同一的。近代"大一统"观念的发展和中华民族自觉意识的出现,为民国政府民族政策的形成奠定了思想基础。

---

① 西盟王公会议招待所编《西蒙会议始末记》,载内蒙古图书馆编《内蒙古历史文献丛书(二)》,远方出版社,2007,第41~45页。
② 梁启超:《中国历史上民族之研究》,载《饮冰室合集》专集之四十二,中华书局,1989,第1~2页。

# 第三节　民国政府民族思想的形成

## 一　孙中山民族主义思想的形成

孙中山先生作为中国民主革命的先行者，他领导中国人民推翻了2000多年的封建君主专制制度，建立了近代中国历史上第一个民主共和国；同时他又是一位伟大的思想家，他的"三民主义"伟大思想影响了20世纪之初的一大批政治家，在中国的政治思想史上有着重要的历史地位。特别是其民族主义思想对于中华民国政府民族政策的制定和实施产生了重大影响。

1905年同盟会成立，提出了"驱除鞑虏，恢复中华"的口号。之后一段时期，孙中山一直都持有这种反满的民族主义思想。在这一时期，革命党人的言论、著作皆以反满作为言论的中心。但是这些早期的民族主义者在提倡反满的同时，开始大声疾呼，号召建立一个统一的民族国家。受其思想之影响，孙中山开始对早期的民族主义思想进行思考。对于反满思想，他认为："我们推倒满洲政府，从驱除满人那一面说是民族革命，从颠覆君主政体那一面说是政治革命"，"照现在这样的政治论起来，就算汉人为君主，也不能不革命"。[①]

后来在历次革命斗争和在国外的流亡中，在总结历次斗争经验及受国外思想影响的基础上，孙中山对早期民族主义的认识有了新的发展。在后来的演说中他又提到"民族主义就是国族主义。中国人最崇拜的是家族主义和宗族主义……没有国族主义。外国旁观的人说中国是一片散沙，这个原因在什么地方呢？就是因为一般人民只有家族主义和宗族主义，没有国族主义"[②]。孙中山早期的民族主义思想虽然说充满了革命色彩，但是不能否认的是其间充斥了大量的较为狭隘的民

---

① 孙中山：《孙中山全集》第1卷，中华书局，1981，第325页。
② 孙中山：《孙中山选集》下，人民出版社，2011，第640页。

族主义色彩。在当时的客观情况之下，作为一种革命号召，其所起到的凝聚作用还是不容忽视的。对此，吴玉章在《辛亥革命》中指出，孙中山的反满口号太简单了，结果把一切仇恨都集中到满族统治者身上，这可以说掺杂着汉族主义情绪，无论对封建主义还是对帝国主义都没有认识清楚。孙中山后来也认识到了这一点，并开始逐步突破早期民族主义思想的局限："我们并不是恨满洲人，是恨害汉人的满洲人"，"兄弟曾听见人说，民族革命是要尽灭满洲民族，这话大错"。①事实上"驱除鞑虏"只是作为一种斗争口号，在后来的实践当中，其并未付诸实施。

1912 年辛亥革命成功，中华民国建立。孙中山《在南京同盟会会员饯别会的演说》中说："今日满清退位，中华民国成立，民族、民权两主义俱达到，唯有民生主义尚未着手，今后吾人所当致力的即在此事。"②后来在临时大总统宣言书中，孙中山把民族主义思想发展到了一个新的高度，"国家之本，在于人民。合汉、满、蒙、回、藏诸地为一国，即合汉、满、蒙、回、藏诸族为一人。是曰民族之统一"③；他在《致贡桑诺尔布等蒙古各王公电》中说："合全国人民，无分汉、满、蒙、回、藏，相与共享人类之自由。"④到了其《布告国民消融意见蠲除畛域文》中，更是明确提出了"中华民国之建设，专为拥护亿兆国民之自由权利，合汉、满、蒙、回、藏为一家，相与和衷共济……而今而后，务当消融意见，蠲除畛域"⑤；在此基础上，孙中山提出了"五族共和"的思想。"仿美利坚底规模……组成一个民族底国家"⑥，汉族应该"与满、蒙、回、藏之人民相见与诚，合为一炉而冶之，以成一中华民族之新主义"⑦。孙中山在此时的民族主义中

---

① 孙中山：《孙中山全集》第 1 卷，中华书局，1981，第 325 页。
② 孙中山：《孙中山全集》第 2 卷，中华书局，1982，第 319 页。
③ 孙中山：《孙中山全集》第 2 卷，中华书局，1982，第 2 页。
④ 孙中山：《孙中山全集》第 2 卷，中华书局，1982，第 48 页。
⑤ 孙中山：《孙中山全集》第 2 卷，中华书局，1982，第 105 页。
⑥ 孙中山：《孙中山全集》第 5 卷，中华书局，1985，第 474 页。
⑦ 孙中山：《孙中山全集》第 5 卷，中华书局，1985，第 187 页。

融合进去了新的民族平等的成分，"汉、满、蒙、回、藏五大族中，满族独占优胜之地位，握无上之权力，以压制其他四族。满洲为主人，而他四族皆奴隶，其种族不平等，达于极点。种族不平等，自然政治亦不能平等，是以有革命"；"革命之功用，在使不平等归于平等"；"今者五族一家，立于平等地位"。①

1912 年中华民国成立，孙中山宣称民族主义目标已经达到，在以后 7 年多时间里，孙中山很少再谈到民族主义，之后孙中山才又重新提起民族主义，只是此时的民族主义明确地以反对帝国主义为主要内容。1919 年他对赴法留学生谈到"中国还是一个贫弱的国家，事事都受世界列强的干涉和压迫。我们全国同胞，尤其是知识分子，必须要大家齐心参加革命，才能使中国得到独立自由和平等"②。1921 年孙中山在《在桂林对滇赣粤军的演说》中说道："满清虽已推倒，而已失之国权与土地仍操诸外国，未能收回。以言国权，如海关则归其掌握，条约则受其束缚，领事裁判权则犹未撤销；以言土地，威海卫入于英，旅顺入于日，青岛入于德。德国败后，而山东问题尚复受制于日本，至今不能归还。由此现象观之，中华民国固未可谓为完全独立国家也。"③ 因之，孙中山对民族主义思想进行了新的思考。"中国形式上是独立国家，实际比亡了国的高丽都不如。……似此民族主义能认为满足成功否？所以国民不特要从民权、民生上做工夫，同时并应该发展民族自决的能力，团结起来奋斗，使中国在世界上成为一独立国家。"④ 为此，后来的《中国国民党第一次全国代表大会宣言》中特别提到"一切不平等条约，如外人租借地、领事裁判权、外人管理关税权，以及外人在中国境内行使一切政治的权力侵害中国主权者，皆当取消，重定双方平等，互尊主权之条约"。"中国与列强所定其他条约

---

① 孙中山：《孙中山全集》第 2 卷，中华书局，1982，第 439 页。
② 张道藩：《酸甜苦辣的回味》，（台北）《传记文学》1962 年第 6 期。
③ 孙中山：《孙中山全集》第 6 卷，中华书局，1985，第 25 页。
④ 孙中山：《孙中山全集》第 7 卷，中华书局，1985，第 33~34 页。

有损中国之利益者，须重新审定，务以不害双方主权为原则。"① 至
是，孙中山的民族主义思想有了根本改变，从追求推翻封建帝制、建
立五族共和发展到维护民族独立尊严，反对帝国主义的民族压迫，并
且以此为后来的奋斗目标，在中华民族独立自强的发展道路中起到了
巨大的作用。

　　辛亥革命以后，鉴于共和已经建立，民族压迫的清政府业已推翻，
孙中山提出了"五族共和"作为民族主义的纲领，强调各民族在政
治、宗教和经济上都应该享有平等地位和平等权利。他在多种场合中
强调"今我共和成立，凡属蒙、藏、青海、回疆同胞，在昔之受压制
于一部者，今皆得为国家主体，皆得为共和国之主人翁，即皆能取得
国家参政权"②；"今日中华民国成立，汉、满、蒙、回、藏五族合为
一体，革去专制，建设共和，人人脱去奴隶圈……族无分乎汉、满、
蒙、回、藏，皆得享共和之权利，亦当尽共和之义务。"③ "政治既经
改良，不惟五族人民平等，即五族宗教亦平等"④，"现在五族一家，
各于政治上有发言之权"。⑤ 对于各民族之间关系，孙中山在"五族共
和会"与"西北协进会"演说中呼吁"五大民族相爱相亲，如兄如
弟，以同赴国家之事"⑥，"凡我国民，均应互相团结，以致共和政治
于完善之域"。⑦ 到了晚年，孙中山民族思想在民族团结、民族平等
基础上又有了新的发展。他主张建设一"大中华民族"来取代"五
族共和"，认为前期的"五族共和"的提法不足以体现民族平等、
民族团结，"我们国内何止五族呢？我的意思，应该把我们中国所有
各民族融成一个中华民族（如美国，本是欧洲许多民族合起来的，

---

① 新时代教育社编《中国国民党第一次代表大会宣言》，新时代教育社，1927，第18~
　19页。
② 孙中山：《孙中山全集》第2卷，中华书局，1982，第430页。
③ 孙中山：《孙中山全集》第2卷，中华书局，1982，第451页。
④ 孙中山：《孙中山集外集》，上海人民出版社，1990，第65页。
⑤ 孙中山：《孙中山全集》第2卷，中华书局，1982，第469页。
⑥ 孙中山：《孙中山全集》第2卷，中华书局，1982，第440页。
⑦ 孙中山：《孙中山全集》第2卷，中华书局，1982，第469页。

现在却只成了美国一个民族,为世界上最有光荣的民族);并且要把中华民族造成很文明的民族,然后民族主义乃为完了"①。对于五族,他认为"吾国今日既曰五族共和矣;然曰五族,固显然犹有一界限在也。欲泯此界限,以发扬光大之,使成为世界上有能力、有声誉之民族,则莫如举汉、满等名称俱废之,努力于文化及精神的调洽,建设一大中华民族"②,因此他主张以美国为榜样"务使满、蒙、回、藏同化于我汉族,成一大民族主义的国家"③,汉族也应当"牺牲其血统、历史与夫自尊自大之名称,而与满、蒙、回、藏之人民相见与诚,合为一炉而冶之,以成一中华民族之新主义"④。1923年1月,在《中国国民党宣言》中正式提出"吾党所持之民族主义,消极的为除去民族间之不平等,积极的为团结国内各民族,完成一大中华民族"。在《中国国民党党纲》中也强调"以本国现有民族构成大中华民族,实现民族的国家"⑤。

在孙中山的三民主义中,对近代中国影响最大的要属民族主义的提出。在其早期的"驱除鞑虏,恢复中华"之号召下,推翻了封建专制,建立起了民族共和,之后,在"五族共和""五族一家"旗帜之下维护了国家统一和民族团结。国民党一大以后,孙中山又提出了对外坚持反对帝国主义、争取中华民族的独立解放;对内主张实行民族平等、民族自治自决和联合、注意帮助少数民族发展经济和文化以及联合世界上以平等待我之民族的新思想,为振兴中华、民族平等、民族团结、维护国家统一和独立,发挥了不可替代的作用。中华民国成立后,孙中山提出了一整套建国方略,其中极为重要的就是要发展民族经济、开发民族地区,修建边疆铁路、开发边疆资源,加快民族地区经济文化建设。

---

① 孙中山:《孙中山全集》第5卷,中华书局,1985,第394页。
② 孙中山:《孙中山集外集》,上海人民出版社,1990,第29页。
③ 孙中山:《孙中山全集》第5卷,中华书局,1985,第473~474页。
④ 孙中山:《孙中山全集》第5卷,中华书局,1985,第187页。
⑤ 孙中山:《孙中山全集》第7卷,中华书局,1985,第4~5页。

## 二　蒋介石宗族主义思想的出现

1927 年南京国民政府成立之后，开始全面进行国家建设，其建国理念基本上遵循了孙中山的三民主义思想，但是随着国内外政治局势的变化，其在某些方面又有了新的发展，其中对南京政府在民族主义思想上产生重要影响的要数蒋介石在抗战前后对民族主义思想的阐释。因此要想对民国政府的民族政策的形成做一全面了解，就必须在此对蒋介石的民族主义思想做一介绍。

蒋介石在民国初年就追随孙中山先生，南京国民政府成立之后，蒋介石秉承孙中山遗志，继承三民主义和国族思想，将孙中山的民族主义思想融入其民族思想之中，提出将中国各民族融合成一个"大中华民族"，这个"大中华民族"就是"国族"。对中国各民族重新整合，以增强民族凝聚力、向心力。早在 1912 年蒋介石就发表了《蒙藏问题之根本解决》《巴尔干战局影响于中国与列国的外交》等文，在大革命时提出了"帝国主义不倒，中国必亡。中国不亡，帝国主义必倒"，"实现民族独立，集合全民族各阶层的力量，把国家和民族的地位扶持起来，排除一切的侵略和压迫，造成完全自由、独立的国家"。①孙中山生前曾极力主张将中国固有之孝道、家族主义发扬光大为民族主义或国族主义，希望人们具有极大的精神去为民族利益而牺牲。蒋介石继承了孙中山民族思想中的传统色彩并大力加以提倡，并多次强调要努力恢复中华民族的传统民族道德、民族精神，建立其所谓的"国魂"。从而建立起将孙中山民族主义思想和中华民族传统文化相融合，结合当时时代特色的新的民族主义思想体系。

蒋介石民族主义思想的第一个内容首先要推其"宗族主义"思想。对于宗族主义，孙中山概括中国几千年来深入人心的宗族观念为"敬宗守祖"，即崇敬祖宗，维护同姓宗族生存的团结力极强，对"家

---

① 蒋介石：《建国运动》，载中国人民大学中共党史系《中国国民党历史教学参考资料》（校内用书）第 3 册，1987，第 6 页。

族"看得比国更重，家族若遭外族凌辱，有断绝祖宗血食威胁时，则可不顾生命财产而拼死奋斗。孙中山主张对中国人的宗族主义思想加以引导，使之推广扩大为国族主义，树立民族亡则家族、宗族无从存在的观点，国人要放大眼光，集各宗族之力组成一个极大的中华民国的国族。蒋介石在孙中山的国族概念之上重新融入了宗族的成分，认为各个民族都是中华民族的宗族分支，各民族在此基础之上要加强团结，重新熔铸一"国族"。

蒋介石宗族主义思想的成熟集中反映在其《中国之命运》一书中。在这本书中，蒋介石对其宗族主义的民族思想做了全面细致的阐述。"我们中华民族是多数宗族融合而成的，融合的方法是扶持而不是征服……四海之内，各地的宗族，若非同源于一个始祖，即是相结以累世的婚姻"①，对于国内各宗族，历代都有增加，但融合的动力是文化而不是武力，"各宗族历史上共同命运之造成，则由于我们中国固有的德性，足以维系各宗族内向的感情，足以协和各宗族固有的特性"。"四邻各宗族，其入居中原部分，则同受融化。其和平相处的部分，则由朝贡而藩属，由藩属而自治，各以其生活的需要与文化的程度为准衡。""总之，中国五千年的历史，即为各宗族共同的命运记录，此共同之记录，构成了各宗族融合为中华民族，更由中华民族，为共御外侮以保障其生存而造成中国国家悠久的历史。"②

在此对于蒋介石的宗族概念做一溯源，民族、宗族之间的关系最先见诸孙中山先生的《三民主义》一书中：

> 什么是民族主义呢？按中国历史上社会习惯诸情形讲，我可以用一句简单话说，民族主义就是国族主义……中国人是一片散沙……就是因为一般人民只有家族主义和宗族主义……中国人的

---

① 蒋中正：《中国之命运》，台北，正中书局，1943，第2页。
② 蒋中正：《中国之命运》，台北，正中书局，1943，第7～8页。

团结力，只能及于宗族而止，还没有扩张到国族。[①]

客观而论，蒋介石之民族主义思想是当时中国历史环境的产物，在当时内忧外患之形势下，这一思想对国内各民族团结一致，共赴国难，应该说是有着很大的积极意义，但其消极影响亦在实际实施过程中日益显现。

---

① 孙中山：《孙中山选集》下，人民出版社，2011，第 640 页。

# 第三章　民国西北土司制度及其演变

"土司"一词自明朝出现以来，经历了一个不断发展变化的过程，其内涵和外延随着历史的变化而拓展。民国政治制度的变化，冲击着西北地区原有政治、经济秩序，使旧有的札萨克制、盟旗制和寺院制度与土司制度的界限越来越模糊，最终与民国西北地区的"土司"一起成为近代西北地区传统体制变革的对象。

## 第一节　西北土司内涵的拓展

"土司"一词最早见诸明嘉靖二十五年（1546）九月癸酉，贵州巡抚王学益条陈《经略事宜》，"……各土司目兵亦缘征戍频繁，纪律漫弛……永保、酉年诸土司实环诸苗境外。正德以来，诸土司赴调，多倩此苗为先锋……今不重禁土司之党匿，不可以靖苗"。① 在随后嘉靖三十年（1551）三月、四月，四十一年（1562）九月，四十四年（1565）十二月，四十五年（1566）九月、十月的实录中，都有关于"土司"的条陈，这是最早见诸官方文档有关"土司"的记载。从这些官方记载不难发现，明朝中叶以后"土司"专指地方宣抚司、安抚司、宣慰司、长官司等武职。但此时"土司"还不入职官之列，也无俸禄。虽则《明史·职官志》中有"凡土司之官九级，自从三品至从七品，皆无岁禄"②，但检诸《明会典》，其中却不见土司条款。在此

---

① 《嘉靖实录》卷315，嘉靖二十五年九月癸酉。
② 张廷玉等：《明史》卷72《职官一》，中华书局，1974，第1752页。

需要指出的是：以明史修撰情况而言，是为清朝学者所修，对于土司的认识，明清学者已有了很大变化；再者《明史·土司传》是以清初学者毛奇龄所著《蛮司合志》为底本，所以就不难理解《明史·职官志》有关土司的记述了。

摒却《明史》与《明会典》的记述，再看明人《土官底簿》跋中记载："嘉靖中，申明旧典，隶验封者布政司领之，隶武选者都指挥使领之"，① 证诸嘉靖时期文献，我们发现从嘉靖年间，方有土司、土官之别，且此类武职"土司"被归诸土官之列。由此可知在明中后期，虽有土司，但以土官为主，且土司归于土官之列。明朝末年，土司一词内涵扩大，除指土官衙门外，也指具体的土官，徐霞客游览云南时就发现"黄草壩土司黄姓加都司衔，乃普安十二营长官司之属"，"县有左右二丞，皆土司"。② 表明随着时间的推移，两者之间的关系发生了变化。

这种变化在清朝最先见诸实录。《世祖实录》顺治元年（1644）八月载"号召土司与在籍诸臣秦良玉等，勠力前进"③。这是清朝最早见诸官方史料的记载，但接下来在顺治五年（1648）十一月的实录中却出现了这样一条"各处土司，原应世守地方。不得轻听叛逆招诱、自外王化。凡未经归顺，今来投诚者，开具原管地方部落，准予照旧封袭。已归顺土司官，曾立功绩，及未经授职者，该督抚按官通察具奏，论功升授"④。结合《清会典》土司条下土官、千户、百户等目记载"凡土官承袭，由督抚核明应袭之人，先令任事，随取司府州县邻封土司印结，及本族宗图原领部牒，于半年限内具疏请袭"⑤。在这些记载中反映了清初已开始出现土司、土官合用的现象。同时《清史稿·职官志四》藩部土司各官条与《清史稿·土司传》也进一步印

① 朱彝尊：《土官底簿》跋，四库全书本。
② 徐弘祖：《徐霞客游记》下，齐鲁书社，2007，第520、532页。
③ 《清实录》卷7，顺治元年甲申八月戊辰。
④ 《清实录》卷41，顺治五年戊子十一月辛未朔。
⑤ 允祹：《大清会典》卷62《兵部·土司》，凤凰出版社，2018，第301页。

证，在清人的记述中，土司不仅是为职官，且所包括范围也在扩大化。虽然清早期史籍中土官、土司并存，但到中后期时已呈现土司代替土官的趋势。

民国以后，为了解决在研究中遇到的土司、土官相混杂的问题，20世纪30年代，佘贻泽先生在1936年《禹贡半月刊》第4卷中发表《明代土司制度》一文，并于1944年由正中书局出版《中国土司制度》一书，在国内首次提出"土司制度"一说，在后来吴永章《中国土司制度渊源与发展史》（四川人民出版社1988年版）、龚荫《中国土司制度》（云南民族出版社1992年版）、李世愉《清代土司制度论考》（中国社会科学出版社1998年版）等人的著作中沿袭佘先生"土司制度"说。

所谓土司制度"是中国历代王朝作为统治少数民族的政策而实施的一种地方行政制度，是对少数民族地区实施间接统治的政治制度，是历代王朝对其他民族实施的羁縻政策的一环，应该看作是秦汉以后实施的地方（民事、军事）行政制度的一部分"[1]，其主要表现为"蒙古帝国、元、明、清封建王朝授予土司诰敕、印章，确认他们原有的统治权，规定了土司职官名称，即宣慰、宣抚、安抚、招讨、长官、指挥、千百户以及土府土州等官职名称，对土司的承袭、考核、贡赋等作了明文规定，形成一套完整的制度"[2]，它"滥觞于元代，完备于明代，衰落于清代，于尔后的五十年间渐次消亡"[3]。在这里土司制度演变为上讫羁縻制度，下涵土官土司的泛化概念。难怪李世愉在研究中也不得不为之疏辩"不论文职或武职，统称'土司'或'土官'。现在，习惯上多称'土司制度'"[4]。但人们在研究中还是习惯以"土司"称之。

"土司"一词虽早在明嘉靖年间就已出现，但对于西北土司，《明

---

① 〔日〕谷口房男：《土司制度论》，杨勇、廖国一译，《百色学院学报》2007年第3期。
② 高士荣：《西北土司制度研究》前言，民族出版社，1999，第1页。
③ 龚荫：《中国土司制度》，云南民族出版社，1992，第1页。
④ 李世愉：《清代土司制度论考》，中国社会科学出版社，1998，第3页。

史》中没有加以记载，只是在《明史·西域传》中稍有涉及，这概与明朝疆域和毛奇龄的史料接触有关。后人也是根据《明史·西域传》和《明史·兵志》的有关记载，整理出明朝的西北土司。对于西北土司，《清史稿·土司传》明确指出"指挥同知、宣慰司、土千户、土百户，皆予世袭，均土司也"①。千户、百户制度是蒙元时期开始存在于西北蒙藏地区的一种政治制度，它一直延续到民国时期。民国初年，川甘因玉树地区归属问题发生争执，北洋政府派遣周务学等人入青调解，周于玉树归来后著有《玉树土司调查记》，书中也把藏族地区的千百户、部落头人归入土司之列。

对于活跃在西北政治舞台的一大批僧职土司，《清史稿·职官志四》土司各官条中有"番部僧官"一语，但在《清史稿·土司传》中却没有提到此类国师禅师，只是在洮州目下"嘉庆十九年，宗业弟宗基袭，兼摄禅定寺僧纲"②。因此，在《清史稿》中关于僧职土司的提法与记载显得模糊不清。只是后来甘青学者张令瑄在整理其父张维遗稿中才提出了"明初封授番僧为法王、国师、禅师都管教权，兼辖民户，又予以世袭，其权势埒乎土司"③。西北僧职土司方逐渐为后人接受。土司外延的拓开是王继光先生，王先生在《安多藏区僧职土司初探》一文中明确提出"僧职土司"一说。④ "僧职土司与世俗土司相比，名号虽异，统治机构与承袭关系上有所差别，但在接受朝廷敕封、世袭其职、分土司民这个根本特点上与世俗土司相同。"⑤ 此后在学界又增添"僧职土司"一词。

民国建元，西北地区政治制度也随之发生了变革，因而，对于民国时期西北地区"土司"在研究中也发生了变化，其主要表现在改土归流问题上。民国以前的改土归流，学界多指"中央政府废除少数民

---

① 《清史稿》卷 517《列传三百三·土司传五》，中华书局，1977，第 14303 页。
② 《清史稿》卷 517《列传三百四·土司传六》，中华书局，1977，第 14307 页。
③ 张令瑄辑订《甘肃青海土司志》，《甘肃民族研究》1983 年第 1～2 期。
④ 王继光：《安多藏区僧职土司初探》，《西北民族研究》1994 年第 1 期。
⑤ 高士荣：《西北土司制度研究》，民族出版社，1999，第 188 页。

族的土司制度，改由中央政府选派流官的措施"①。但其所谓的"土"多指传统意义上典型形态的"土司"。而改土归流不单单是改设流官的问题，它涉及政治、经济、宗教文化等一系列的改革。特别是在涉藏地区，宗教改革更是改土归流之中无法回避的问题。早在清朝乾隆年间大小金川改土归流时，对于嘉绒地区的寺院"令各该管官严加管束"②；光绪三十年（1904）凤全提出"诸喇嘛在各部落间具有至高无上之威权，非减削彼等权力，则一切改革计划无由实行"③，"大寺喇嘛多者四五千人，藉以压制土司，刻削番民，积习多年……惟是尽绝根株，非使喇嘛寺有所限制不可"④。到赵尔丰川边改流之时，对此点比前者有了进一步的认识，"以特殊手段，取缔藏东喇嘛制度，如规定僧侣数目，削减寺院权威"，"庙产亦应征收地税，一如其他田产，乡民对喇嘛之岁贡，亦明令废止"⑤。由此可知，清人对寺院性质的大略认识。到了民国初期，持续到国民军主甘时期的宁海军与寺方的武装冲突，到刘郁芬主甘时得以解决，国民军随之在该地设立县政，收回土地赋税及人民，进行了一系列类似的改土归流活动。

类似的情形也发生在民国时期的新疆哈密地区。对于金树仁在哈密地区的改革，新疆政府公报记载"本府令委龙协麟等前往哈密调查接受土地人民，回部人民应完粮草诉讼案件仍照前案归地方办理"⑥，之后的张大军⑦、曾问吾⑧等学者，都把这一次变革称为"改土归流"。民国政府这一时期的改革，明显都具有改土归流性质和意义，但相对于以往形式而言，却又与清朝时期改土归流有着许多不同，可谓改土

① 马汝珩：《清代西部历史论衡》，山西人民出版社，2001，第55页。
② （清）方略馆纂《平定两金川方略》卷133，乾隆四十一年三月庚辰条，文渊阁四库全书本。
③ 〔英〕荣赫鹏：《英国侵略西藏史》，孙煦初译，商务印书馆，1934，第299页。
④ 朱寿朋：《光绪朝东华录》第5册，中华书局，1960，第5307页。
⑤ 〔英〕荣赫鹏：《英国侵略西藏史》，孙煦初译，商务印书馆，1934，第293、301页。
⑥ 《新疆省政府照覆回部聂亲王准聂亲王呈请将该部落田赋诉讼委放头目各节照旧办理一案碍准照办由》，《新疆省政府公报》第11期，1930。
⑦ 张大军：《新疆风暴七十年》第5册，台北，兰溪出版社，1980，第2735页。
⑧ 曾问吾：《中国经营西域史》，商务印书馆，1936，第542页。

归流的新发展。因而随着对民国时期西北改土归流研究的深入，民国时期"土司"相对于明清时期而言也发生了内涵与外延上的变化。

## 第二节 西北土司本质特征的变化

关于土司内涵外延上的变化，佘贻泽先生《中国土司制度》中注明所有土职都统称土司。杜玉亭先生在《土司职称及其演变考释》中认为土司只不过是土职的同义语。有关土司的说法，检之史籍与近人研究，则是众说纷纭，莫衷一是。

何谓"土司"，至今还未在学术界形成完整的、一致的解释，"辞海"土司词条如是说："土司：元明清时在西北、西南地区设置的由少数民族首领充任并世袭的官职。"① 在此先就一些具有代表性的观点加以陈述。首先从具体语义上分析，"土"即土著，地方之义，"司"为主管其事，或官署之称。再就土司的本质特点而言。作为"土司"，其首要的一个特征就是，土司政权是中央王朝在边疆民族地区的基层政权组织形式，代表中央政府对所辖属民进行治理。其次，土司的分封承袭都归中央政府统一管理，并由中央政府授予印信号纸（外委土司没有印信号纸）。再次，土司都有世袭其职、世有其民、世领其土、世袭罔替的特征。最后，土司是朝廷命官，对中央负有象征性的交贡纳赋（也有的土司不理民纳赋）和保境靖边的义务。综合上述土司的发展流变及其基本特征，从中不难发现"土司"是一泛化的范畴，从明到清再及民国，其内涵外延都处于一个发展变化之中。

民国以来，国内的政治形势发生了根本性的变化。土司赖以存在的政治前提已不复存在，但作为历史遗留的产物，受到历史惯性影响，土司还会在一定范围内长期存在并发挥着作用。土司制度作为一种政治制度，其所表明的是土司的泛化和概念上的发展变化。

---

① 《辞海》，上海辞书出版社，2001，第 627 页。

民国时期"土司"的泛化主要体现在：土司的社会政治管理功能逐渐丧失。民国建立后，原有统治秩序被打破，新的秩序还处于形成之中，在这新旧制度交替之际，社会秩序运行还得依靠旧有秩序的惯力。因而，土司制度还在一定范围、一定时间内存在。但此时的土司已不可与往昔同日而语。首先，土司已失去了政治基础，丧失了政治上的种种特权，同时面临政府改土归流的政治危机。其次，由于清末民初局势动荡，战火连连，属民大量流失，原有世袭属地又不断地遭到新兴势力的侵蚀日益缩小，有的甚而失去了土地与属民而泯然众人。最后，土司赖以存在的经济基础也在变化，这些都动摇了土司制度赖以存在的根本。因而，对于民国时期的土司制度，已经不能按照其鼎盛时的典型形态进行分析，而应该按其在没落阶段发展观之，也即按照所谓的"亚形态"进行分析，这样才能真正反映出民国时期西北土司全貌。

土司的亚形态和概念化，或者说土司的泛化，与西北地区的土司发展及研究深入有着很大关系。西南地区一直是土司发育成熟地区，土司在这一地区相对比较集中和典型。而在西北地区却并非如此，西北地区的地理位置、民族关系、宗教状况、经济形态、与中央政治关系决定了中央政权不能也无法像西南地区那样采取同样方式进行治理，而只能采取相应变通的形式，使之在一定框架内适应不同民族、不同地区。因而，西北地区土司在表现形态上也与西南地区土司有着很大程度的不同，它不仅仅包括典型意义上的"土司"，同时还具有地域形态的特点。

## 第三节　民国西北土司制度的演变

民国成立，在远处西陲的边疆民族地区，中央政府沿袭清朝羁縻笼络政策，对于那些承认共和、服从民国的王公贵族一律承认其原有特权，"无论已否赐有名号，应一律再加封号，以示优荣"。[①] 在政治

---

① 转引自王得胜《北洋军阀对蒙政策几个问题的初析》，载《内蒙古近代史论丛》第3辑，内蒙古人民出版社，1987，第35页。

上给予一定优待，并在一定程度上保留其原有封地与属民。1912 年 8 月民国政府公布《蒙古待遇条例》，规定各蒙古王公原有之管辖治理权，一律照旧。内外蒙古汗、王公、台吉、世爵各位号，应予照旧承袭，其在本旗所享之特权，亦照旧无异。蒙古王公、世爵俸饷从优支给。但同时规定，中央认为关系地方重要事件者，得随时交给地方行政机关参议。①

1913 年 10 月，袁世凯令阿拉善等旗划归宁夏将军节制。国民政府时期，阿拉善名义上在行政上直辖于中央政府行政院，受蒙藏委员会行政领导，但是实际上还是处于宁夏方面严控之下。1931 年，塔王病故，王位由塔王长子达理札雅承袭，国民政府也依例发文予以承认。此时的札萨克亲王依然是全旗最高行政首领，统领全旗土地，指挥军队、执行法律，执掌全旗僧俗贵族及所有属民。历代阿王虽长居京城，旗内事务由代理台吉处理，但阿王仍享有最终决定权。其实质上是封建牧奴制的表现形式，旗札萨克即是蒙古族封建领主②，旗下行政官员人事权全由旗内决定。旗民有向亲王缴纳贡赋和服差役的义务，其在实质上与土司制度有着很大的相似性。

民国政府成立后，虽然袁世凯政府和国民政府在力所未及情况下没有改变西北地区原有统治制度，但随着清政府灭亡，原有统治秩序已经失去了其赖以存在的政治基础，无论是旧有的土司还是千百户，以及札萨克制和盟旗制，都在逐步模糊着旧有界限，越来越进一步走向趋同。1915 年，沙木胡索特赴京朝觐，袁世凯亲自接见，颁给沙王一等嘉禾章，授衔"管理哈密地方蒙古镶红回旗世袭罔替头等札萨克双亲王"，1930 年，沙木胡索特去世，其王位依例由其子聂滋尔（另作"聂兹儿"）承袭，继续享有各种封建特权。据当时资料不完全统计，亲王在其领地内有属民 6400 多户，3.3 万余人，仅在哈密一地，就拥有土地 34200 多亩，羊 10 余万只，牛马数千，每年仅岁收田租所

---

① 《政府公报》第 113 期，1912。
② 马汝珩、马大正：《清代的边疆政策》，中国社会科学出版社，1994，第 275 页。

变卖之银钱无算。虽然下层民众无有租税之负担，但其徭役之繁重比起租税之负担更甚。农民每月要为王府无偿服役 7 日，还有大量的"私行苛派""额外当差"①。除此之外，还有无尽的"定额粮""征购粮""备荒粮""马料粮"，以及地租、高利贷、商业剥削等。在领地之内，哈王拥有立法、司法、审判等封建特权，设立有王府公堂和监狱，对于属民可以任意逮捕、审判、鞭笞以致处以死刑。

民国时期的札萨克、盟旗相对于清朝时期而言，已经发生了很大的变化。虽然名义上还保有世袭罔替、世领其土、世有其民的成分，但此时的札萨克业已成为民国各地方政府治下的封建地方势力，丧失了清朝时期的政治地位与特权，随着民国政治体制的建立，其实际上与土司并无二致。所以就有学者认为"按其性质，实为土官"②，"在一定意义上，哈密的札萨克旗制就是土司制度的一种表现形式，是具有土司性质的盟旗制"③。这时的札萨克亲王虽则名义上拥有对属民的司法行政大权，但却越来越面临着内部属民的反抗和政府外在力量的干涉，属地权、属民权都面临着日益丧失的历史趋势。随着民国政府的建立和各地政权机构的完善，札萨克和盟旗制在很大程度上与土司的趋同性日渐扩大，最终都成为民国时期西北地区封建地方势力的一部分，成为民国政府改土归流的对象。

民国初年，在西北地区存在着形式多样的封建势力，它们共同构成了西北民族地区政治机构。这之中既有世俗力量，也不乏大小不一的宗教寺院集团，特别是在青藏地区，宗教寺院更是社会结构中不可或缺的一部分。

16 世纪中叶以后，在青藏高原上逐渐形成了以格鲁派为中心的宗教寺院集团，到了乾隆时期，随着中央王朝对西藏政治改革的深入推进，宗教寺院集团和政治更加紧密地联系在一起，形成了典型的僧俗

---

① 陈慧生、陈超：《民国新疆史》，新疆人民出版社，1999，第 103 页。
② 王希隆：《西北少数民族史研究》，民族出版社，2003，第 249 页。
③ 李国栋、李洁：《哈密的札萨克旗制》，《周口师范学院学报》2005 年第 4 期。

领主联合专制的"政教合一"的封建农奴制度。

　　寺院集团的形成，与它大规模的财富积聚、日益增长的经济实力有着很大关系。格鲁派禁止娶妻生子，严格区分僧俗界限，所以寺院经济也要自己直接经营，从而改变了以前诸教派在经济上同世俗领主紧密结合的状况，取得了寺院经济的完全独立。格鲁派寺院很快遍布涉藏地区，并形成母子联寺制。母子寺在经济上各有自己寺属农奴、庄园，在行政上，子寺的堪布等要职均由母寺派出的僧官担任，或由母寺派出的常驻代表掌权，形成一个集中统一的、全藏性的教团体系。同时为了维护寺院的政治经济利益，在宗教传播过程中又形成了活佛转世制度。通过活佛转世制度保持和巩固自身政治，也解决了宗教法统和寺产继承问题，并且进一步巩固和发展了寺院的政治与经济实力，同时形成了以活佛为核心、享有至高无上特权的僧侣贵族集团。① 康熙四十一年（1702），西北地区尚有一批土司、国师、禅师，雍正五年（1727），朝廷追回敕印，改为都纲，只管理本寺僧人，不管俗民。但是这并没有从根本上改变寺院集团的统治及影响。寺院通过活佛及其派驻属寺代表拥有所驻地的政治、军事、司法、民事等各种权力。② 这些寺院不但有西藏地方政府赐给的庄园和管理居民的自主权，而且享有法律上的独立权。

　　这些拥有庄园属民和在法律上有独立自主权的寺院，在经济上都拥有雄厚实力，在政治上有很大权力。他们不负担政府任何差役，实行封建衙门式的惩办制度。凭借地方政府所给的特殊权力，对所属庄园、草场征收各种赋税，在政治上和地方政府一样，采用封建领主制的一套专制独裁方法，而不是宗教教理上的处罚戒律。因为佛教戒律既不能维护寺院的经济地位，也不能保证宗教信徒遵守教规，唯一的道路便只有在寺院里实行封建农奴制的法律制度。③ 这些宗教寺院于

① 杜继文：《佛教史》，江苏人民出版社，2006，第290页。
② 丹曲、谢建华：《甘肃藏族史》，民族出版社，2003，第274页。
③ 察仓·尕藏才旦：《中国藏传佛教》，宗教文化出版社，2003，第151页。

是转而成为最大的封建领主，成为集团统治的典型的封建领主制形态。

通过对藏传佛教寺院的分析，从中不难发现在寺院集团之中也存在活佛转世性质的世袭罔替，也同样拥有自己的香户、教民及领地，并且又总揽着驻地的政治、军事、司法、民事等各种权力，他们具有和土司相同的性质，在利用神权强化政权、利用政权巩固神权上是完全一致的，都是僧俗封建农奴主阶级实行专政的一种特殊形式。① 所不同的是他们是由一个集团所构成，同时又是在宗教的旗帜之下，只不过相对于世俗土司而言，他们有时表现为僧职土司，有时又以寺院集团面目的形式出现。但无论以何种形态存在，都改变不了其"土司"的性质。

由土官到土司，由土司到土司制度，反映了土司概念的形成及变化。随着历史的发展，政治体制的变更，社会历史政治环境发生了很大的变化，到了民国时期，封建政治体制崩溃，西北地区原有的统治制度也随之发生变更，作为封建社会的政治产物，土司制度也面临着消亡的趋势。但是由于历史的影响，这一制度并不是马上就退出了历史舞台。相反，面对着新的形势的挑战，他们也采取了相应协调的方式，形成了资产阶级民主制之下新的制度形态，也就是所谓的"土司"概念的泛化，形成了"土司"的亚形态形式。因而对于民国时期西北地区改土归流以及土司制度的研究，应当在前人的基础上加以适当的扩大，把札萨克、盟旗制度、寺院制度纳入民国时期土司制度及改土归流的研究之中，这样才能完全反映出西北土司的完整形态。

---

① 丁汉儒：《藏传佛教源流及社会影响》，民族出版社，1991，第99页。

# 第四章　杨增新时期新疆改土归流

新疆改土归流问题发生在光绪十年（1884）新疆设省之后，受同治民变影响，原有的政治秩序受到严重冲击，为了实现地方的长治久安，新疆方面开始取消伯克制度，改由流官治理。但哈密地区由于在勘定新疆中功莫大焉，旧有的王公札萨克制度得以保存。光绪三十三年（1907），陈天禄在哈密进行"改土归流"，虽然最终以失败告终，但之后新疆改土归流历史趋势并没有因之停顿。

## 第一节　民国初年的新疆土职概况

民国政府成立后，原有统治秩序已经失去了其赖以存在的政治基础，无论是旧有的土司还是千百户，以及札萨克制和盟旗制，都在逐步模糊着旧有界限，渐渐趋同。民国时期西北地区的土司制度相对于清代而言已经发生了很大的变化，虽则名义上这些传统政治势力还保有世袭罔替、世领其土、世有其民的成分，但已经失去了其原来赖以生存的政治基础，逐渐成为民国时期民族地区政治制度的一部分。因此在新疆"改土归流"研究中，应该包括札萨克王公制度、盟旗制度、千百户制度。

民国初年宁夏、青海、新疆土职分布状况见表4-1。①

---

① 中国国民党中央统计处：《民国二十三年之建设》，台北，正中书局，1935，第97页。

表 4-1

| 旗别 / 职别 | 宁夏二旗 | 青海二十九旗（台吉2） | 新疆二十三旗 | 新疆回部 | 新疆哈萨克 | 西宁唐古忒 | 合计 |
|---|---|---|---|---|---|---|---|
| 汗 | | | 1 | | | | 1 |
| 亲王 | 1 | 3 | 3 | 2 | | | 9 |
| 郡王 | 1 | 4 | 3 | 1 | 1 | | 10 |
| 贝勒 | | 3 | 2 | | | | 5 |
| 贝子 | | | 2（3①） | 2 | | | 4 |
| 镇国公 | 5 | 4 | 7 | 2（1） | 1 | | 19 |
| 辅国公 | 5 | 17（11） | 12 | 2 | 3 | 1 | 40 |

① 《开发西北》第 3 期，1934，第 16 页。

新疆蒙、回、哈萨克王公具体情况见表 4-2。

表 4-2

| | 职别 / 旗别 | 汗 | 亲王 | 郡王 | 贝勒 | 贝子 | 镇国公 | 辅国公 |
|---|---|---|---|---|---|---|---|---|
| 蒙古旗 | 和硕特 | | | 多罗阿木尔灵贵 | | | | 达木萧策德恩、喇达纳博堆、贡噶那木扎勒 |
| | 土尔扈特 | 满楚克扎布 | 密什克栋固鲁布、鄂罗勒默扎布 | 玛格萨尔扎布、德恩沁阿拉什 | 纳木加旺登 | 阿拉什班吉尔 | 纳木加旺登、西勒达尔玛、棍布扎普、永昌、多尔济拉什、喇玛扎普 |
| | 厄鲁特 | | | | | | | 车登 |
| | 乌梁海 | | | | 嘉木样扎布 | | 葛拉森扎布、图鲁巴图、哈弼察克新、桑散扎布、瓦齐尔扎布、棍布扎布 | 姜岱 |

续表

| 职别<br>旗别 | 汗 | 亲王 | 郡王 | 贝勒 | 贝子 | 镇国公 | 辅国公 |
|---|---|---|---|---|---|---|---|
| 回部 | | 买买提明、沙木胡索特、叶明和卓 | 哈迪尔 | | 聂滋尔、司迪克 | 郎木、木沙 | 伊布拉引 |
| 哈萨克 | | 艾林 | | | 卡纳皮亚 | | |
| 黑宰 | | | | | | | 阿拉巴特 |

资料来源：《政府公报》第 681 期，1917 年 12 月 8 日。

在《蒙藏院总裁贡桑诺尔布呈大总统改编王公年班班次请鉴核施行文》中记载如下。

新疆省属和硕特、回部：库车亲王买买提明，中路和硕特中旗札萨克多罗阿木尔灵贵郡王班第、乌什贝子衔辅国公伊布拉引、吐鲁番镇国公郎木、新土尔扈特右旗札萨克和硕弼里克图亲王密什克栋固鲁布、乌梁海右翼札萨克镇国公棍布扎布、哈密札萨克亲王沙木胡索特、贝子聂滋尔、新土尔扈特左旗札萨克多罗乌察喇勒图贝勒玛格萨尔扎布、乌梁海左翼札萨克镇国公噶拉森扎布、新土尔扈特右旗贝子衔辅国公纳木加旺登、新土尔扈特旗辅国公爱里宰德勒格尔、吐鲁番札萨克亲王叶明和卓、南路旧土尔扈特左旗札萨克辅国公西勒达尔玛、北路旧土尔扈特左旗札萨克辅国公棍布扎普、东路旧土尔扈特右旗辅国公永昌、乌梁海左翼札萨克镇国公图鲁巴图、哈弼察克新和硕特旗札萨克辅国公达木鼐策德恩、阿克苏郡王哈迪尔、南路旧土尔扈特右旗札萨克镇国公阿拉什班吉尔、中路和硕特左旗札萨克辅国公喇达纳博堆、北路旧土尔扈特旗辅国公多尔济拉什、厄鲁特营右翼辅国公车登、乌梁海左翼札萨克镇国公桑散扎布、南路旧土尔扈特旗札萨克卓里克图汗满楚克扎布、拜城贝子司迪克、中路和硕特右旗札萨克辅国公贡噶那木扎勒、乌梁海右翼札萨克固山贝子嘉木样扎布、东路旧土尔扈特左旗札萨克多罗伊特格勒贝勒德恩沁阿拉什、北路旧土尔扈特旗札萨克和硕布延图亲王鄂罗勒默扎布、和田镇国公木沙、乌梁海右翼札萨克镇国公瓦齐尔扎布、乌梁海左翼辅国公姜岱、新土尔扈特右旗辅国公喇玛扎普。[①]

民国初期，哈萨克族中的王公制度还保留有王、贝子、公、昂布、台吉、乌库尔台等称号。[②] 杨增新执政后曾先后多次向北洋政府推荐阿勒泰地区哈萨克头目为其封爵嘉奖。此批哈萨克王公虽不享受国家年俸，但是封爵后在哈萨克中享有政治、经济等管理特权。牧民为了摆脱王公、台吉的压榨，纷纷向镇西等地迁移，对于这些哈民，杨增新指令各县接受，除了照章纳税外，概无其他差徭。杨增新除了保障贵族、部落头目既得权益外，还给他们授予军衔。授予阿尔泰哈萨克族艾林郡王和卡纳皮亚贝子为管带，各拥有一营部队，同时授予新源县的马赫苏特阿卡拉克什为管带，授予乌鲁木齐的拜穆拉为营长，授予塔尔巴哈台的萨里木江为"korəldaj"，同时任命阿尔泰乌梁海左翼贝子为蒙古骑兵营的管带，艾林郡王一系属于"白骨头"（贵族），卡纳皮亚一系属于"黑骨头"中的头目。1922 年创立新疆省立蒙哈学堂，沙里福汗（艾林郡王同父异母弟）毕业于该学堂，虽出身贵族，但思想却相当进步，后被杨增新任命为阿尔泰地区福海县县长。[③]

## 第二节　杨增新新疆改土归流的背景

1912 年清朝灭亡后，哈密"改土归流"再次兴起，杨增新曾就此提出，"将不服回王之缠民改土归流实为正本清源之法。拟以哈密附近及山外缠民仍照旧归回王管辖。其山内缠民概归地方官管辖，岁纳赋税，由地方官征收，悉数转给回王以作津贴"，但又认为"……不宜操之过急，盖哈密山缠多有与科乌蒙古接壤之处，自库伦独立后，蒙民

---

① 《政府公报》第 681 期，1917 年 12 月 8 日。
② 新疆维吾尔自治区丛刊编辑组编《哈萨克族社会历史调查》，新疆人民出版社，1986，第 6 页。
③ 《哈萨克族简史》编写组：《哈萨克族简史》，民族出版社，2008，第 213~214 页。

时有煽动缠民之思，若不恩威并用，专恃兵力，适足以驱之使叛"①。因之，杨增新对于新疆"改土归流"一直持慎重态度，再加上民国初年新疆内外局势的变化，使其在这一问题处理上更加谨慎。

1897 年 11 月，俄国在向德国提出的备忘录中就提到"中国北部各省，包括全部满洲、直隶及新疆在内，是我们独占行动范围的原则"，"我们不能让任何外国政治势力侵入这些地区"。② 1901 年 2 月，沙俄领事彼得罗夫斯基以"办理邮政事务"为借口，侵占喀什噶尔西南交通要道色勒库尔。1911 年 10 月 10 日，辛亥革命爆发，俄国《新时报》发表文章称"如果不利用我们邻国中国的衰弱以实现我们帝国的理想，实在是愚蠢到犯罪的程度"③。11 月初，尼拉托夫在给沙皇的奏折中提出"中华帝国的解体在各方面都是合意的，我们可以利用情况以便完成我国移民事业及巩固我国的边疆"④。在此政策之下，1911 年 12 月，沙俄先是支持外蒙古独立，继而支持外蒙古方面侵占乌里雅苏台与科布多，同时向中国伊犁、喀什噶尔、阿尔泰三地出兵。

1912 年 5 月 8 日，200 余名哥萨克马队强行进入宁远⑤，1912 年 6 月 22 日，沙俄又派遣由 300 名哥萨克军人并两个步兵连及三挺机枪组成的部队进入喀什。⑥ 1913 年 9 月，复派兵 1500 余名侵入承化寺，强占土地、砍伐树木、建筑营房、架设电线、设立邮局、安设哨卡、盘查行人。1912 年 1 月，俄国驻华代理公使提出立即占领唐努乌梁海的紧急报告，1913 年沙皇政府在唐努乌梁海地区设置"边境专员"和"移民官员"，1914 年 6 月，决定对该地区实行"保护"。

在军事侵略的同时，沙俄利用领事裁判权加强了对中国西北边疆

① 《电呈哈密回部屡叛原由拟将来改土归流并现在办法文》，载杨增新《补过斋文牍》乙集一，台北，文海出版社，1965，第 308~312 页。
② 《德国外交文件有关中国交涉史料选译》第 1 卷，孙瑞芹译，商务印书馆，1960，第 210 页。
③ D. J. 戴林：《俄国在亚洲的兴起》，美国耶鲁大学出版社，1949，第 104 页。
④ 〔苏联〕《红档》1926 年第 5 卷，第 75~76 页。
⑤ 莫斯科中央国家军事史档案馆，全宗 2000，案卷 3669，第 62 页。
⑥ 莫斯科中央国家军事史档案馆，全宗 2000，案卷 3669，第 65 页。

地区的政治控制,强迫清政府撤换对其不屈从的地方官吏,代之以亲俄势力。在沙俄军事政治力量的支持下,大批俄国游民进入伊犁、阿尔泰边疆地区,放牧垦荒,抢占中国居民的土地牧场,意欲造成既成事实。为了从根本上占领新疆,沙俄通过种种诱惑、强迫手段在南疆地区发放大量通商票,非法发展俄侨,此种隐患,时人指出"若长此不止,恐人民去而土地随之,天山南路,不难立沦异域"。①

1917年11月7日,俄国十月革命爆发,之后又经历了1918~1920年的国内战争,俄国国内形势的转变和第一次世界大战的结束,相应亦导致了中国西北民族问题的变化。

**(一) 中国新疆民族构成的变动**

1864年10月7日,中俄签订《中俄勘分西北界约记》,其中第五条规定:

> 今将边界议定,永固两国和好,以免日后两国为现定边界附近地方驻牧人丁相争之处,即以此次换约文到之日为准,该人丁向在何处驻牧者,仍应留于何处驻牧,俾伊等安居故土,各守旧业。所以地面分在何国,其人丁即随地归为何国管辖;嗣后倘有原住地方越往他处者,即行拨回,免致混乱。②

此即所谓"人随地归"之原则。根据《新疆图志·藩部志》记载,光绪二十七年(1901)时,新疆哈萨克人口4万余。③ 之后随着俄属哈萨克境况的不断恶化,民国前后大批哈萨克牧民由于政治、经济等原因不断地迁入新疆地区。

1914年1月,"俄人侵入(伊犁地区)游牧与经营农业,均多至

---

① 《西北杂志》第3期,1913,附录。
② 《杨增新陈述对德绝交新疆将受土俄影响之原因致徐世昌等电》,林开明等:《徐世昌》第8卷,天津古籍出版社,1996,第52页。
③ 王树枏等纂修,朱玉麒整理《新疆图志》卷16《藩部一》,民族文化宫图书馆据志局本复印版,1983,第6页。

五、六万人"；① 1916 年，俄属哈拉湖之哈萨克逃入中境留牧各县者为数甚多。沙俄政府颁布《征集法》后，引起哈萨克牧民的反抗，大批哈萨克人逃入我国境内"计塔城方面逃入俄哈可六七万人，伊犁一带则十余万人，喀什一带亦三数万人，总计不下二十万人，牲畜倍之"②，全疆合计俄民之逃者其数不下三十万。③ 这些进入中国境内的俄属哈萨克难民，多为生计所迫，与中国境内牧民时有冲突、斗殴抢劫事件发生，严重影响着中国西北边疆的安全。

俄罗斯民族在新疆的出现，是新疆近代民族变迁中的重要事件。1908 年，俄国商民在疆 2403 户 10449 人，"据宣统元年间调查，全疆计有俄籍商民，户数约二千一百余家，人口男女约一万人以上。同时期之新疆人口约二百万。是俄商人口占新疆人口二百分之一"，④ 到了民国初期，俄国人在疆 2503 户 10022 人。虽则上述资料所载各异，但从总体而言，1918 年之前，俄国商民在新疆人数不下 1 万人。俄国十月革命后，1920 年 3 月，先后逃到塔城的白俄军有 11000 余人，难民五六千人；1920 年 5 月，逃入伊犁的白俄败兵 5100 余人，难民 2000 余人；1920 年 10 月，又有 1000 余白俄军队逃至塔城；1921 年 5 月，白俄军队 2000 余人逃至额敏。当时退入伊犁、塔城一带之白俄残军为数 2 万余人⑤，"在本世纪 20 年代初，总共约有 25000 名俄罗斯人穿越或留在新疆以寻求庇护"。⑥ 后来经过新疆地方政府与苏俄交涉，塔城方面先后遣返 4529 人，留下 5716 人；伊犁方面遣返 3780 人，留下 1170 人。⑦ 至于此批俄罗斯人究竟留在新疆为数多少，目前尚无确切数字。

---

① 吴福环、魏长洪等：《近代新疆与中亚经济关系史》，新疆大学出版社，2000，第 31 页。

② 洪涤尘：《新疆史地大纲》，正中书局，1935，第 204 页。

③ 杨增新：《补过斋文牍·俄哈编上》己集上，台北，文海出版社，1965，第 2018 页。

④ 曾问吾：《中国经营西域史》，上海书店出版社，1989，第 469 页。

⑤ 陈斯英：《近三十年来新疆政治的演变》，《中国青年》第 4 期，1947。

⑥ 〔英〕林达·本森、英格瓦·斯万博格：《新疆的俄罗斯人》，沈桂萍摘译，《民族译丛》1990 年第 6 期。

⑦ 杨增新：《补过斋文牍》癸集三，台北，文海出版社，1965，第 324 页。

这些进入新疆境内的俄属难民，后来虽然取得了中国国籍，但是受历史上的文化、宗教以及生活习惯等因素影响，其很难在短时间融入地方社会，再加上杨增新在新疆推行的愚民政策，使新疆在文化教育上远远滞后于形势的发展。虽然新疆省政府在一定程度上给予这些难民相当的经济援助，但是并没有从根本上解决他们的生活困难。再加上后来新疆政治形势的变化，这些进入中国境内的哈萨克、俄罗斯人生活状况进一步恶化，增加了其与周围民族、地方政府关系的变数，这些都在一定程度上影响着新疆的民族关系以及新疆政治的走向。

1919 年 7 月 25 日，苏俄政府发表《俄罗斯苏维埃联邦社会主义共和国对中国人民和中国南北政府的宣言》，但此时的北洋政府对于新疆却认为"新疆以其地势及人数论，必不致牵动大局"。而苏俄方面却在其《传报普告中国国民书》中对新疆各民族宣扬：今日之计，唯有联合各族贫寒界组成一大团体，速将他们狠恶有毒之文武官吏及富豪一律推倒。[1]

与此同时，英国也加强了对南疆地区的渗透，以图"尽我们最大的努力以避免俄国人在我们的侧翼活动"，阻止"俄国人南下的步伐"[2]，基于此点之考虑，英国亦制定了相应的新疆政策：尽力改善英属印度商人在新疆的贸易环境，利用最惠国待遇，扩展英国在新疆的特权和影响，整顿并发展英籍侨民，建立英国在新疆社会的基础。[3] 据《新疆图志》所载，清末英国侨民人数已达 1295 户 3305 多人。[4] 这些英属印度侨民，在塔里木流域数量惊人，仅叶尔羌一隅，常驻有印度商业代表 150 余人之多，英吉沙尔之印人，放债者居多，且甚为活动。[5] 这

---

① 李念萱：《中俄关系史料——新疆边防》，台北，"中央研究院"近代史研究所，1961，第 259 页。

② R. Greaves, *Persia and the Defense of India* (London, 1959), pp. 35–36.

③ 许建英：《近代英国和中国新疆（1840–1911）》，黑龙江教育出版社，2004，第 232～233 页。

④ 王树枏等纂修，朱玉麒整理《新疆图志》卷 58《交涉六》，民族文化宫图书馆据志局本复印版，1983，第 7～13 页。

⑤ 观渡庐：《共和关键录》，著易堂书局，1912，第 29～30 页。

些英侨在新疆的活动，严重影响了新疆的社会安定和中国主权，成了之后南疆地区动荡不安的隐患。

1893 年《中英藏印续约》签订后，英国取得了在西藏问题上的主动权，此种情况之下，俄国转而注重于贸易上的渗透。英国官员认为"相对来说，列城贸易在印度的整个贸易中当然没有什么意义，但是俄国商品在那儿出现，表明一种新的和令人不愿意看到的贸易流向，这种趋向可能比武装探险或者科学考察更能有效地拓宽对抗性影响的范围"①。之后，英国亦相应加强了在南疆地区的贸易，以图与沙俄相抗衡。因之，在之后的十几年中，英国加大了对新疆的工业品贸易，同沙俄一样把新疆变为其原材料输出地。虽然说相对于俄国经济侵略而言，英国的规模与程度都比较轻，但是，其最终通过经济贸易上的活动达到了政治目的，那就是 1911 年英国驻喀什噶尔总领事馆成立，使英国在新疆获得了一个立足点，便利了英国对新疆的侵略。

俄国十月革命后，苏俄政府发表对华宣言，放弃沙俄政府在华一切特权。1920 年 6 月 27 日，英国驻喀什领事要求喀什道尹对于进入蒲犁的 30 多名英兵给予保护。实际上，这些英人携带物品多为军装及武器装备。1920 年 9 月 1 日，新疆省政府开始向境内前沙俄属民征收赋税，沙俄时期在新疆省内的贸易圈、治外法权、领事裁判权自然丧失，英俄之间在新疆境内几十年的相互竞争局面消失，事实上业已呈现英国一方独霸的局面，英国趁机加紧了对新疆的渗透，积极在新疆寻找可以利用的力量。

**（二）新疆内部所面临的危机**

内忧之中首为蒙古问题。外蒙古宣布独立以后，先陷科布多，进而进犯阿尔泰。虽则迭为新疆方面所败，但新蒙交界，沿边两千里，防不胜防。"各蒙部不为库伦所煽惑者，虽是各部王公深明大义，亦

---

① 大英图书馆印度事务部档案，L/P & S/12/73，印度政府外交部致女王政府印度事务大臣（密件，边疆，1894 年，第 50 号），"拉达克英国联合委员会高德弗致克什米尔驻点官巴尔"（1893 年 12 月 14 日，第 488 号）。

慑于兵力,不敢轻发。若我与外蒙久战,一有挫失,必损国威。"① 且外蒙古宣布独立后,大倡统一蒙古之声浪,时派人深入新疆、甘肃等地,于蒙人部落所居之地,暗地实行勾结手段。当其宣布独立之时,曾有蒙人万余,由札萨克率领,因反对外蒙古独立,逃至马鬃山以南地区,未几,札萨克被(外蒙古方面)派人暗杀。

至此,民国初年的西北,历史遗留与现实冲突、外部势力与民族矛盾、中央政府与地方势力,各种矛盾问题相互交织,在各个方面都对民国初年西北地区的稳定构成了威胁,成为影响西北地区稳定的重大因素。因之,民国之初,便制定实施了一系列民族政策,以图稳定西北地区的政治局势。

## 第三节　杨增新时期的新疆改土归流

### 一　中央政府对于西北地区土司制度的态度

1912年3月25日,袁世凯发布《劝谕蒙藏令》,宣称"凡我蒙藏人民,率循旧俗,作西北屏藩,安心内向……现在政体改革,连共和五大民族,均归平等。本大总统坚心毅力,誓将一切旧日专制弊政,悉心禁革,蒙藏地方尤应体察舆情,保守治安"②。4月,袁世凯发布大总统令,强调"现在五族共和,则蒙藏回疆各民族,即同为我中华民国国民,自不能如帝政时代再有藩属之名称,此后,蒙藏回疆等处,自应统筹规划,以谋内政之统一,而冀民族之大同","在地方制度未经划一规定之前,蒙藏回疆应办事宜,均各仍照向例办理"。③ 1912年1月14日,伍廷芳代表南京临时政府电告蒙古王公联合会,满蒙回藏原有之王公爵俸及旗丁口粮等,必为谋相当之位置,绝不使稍有向隅。④

---

① 曾问吾:《外蒙古侵略新疆之近史》,《边事研究》第1期,1934。
② 《临时政府公报》第52号,1912年3月30日。
③ 陆纯素:《袁大总统书牍汇编·政令》,上海广益书局,1914,第9页。
④ 观渡庐:《共和关键录》,著易堂书局,1912,第104页。

4月20日，又发布《加进实赞共和之蒙古各札萨克王公封爵》，宣布：第一，凡蒙古王公"效忠民国，实赞共和者"，各照原爵加进一位，汗亲王等无爵可进者，封其子孙一人；第二，凡"有异常功绩，或首翊共和，或力支边局，以及劝谕各旗拒逆助顺者"，均另加优奖。[①] "所有蒙回王公充前清御前行走年久者应改授都翊卫使，御前行走年份较浅者应改授翊卫使，乾清门行走差使者应改授翊卫副使，充乾清门侍卫及大门侍卫者应改授翊卫官。"[②] 其后，又将前清《理藩院则例》中所规定各事，"酌改名称"后全部恢复，以使各王公活佛"永保禄位之尊荣"。1913年12月23日，袁世凯又先后颁布大总统令，规定"自民国元年起所有进封蒙古各王公均准其照进封一位世袭罔替。其进爵二三次者仍按原有封爵准以进一位世袭罔替"[③]。

1912年8月19日，民国政府颁布《蒙古待遇条例》：

（1）嗣后各蒙古均不以藩属待遇，应与内地一律。中央对于蒙古行政机关，亦不用理藩、殖民、拓殖等字样。

（2）各蒙古王公原有之管辖治理权，一律照旧。

（3）内外蒙古汗、王公、台吉、世爵各位号，应予照旧承袭，其在本旗所享之特权，亦照旧无异。

（4）唐努乌梁海五旗、阿尔泰乌梁海七旗，系属副都统及总管治理，应就原来副都统及总管承接职任之人改为世爵。[④]

1912年12月至1913年6月相继公布《蒙回藏之王公及呼图克图等公谒礼节》《蒙回王公年班事宜》《喇嘛等洞里经班事宜》《年班来京蒙

① 《政府公报》第144号，1912年9月20日。
② 蒙藏院总务厅统计科：《蒙藏院行政概要》，载駋正主编《民国边政史料汇编》第14册，国家图书馆出版社，2009，第528页。
③ 蒙藏院总务厅统计科：《蒙藏院行政概要》，载駋正主编《民国边政史料汇编》第14册，国家图书馆出版社，2009，第514页。
④ 《政府公报》第113期，1912年8月21日。

古王公宴会礼节》《喇嘛印信定式》《民国成立初次来京蒙回藏王公等特别川资条例》《蒙藏王公等服制条例》。因之，民国初年，在西北继续存在着旧有封建王公贵族、札萨克、土司、部落头人等传统力量。

## 二 杨增新对于新疆王公头目之政策

对于新疆保留下来的王公头目，杨增新认为"欲实行共和，以求地方之太平，不敢视蒙、哈、回缠为异族、异教也"，"为维持今日之新疆，在收拾各种族之人心"，"新疆至于今日，其情形已极危险，须将各种族人民糅为一团，不使生心外向"，[①] "以后对于蒙哈王公，须以联络感情为第一要义，否则一事不能办，呼应不灵"。[②] 因此其上台后，将土尔扈特六苏木，察哈尔、厄鲁特十苏木，仿照旧土尔扈特、和硕特办法，直接隶属于都督。对于蒙古、哈萨克旧王公贵族准许世袭其爵，在其统治新疆的 17 年中，札萨克制一直没有改变，沿袭前朝旧例，提请中央政府恩封、提升新疆各族王公头人。

对于新疆的王公制度，杨增新力主"尽量维护王公制度以稳定局势"[③]。1912 年，阿尔泰克烈公精斯罕去世，杨增新向北洋政府推荐其子艾林进封贝子爵。[④] 1914 年春，封迈粄长子哈那皮雅为三品顶戴三等台吉、次子司牙五品顶戴佐领衔，三子西拉斯迪、四子史马尔丹、五子史玛西迪骁骑校尉；封迈粄长孙卜哈特五品顶戴佐领衔、次孙扎勒尔和三孙伊乐色骁骑校尉。同年封三等台吉穆尔泰为辅国公，1920 年迈粄和镇国公姜纳伯克死，杨增新封迈粄长子哈纳皮雅贝子爵，姜纳长子沙塔尔汉为辅国公，扎克尔雅为辅国公。1917 年，杨增新又向

① 《咨复财政部新疆向未征收杂税文》，载杨增新《补过斋文牍》3 编卷 1，台北，文海出版社，1965，第 44~45 页。
② 《电喀什彭县佐联络蒙哈王公感情文》，载杨增新《补过斋文牍》3 编卷 3，台北，文海出版社，1965，第 23 页。
③ 张大军：《新疆风暴七十年》第 2 册，台北，兰溪出版社，1980，第 669 页。
④ 《蒙藏院就达木鼎策德恩封镇国公无案可稽事给杨增新的咨》（1920 年 7 月 13 日），载新疆维吾尔自治区档案局、中国社会科学院边疆史地研究中心编《近代新疆蒙古历史档案》，新疆人民出版社，2008，第 4 页。

北洋政府推荐艾林为郡王。杨增新执政期间，还先后封伊犁地区克宰部落阿拉巴特为辅国公兼千户长，封阿不勒堪为辅国公，在其死后又令其子、弟继承。1913 年，提升阿尔泰哈萨克台吉迈粆为辅国公。对于民国初期离开外蒙到新疆的王公，杨增新更是特意施恩。特别是在达木鼐策德恩问题上，蒙藏院一再表示：辅国公达木鼐策德恩系何年、月、日晋封镇国公，本院无案可稽。虽则蒙藏院无案可稽，该旗案卷前受外蒙古兵灾，已经遗失，无从覆查，但新疆省政府方面仍然要求蒙藏院"仍晋封达木鼐策德恩为镇国公并颁发封轴爵章，俾得名实相符，以重名器"①。在新疆省政府方面的一再电请之下，蒙藏院于 1920 年 6 月 25 日奉大总统令，晋封达木鼐策德恩为镇国公。②

依据形势地位，分别给予奖励、优抚。

科、阿战事以后，对于在战事中积极内向的蒙哈王公，杨增新提请新疆省政府及中央政府分别给予相应的奖励、优抚。1915 年，杨增新奖励阿尔泰哈萨克副千户长托力米斯、莽苏尔七等嘉禾章，百户长哈什拉克等八等嘉禾章。伊犁地区哈萨克马合苏特、毕什迈特、爱卜玛什拜克等八等嘉禾章。给塔城哈萨克曼毕特千户长加勒海、吐尔图千户长吐尔苏伯七等嘉禾章。③ 民国三年（1914）给予新土尔扈特右旗喇嘛扎普等 13 人七等嘉禾章、巴图巴雅等 3 人九等嘉禾章。④ 阿属新土尔扈特左旗章京策伯克粆特前后被喀匪抢劫损失甚巨，中央政府在杨增新呈请下，拨给抚恤银一千两。⑤ 哈萨克千户长杜尔伯特罕自承袭台吉之后，"谨慎从公，其头目克兰办事亦属得力。此次俄新

---

① 《省政府为请仍将达木鼐策德恩晋封为辅国公事给蒙藏院的咨及给该公的照复》（1920 年 4 月 20 日），载新疆维吾尔自治区档案局、中国社会科学院边疆史地研究中心编《近代新疆蒙古历史档案》，新疆人民出版社，2008，第 6 页。

② 《蒙藏院就晋封达木鼐策德恩为镇国公事给省政府的咨》（1920 年 7 月 13 日），载新疆维吾尔自治区档案局、中国社会科学院边疆史地研究中心编《近代新疆蒙古历史档案》，新疆人民出版社，2008，第 7 页。

③ 洪涛：《杨增新对哈萨克族的安抚与牵制》，《民族研究》1998 年第 1 期。

④ 《政府公报》第 1189 号，1919 年 5 月 27 日。

⑤ 《政府公报》第 607 号，1917 年 8 月 29 日。

旧两党在中境乌兰湖苏势将开战，该台吉等居中排解，并劝令俄兵退出中境，不无微劳，一并传令嘉奖以资激劝"①。

军事上"各族皆备，使互相牵制"②，焉耆有"蒙古骑兵二十营。每营一百人，辖于统带（蒙古汗王兼），又骑兵一营（营长蒙古郡王兼）"，乌苏"有蒙古骑兵一营，精河有蒙古骑兵一营（营长蒙古亲王濮尔拜），和什托诺盖有蒙古骑兵一营（营长蒙古亲王尔载泰），北塔山有蒙古骑兵一营（营长科布多亲王拉木加旺登）"。阿山有哈萨克骑兵三营（营长哈萨克郡王艾林），又骑兵三营（哈萨克镇国公寒大庇雅）。③ 1916年4月6日正式任命布彦孟库汗为蒙古骑兵团统率。1919年，电令多活佛率蒙古骑兵驻防哈密，升蒙古骑兵团为旅。1922年2月，划迪化（今乌鲁木齐）三甬碑一带的农田、草场给满楚克扎布汗王为采邑，以奖赏多活佛驻兵哈密的功劳。

## 三　杨增新对新疆王公制度及新疆改土归流的思考

### （一）限制王公头人盘剥，减轻民众负担

杨增新曾经指出：民国成立，凡从前一切苛政，民间一切疾苦皆要调查整顿。④ 为减轻所属游牧民众的差役、摊派、宗教、祭祀所供支，新疆省政府劝令王公头人将昔日支应额数核减一半，并规定"此后如有何项官员头目，派差累民，催索旧欠者，准哈民指名控诉，如哈民不能出名，则匿名密禀亦可。惟关于边防事件，必须向哈民派差备办者，由道县呈明省长。核准酌行"⑤。所有哈萨差徭"除租马关系例案乌拉毡房两项又以地广人稀暂仍其旧，其余例派各差均由公家发

---

① 《呈请嘉奖哈萨千户长杜尔伯特罕等文》，载杨增新《补过斋文牍》癸集三，台北，文海出版社，1965，第34页。

② 曾问吾：《中国经营西域史》，商务印书馆，1935，第610页。

③ 曾问吾：《中国经营西域史》，商务印书馆，1935，第612页。

④ 《通论哈密叛缠缴械受抚文》，载杨增新《补过斋文牍》乙集一，台北，文海出版社，1965，第1页。

⑤ 曾问吾：《中国经营西域史》，商务印书馆，1935，第602页。

给薪水"①。旧土尔扈特东部部落副盟长贝勒德恩沁阿拉什因案革去副盟长札萨克各职，归案讯办，但为了与优待蒙古王公条件相符，便未将所辖土地人民一概撤销，使其祖宗数百年功勋化为乌有。同治时新疆大乱，吐鲁番回王祖父"逃窜南疆，其地早已收归地方官管理。此项租税实于缠民不便，今若准该王自收草租，牧户必不堪命，孰非爱民之道，故每百只抽羊一只碍难准行。外准再于奇台县羊税内津贴银四百两"②。

### （二）加强对王公头人管理，逐步收回政府权力

对于新疆蒙古回部的管理，早在 1887 年 12 月 16 日镇迪道给吐鲁番厅的札中就提出：土尔扈特蒙众改归地方官管理。③ 1907 年 5 月，湖广总督岑春煊在《统筹西北全局酌拟变通办法折》中提出对西、北边疆各部之传统体制，必须进行"变通"，加强中央政府的直接管辖，建立行省，"以一事权"。④

科、阿战后，阿属哈萨克王公借机向新疆省政府方面提出扩权请求，杨增新对此明确指出：

> 该（哈萨克）贝子扎克尔雅向无划分之疆域，不过租阿尔泰蒙古之地以游牧，自应仍受节制于长官，不宜有自行任免头目之权。自阿尔泰设官以来，凡千户长及各头目之任免皆由长官任免，今一旦改为扎克尔雅任免各千户长未必悉就其范围。一千户长不得其人，而哈民之一部分受其害，各千户长皆不得其人，而哈民

① 《新疆巡按使杨增新呈查复阿尔泰哈萨克差徭繁重及裁革一切陋规办法》，载乌力吉陶格套整理校注《民国〈政府公报〉蒙古资料辑录 1914.6–1915.12》，内蒙古人民出版社，2016，第 313 页。
② 《训令吐鲁番、鄯善知事叶亲王不得抽取草场羊税文》，载杨增新《补过斋文牍》壬集上，台北，文海出版社，1965，第 38~39 页。
③ 《镇迪道就土尔扈特蒙众等改归地方管理事给吐鲁番厅的札》（1887 年 12 月 16 日），载新疆维吾尔自治区、中国社会科学院边疆史地研究中心编《近代新疆蒙古历史档案》，新疆人民出版社，2008，第 3 页。
④ 四川省民族研究所《清末川滇边务档案史料》编辑组：《清末川滇边务档案史料》下卷，中华书局，1989，第 921~926 页。

之全体受其害。若以任免头目之权假之与该贝子扎克尔雅，势必作威作福，鱼肉属下，积怨日深，不无铤而走险。果由该贝子扎克尔雅任免，则塔城所属之柯勒依其头目向归参赞任免者自必援例以请，而此外之曼毕特图尔图赛布拉特以及伊犁黑宰各部落亦复相率效尤，是以一发而牵动全身，边情骚扰，安辑殊难。阿尔泰哈民向归该哈萨克总管节制，而俄人所以必提出此条件者即含有不归阿尔泰长官节制之意。以期脱离长官之范围而后俄人可以任意勾结。若以该贝子扎克尔雅于哈萨克全部内操予夺之权是直以哈萨克全体付予一人之掌握。此真俄人条件内所急欲求之而不可得者。哈萨之头目自千户长及五十户等头目不下数百员，例由长官任免则哈目之贤否地方之利弊可以随时接见访问周知。若归该贝子扎克尔雅自行任免，各头目知长官无可贵可贱之权，是必知有贝子而不知有长官，而长官亦同虚设。必致贝子威力有以挟制其长官，太阿倒持，流弊何穷。方今时局民气嚣张，无论何方面宜取均势主义，万不可令其大有团结。①

因此其后来在《呈覆将阿尔泰归并新疆改区为道情形文》中明确提出：蒙哈各头目承袭、遣撤、升迁仍由道尹酌拟转呈省长兼督军呈政府定夺，或就归新疆核办悉如旧例。②

在加强新疆省政府方面事权同时，杨增新亦注意对于触及新疆地方、危害国家利益的王公头人的惩处。1921 年，旧土尔扈特东部部落署盟长鄂罗拉玛失察属下种烟一案，经迪化方面惩戒会议决，应受罚停职俸半年之处分。③之后，旧土尔扈特东部部落副盟长贝勒德恩沁

① 《呈阿尔泰哈萨克头目应照向章归长官任免文》，载杨增新《补过斋文牍》甲集上，台北，文海出版社，1965，第 47 页。
② 《呈覆将阿尔泰归并新疆改区为道情形文》，载杨增新《补过斋文牍》乙集一，台北，文海出版社，1965，第 38~39 页。
③ 《迪化道就鄂罗拉玛受处分事给吐鲁番县的训令》（1921 年 8 月 25 日），载新疆维吾尔自治区、中国社会科学院边疆史地研究中心编《近代新疆蒙古历史档案》，新疆人民出版社，2008，第 8 页。

阿拉什因案革去副盟长札萨克各职，归案讯办。①

　　新疆各回部设省后早经改土归流，回部王公虽支领廉俸而土地人民概归地方官管理，故自设省以来从无叛乱之事。民国之初，迫于外部环境与内部民族的变化，加强对边疆地区的行政管理成为当务之急，因此杨增新亦认为：

　　　　现在共和成立，回王万难独行专制，惟有将不服回王之缠民改土归流，实为正本清源之法。拟以哈密附近及山外缠民仍照旧归回王管辖，其山内缠民概归地方官管辖，岁纳赋税，由地方官征收悉数转给回王以作津贴。但此事尚须缓筹办理以免窒碍。不宜操之过急，过急盖哈密山缠多有与科乌蒙古接壤之处。自库伦独立后蒙民时有煽动缠民之思，若不恩威并用，专恃兵力，适足以驱之使叛。②

　　对于杨增新新疆"改土归流"政策的转向，刘志霄认为有两点因素所致："一是中央政府频繁更替，无暇顾及杨增新关于哈密王室'改土归流'的主张；二是全国政局若明若暗，难以判断谁将最终主政全国。"而杨增新对于哈密王室的政治作用及地位的全新评价和认定，这些最终导致了杨增新在"改土归流"问题上的变化。③ 但此皆为体制之因素，最根本的还要从西北整体环境分析，民国之初西北边疆均处于英、俄侵略势力的虎视之下，使整个甘、新地区的改土归流工作陷于两难之中。因此，杨增新最终被迫放缓新疆"改土归流"的步伐，直到金树仁时期才又重新把新疆"改土归流"推到一个新的阶段。

　① 《示谕土尔扈特蒙古东部减少差役文》，载杨增新《补过斋文牍》辛集一，台北，文海出版社，1965，第38~39页。
　② 《电呈哈密回部屡叛原由拟将来改土归流并现在办法文》，载杨增新《补过斋文牍》乙集一，台北，文海出版社，1965，第311页。
　③ 刘志霄：《维吾尔族历史》（中编），中国社会科学出版社，1996，第514页。

# 第五章　金树仁时期新疆改土归流

杨增新早期新疆改土归流工作的推行，由于内外因素所致，最终以双方的相互妥协而告终。金树仁执政以后，随着新疆内外局势的变化，"改土归流"工作重新提上了政府议事日程。关于 1930 年哈密改土归流，学界多有研究，《新疆文史资料选辑》[①]、《新疆五十年》[②]、《新疆简史》[③]、《民国新疆史》[④]、民国时期新疆地方呈文、国民政府电令[⑤]等资料中，大多认为事变源于金树仁暴政以及哈密"改土归流"措置失当，亦有学者把其归为民族问题[⑥]、环境因素[⑦]积累所致。

但通过多学科视角下相关史料梳理，金树仁哈密改土归流失败的原因如下。首先，生存资源短缺冲突形成的社会性根源，权力地位和等级不平等所形成的结构性根源，受宗教信仰和文化信念不同导致的观念和文化形态根源；其次，源于文化背景差异而导致对政策的解读，亦是改土归流中哈密事变发生的因素之一；最后，民国政府对于盟旗制度认识及西北旗县体制冲突，最终成为决定哈密改土归流成败的体制性因素。

---

① 潘祖焕：《金树仁登台和哈密事变的前因后果》，《新疆文史资料选辑》第 5 辑，新疆人民出版社，1980，第 23~29 页。

② 包尔汉：《新疆五十年》，文史资料出版社，1984，第 125~128 页。

③ 新疆社会科学院历史研究所编著《新疆简史》，新疆人民出版社，1980，第 130~140 页。

④ 陈慧生、陈超：《民国新疆史》，新疆人民出版社，1999，第 245~246 页。

⑤ 中国第二历史档案馆编《中华民国史档案资料汇编》第 5 辑，第一编政治（五），江苏古籍出版社，1994。

⑥ 卢生：《哈密回变——新疆变乱得导火线》，《瀚海潮》第 9 期，1948；张秋霞：《金树仁与哈密事变》，《西北史地》1995 年第 3 期。

⑦ 赵逸妍：《关于"哈密事变"相关问题探析》，载陈理、彭武麟、白拉都格其主编《中国近代边疆民族问题研究》，中央民族大学出版社，2008，第 215~220 页。

## 第一节　改土归流问题的缘起

哈密域地：东至星星峡，接安西；南至草湖，接敦煌；西至一碗泉，接鄯善；北至松树塘，接镇西；东南至博罗特口，接敦煌；西南至十三间房，接吐鲁番；东北至阿达石山、双井子，接蒙古喀尔喀，西北至帕勒布尔噶斯、肋巴泉、梯子泉，接镇西。[①] 乾隆二十四年（1759），置哈密厅。1884 年新疆建省，刘锦棠奏请设立哈密直隶厅，据《哈密直隶厅乡土志》载，哈密厅管辖东新庄、蔡湖庄、跌尔版金庄、大泉湾庄、沁城庄、城围庄、头堡七庄。[②]

清朝后期，西北边疆危机日重，置省设县，加强边疆与内地行政一体化成为朝务之急。因此龚自珍《西域置行省议》中拟哈密设四县，一附府，一苏木哈喇垓（头堡），一赛巴什达里雅（蔡湖），一塔勒纳沁（沁城）。但鉴于哈密地区土地民口问题，陶保廉就哈密设县提出异议：哈密厅共有田一万一千三百亩，回王采地三万三千七百余亩，纵夺而有之，不及五万亩，安能分设四县。[③]

因此，设县之议并未施行。清末民初，哈密改土归流再次被提上议程，然源于内外诸多因素，仍未果而终。杨增新时期，对于哈密改土归流一直持慎重态度，故而虽有铁木尔之变，但改土归流事宜一直未进一步展开。直至 1930 年金树仁时期，哈密改土归流工作才再度提起。

1930 年 6 月中旬，哈密改土归流工作重新提上新疆省政府议事日程，1930 年 7 月 2 日，新疆省政府成立改治委员会，11 月，宣布实行改土归流，原回王土地准予自由开垦，由政府征收田赋。1931 年 1

---

① 王树枏等纂修，朱玉麒整理《新疆图志》卷 2《建置二》，民族文化宫图书馆据志局本复印版，1983，第 10 页。
② 《哈密直隶厅乡土志·地理》，载中国边疆史地研究中心主编《新疆乡土志稿》，全国图书馆文献缩微复制中心，1990，第 285 页。
③ 陶保廉：《辛卯侍行记》卷 6，甘肃人民出版社，2002，第 380~381 页。

月，新疆省政府方面正式公布设立三县，同时公布土地开垦和田赋征收办法，清查王府领地。1931年2月爆发小堡事件，改土归流工作随着事态的扩大亦陷入停滞之中。

在哈密设县、改土过程中，其最大制约因素是土地及田赋问题。而源于此问题的措置，亦使整个改土归流进程最终发生了改变。在此，首先就改土归流中关于土地、田赋问题缘起做一梳理。

### （一）新疆民间观点

白锡尔《新疆国民革命军驻哈讨逆总司令白锡尔等关于金树仁虐民暴政激成民变情形致行政院电》（1933年6月21日）：

> 前年哈密办理改土归流一案，夺我缠民之熟地，安置甘肃难民，犹责令供给牛工、种子焉……惟我军民之起，既为金氏压迫所致，故其目的，仅在推翻金恶政权，铲除虐民暴政，以求改良政治、拯救人民，别无他意……①

赛福鼎《赛福鼎回忆录》：

> 金树仁在关于收缴土地税和开荒种地的条例中规定，维族农民愿种地者可继续种地，但要发放地契，从当年起缴税；废除无偿为王府服役的制度；维族不愿种的地作为荒地分给新来的百姓租种……分给他们的土地登记册上注册为荒地，实际上都是耕种多年的沃土良田……他们很快意识到，经过改革的土地制度与自己期待的土地制度是完全不同的两码事……他们经济基础薄弱，没有"面肥"（即没底子），无力缴纳当年的土地税，于是要求缓交。官府不予理睬，引起农民们的强烈不满。②

---

① 中国第二历史档案馆编《中华民国史档案资料汇编》第5辑，第一编政治（五），江苏古籍出版社，1994，第555页。
② 赛福鼎：《赛福鼎回忆录》，华夏出版社，1993，第93~94页。

包尔汉《新疆五十年》：

> 凡是熟地，维吾尔人愿意耕种的，可照领地照续耕，田赋从当年起征，以往为王府服无偿劳役的制度从此取消。至于维吾尔农民不愿续耕的农田和荒地，均作为荒地，招民领耕……县政府拨给他们耕牛、农具、籽种，免纳二年田赋……1931年初金树仁政府颁布了关于哈密的田赋征收办法后，哈密维吾尔农民曾向地方政府提出了缓期开征的请求，但是地方政府未予理会。①

## （二）新疆地方政府

《新疆高等法院关于将金树仁被控各节逐条详细致行政院代电》（1934年12月30日）：

> 哈密改土归流，系遵总理遗训，意在取消封建制度，方将试办，而乱即作，立即停止进行，并未将缠民土地夺给汉人等情。究其启衅原因，固由金树仁用人不当，未免操之过急……现经乱事已平，省政府仍复选据哈密县长尧乐博斯转呈哈密民众改土归流，以轻负担，文电甚多，具见前次叛乱，并不为此。②

《新疆特派员曾启文为报告新疆事变实况及五项处置建议致中央执行委员会秘书处呈》（1933年6月6日）：

> 十九年三月，沙王死后，金谋利用机会，实行改土归流政策，

---

① 包尔汉：《新疆五十年》，文史资料出版社，1984，第127~128页。
② 中国第二历史档案馆编《中华民国史档案资料汇编》第5辑，第一编政治（五），江苏古籍出版社，1994，第560页。

遂将小王聂兹儿及虎王姚罗博士调赴省城,商榷施行方法……派员会同虎王前赴哈密,办理设县,缠民已耕者准其领照播种,未耕者准汉人领照开垦,而对于应纳之赋税,缠民领耕之熟地,即令其交纳,汉人领耕之荒地,则豁免二年。[①]

## (三) 国民政府方面

吴蔼宸《新疆纪游》:

……回王采地缠民耕者准其领照,未耕者准汉人开垦。改土归流后,缠民向与回王当差者,今则向政府纳税。县府于二十年成立,对于缠民领耕熟地,竟征收十九年税课,对于汉人领耕荒地,则豁免二年租赋。[②]

陈赓雅《西北视察记》:

当是时也,回王地亩亦未处分,荒地亦未分拨,事变既日益扩大,关内远道传闻,遂亦人言人殊,谓缠民耕种回王地,有准其领照播种者,未种及一部已耕地有发给甘肃难民种植者,汉民领荒地则免征,与对缠民待遇殊不平等云云,寓皆虚拟过甚之词,(难民)与该处缠民利益初并无碍,不意甫至该处变乱。[③]

《邓宝珊为新疆省事变情形及南路代表到京面陈详情致行政院电》(1933 年 4 月 28 日):

---

① 中国第二历史档案馆编《中华民国史档案资料汇编》第 5 辑,第一编政治(五),江苏古籍出版社,1994,第 535 页。
② 吴蔼宸:《新疆纪游》,商务印书馆,1936,第 174 页。
③ 陈赓雅:《西北视察记》,台北,文海出版社,1980,第 350 页。

去年又以哈密一带缠回民垦熟地，给予迁移甘肃灾民，遂演成事变。①

**（四）苏、英方面分析**

苏联方面《真理报》报道：

新疆哈密居民因不满中国行政之措施而起叛变，一九三一年之初，新疆始从事办理民政、警察，并增加重税，此哈密叛乱原因之一也。②

英国方面资料认为随着实行改土归流，原有对汉人定居的限制被取消，造成了当地居民对这种变化极为不满。③

综上史料，在土地分配问题上，记载中存在较大的分歧，田赋问题上亦有不同的声音。而土地与田赋却正是金树仁改土归流深受后人诟病之处，亦为影响整个改土归流工作的深层次原因。

## 第二节　改土归流中面临的症结

**（一）土地与民口矛盾**

对于哈密王府辖境田地，《新疆图志》载：沙木胡索特时期"有采地三万"④。道光二十五年（1845），林则徐奉旨查勘哈密屯田，令

---

① 中国第二历史档案馆编《中华民国史档案资料汇编》第5辑，第一编政治（五），江苏古籍出版社，1994，第491页。

② 《外交部为抄送苏联真理报关于回民事变致行政院代电》（1933年5月20日），载中国第二历史档案馆编《中华民国史档案资料汇编》第5辑，第一编政治（五），江苏古籍出版社，1994，第501~502页。

③ 新疆社会科学院"双泛"研究课题组编译《"双泛"研究译丛》第1辑，新疆维吾尔自治区社会科学院，1991，第20页。

④ 王树枬纂修，朱玉麒整理《新疆图志》卷2《建置二》，民族文化宫图书据志局本复印版，1983，第25页。

伯锡尔交出私垦官田一万多亩。① 王府所辖土地，其极限曾达到三万四千二百多亩，其中耕地二万七千八十亩。② 1930 年，新疆省政府改治委员会对哈密地区土地情况进行调查，回王和礼拜寺占有哈密全部熟地的百分之六十以上，王府大小头目占地约百分之二十五，而占人口百分之八十五的农民仅有不足百分之十五的耕地。③

哈密地区人口，1911 年数据表明："哈密有 9553 户，46351 人"，其中"哈密厅辖 1251 户、4568 人。回王辖 6485 户、33725 人。镇西厅辖 1871 户、8085 人，分布在城镇 1871 户、8085 人，乡村 375 户、1544 人，集镇 401 户、1535 人"，"汉族 549 户、2837 人，回族 620 户、1349 人，其他民族 82 户、346 人，外侨 2 户、13 人"。④ 民初铁木尔之变后，由于徭役繁苛，民不堪负，故而大量外迁，以致 1929 年改土归流前夕哈密民口发生较大变化。

1929 年前后统计数字表明，哈密维吾尔民众主要分布在回城、城围乡、东乡、南乡、西乡、北乡等六乡三十八村，总计 14583 人。城围乡 2472 人；南乡：南湖 1153 人，四、五堡 1680 人；西乡：头二三堡 1210 人；北乡：柳树泉、下马崖、下庙儿沟、七道沟、三道沟、板房沟、前山、盐池、土葫芦、苇子峡、淖毛湖、小堡、芨芨台子、八达石、榆树沟，4152 人；东乡 197 人；回城 3359 人。⑤

1929 年，伊吾县政府（治所三堡）筹建处暂设哈密，建县工作完成前暂由哈密县政府于淖毛湖、下马崖、土葫芦、盐池等地分设稽查局，对王府的北山六区实行管辖。⑥ 其中在北区地亩分布大致情况为：芨芨台子，15 石大麦地，下马崖、空奎沟 1200 亩湖地，淖毛湖 400 亩

① 聂一鸣：《哈密回王的兴衰》，载《哈密市文史资料》第 2 辑（内部发行），第 145 页。
② 刘志霄：《维吾尔族历史》（中编），中国社会科学出版社，1996，第 501 页。
③ 聂一鸣：《哈密回王的兴衰》，载《哈密市文史资料》第 2 辑（内部发行），第 163 页。
④ 数据来自郑加成《哈密地方志》，新疆大学出版社，1997，第 153 页。
⑤ 数据来自刘世义《哈密回王志》，载《哈密市文史资料》第 2 辑（内部发行），第 93～98 页。
⑥ 伊吾县地名委员会编《伊吾县地名图志》（内部资料），1987，第 10 页。

（农奴耕种），艾吉、八达石 300 亩（农奴耕种），果园 100 亩，七道沟 150 亩（农奴耕种），庙儿沟 100 亩黄豆地，七道沟 80 亩芝麻地。[①] 按照土地与民口分布，北乡地区人均可耕地亩为 0.56 亩左右，远远低于整个哈密地区人均可耕地亩占有值。

甘肃灾民进入新疆，金树仁接甘肃急赈同乡会函催募集赈款以救灾民。新疆省政府第三十三次省务会议决议由主席认捐银一万两，再拟由公家补助银两万两。同时，金树仁令安插甘肃灾民于沁城、土葫芦一带王府土地。王府方面派尧乐博斯以"慎重处理免致省府失和"进行交涉，金树仁则认为"如今是民国时代，专制余孽早应铲除"[②]，意欲改土归流。1930 年，新疆省务会议对民政建设财政各厅会呈哈密回部亲王所属地亩拟改土归流分别筹设县治案进行商讨，决议先派员调查。[③]

哈密改制中的土地问题，清末就有"哈密地土虽宽，民田竟无半亩"之说。[④] 杨增新时期，曾有屯垦哈密计划，旋以新疆局势变故及王府方面的反对而作罢。金树仁之时，省政府无法由哈密获得额粮、盐税、杂税等大宗收入；军事上军粮供给不便，守卫防备亦与维吾尔族农民缺乏联系。[⑤] 因此，土府土地的鼎革就成为哈密改土归流的要务。对于王府土地，刘希曾主张"收归回王土地，以增国赋"。1930 年 7 月 2 日，金树仁训令哈密县长徐毓祜和驻军师长刘希曾：（王府）原管土地人民赋税，均由贝子聂滋尔从速分别查明，造具清册，咨交哈密县政府县长接受管理。[⑥] 收归省府的王府土地，究竟怎样处理，政府、王府、难民、维吾尔族农民四者之间利益关系的处置就成为影

---

① 数据来自刘世义《哈密回王志》，载《哈密市文史资料》第 2 辑（内部发行），第 93~98 页。
② 尧乐博斯：《樊耀南·金树仁·哈密回王》，《传记文学》第 12 卷第 3 期，1968 年 3 月。
③ 《新疆省政府公报》第 9 期，1930。
④ 《查勘哈密地亩严禁私垦勒租索费告示》[道光二十五年（1845）十一月]，周轩、刘长明编注《林则徐新疆资料全编》，新疆大学出版社，2009，第 456 页。
⑤ 《民国十九年六月二十三日秘书处雇员邓孔昭密禀》，原件藏于新疆档案馆。
⑥ 金树仁：《照会》，1930 年 7 月，原件藏于新疆档案馆。

响这次哈密改土归流的主要因素。

1931年1月，新疆省政府方面正式公布设立三县，同时公布土地开垦和田赋征收办法，清查王府领地。规定凡是熟地，维吾尔族民众愿意耕种的，可领地照续耕，田赋当年起征，废除王府无偿劳役。维吾尔族民众不愿续耕的农田和荒地，均作为荒地，招民领耕。甘肃逃来九十余名汉族难民，由龙瑞成安插到土葫芦地方。地方无人认领荒地，无论生荒还是熟荒，均由难民领垦，县政府拨给耕牛、农具、籽种，免纳两年田赋。

从史料及相关研究分析，学界多认为把农田和荒地均作为荒地做法不当、课税不均，从而导致问题发生。在此，首先要厘清哈密地区荒地的含义及范围。

王府土地，概由农田与荒地两部分构成，荒地分为生荒与熟荒①两部分，改土归流后，无论农、生、熟地此时皆转为官地。新疆的耕作制度，以撂荒轮作与休闲轮作为主，林则徐《回疆竹枝词》描述："不解耘锄不粪田，一经撒种便由天。幸多旷土凭人择，歇两年来种一年"。② 那彦成亦记述："回疆地亩宽阔，如百亩分三年种植，所谓歇二种一。"③ 粗放型的土地经营模式，其前提是以大量闲置土地的出现为必要条件。美国学者杜布林（A. J. Dubrin）的冲突理论表明：当各个群体争取有限资源时，就容易引起群体间的冲突，当一群体感到生存受到威胁时，冲突就变得特别激烈；冲突发生只是因为各个群体的价值和利益不一致；本位冲突与权力的追逐亦为社会群体冲突的结构性因素。④ 故而此次哈密改土归流中利益的冲突在于资源的短缺，

---

① 〔苏联〕A. A. 维尔宾、B. B. 克瓦斯里可夫、A. H. 克列切托夫：《农作学》，孙渠等译，高等教育出版社，1959，第295页。生荒熟荒主要区别是是否回到从前荒弃了的肥力耗尽的田地上去。

② 林则徐：《林则徐选集》，人民文学出版社，2004，第254页。

③ 《各城阿奇木陋规》，载那彦成《那文毅公奏议》卷77，上海古籍出版社，1996，第30~40页。

④ 〔美〕安德鲁·J. 杜布林：《组织行为基础——应用的前景》，机械工业出版社，1985，第178~182页。

源于有限资源占有所致权力地位和等级不平等所形成的结构性根源，以及受宗教信仰和文化信念不同导致的文化和观念形态根源。

进入北乡地区的难民，省政府原意是为移民阿山，临时由伊吾方面招徕。安置难民，亦须置于可耕种土地。而之前哈密地区可耕之地多为王府所有，王府土地中一部分可耕农田为哈密维吾尔族农奴世代耕种，一部分为由维吾尔族农民以服徭役形式代王府耕种，余部为撂荒、休闲轮作制下的生荒熟荒田。王府统治时期，屡藉《回部王公表传》谓"回子耕过之地不可以置民人"①，由是对于移民安置工作造成了障碍。

改土归流后，一部分田地归原耕种农民继耕，由于粗放式轮作经营及田赋征收问题，出现了一部分无人认领的荒地，此部分荒地便被划为官荒，由政府招民开垦。此中就产生了原为维吾尔族农民耕种的一部分王府轮作田被当作荒地划给移民，从而导致问题的产生。

### （二）甘肃难民安置中的问题

河西走廊，位处内地新疆交通枢纽，地瘠民贫，民鲜盖藏，而天山北路，土地广阔，泉水充足。有清以来，河西地区一直为移民新疆主要地区。移民赴新路线，概由河西出嘉峪关，取道哈密，行抵天山北路各处。

光绪十三年（1887）刘锦棠正式奏报《兴办屯垦并安插户口查报隐粮折》，对于移民新疆屯垦规定"按亩升科启征额粮，自第三年始征半，次年全征"②。对于进入新疆的难民，龚自珍提出："官给蒙古帐房一间，牛犁具，籽种备，先给大户若干丈，中户若干丈，下户若干丈，不得自占……每年粟面稞蔬，皆入其十分之一……其地丁钱赋，应暂行免纳，俟二十年后，再如内地交谷外，另有丁赋例。"③ 这些新

---

① 林则徐全集编辑委员会编《林则徐全集》第 5 册《文录卷》，海峡文艺出版社，2002，第 327 页。

② 刘锦棠：《刘锦棠奏稿》，岳麓书社，2013，第 394 页。

③ 龚自珍：《龚自珍全集》，辽宁人民出版社，1994，第 159~160 页。

垦荒地,《新疆图志》记载,新疆新垦荒地,"两三年之后,五谷皆宜"。① 新垦荒地,无论生荒还是熟荒都视为官荒。在开垦的官荒上,其分配形式有"拨兵屯田"解决军粮,"招民承垦"只收官租,不收额粮。"招民承垦"按章升科。其田赋形式有:"初年免征,二年征半,三年全征";自行垦荒者"三年征半,四年全征";亦有"八年征半,九年全征""缓至十年或十一年升科"。②

杨增新时期,对于移民新疆屯垦问题采取较为慎重的态度,其在《呈覆内地流民资送新疆不无窒碍文》中就指出:"或谓徙民实边,可以兴办屯垦,不知新疆开省三十余年,南北两路生聚日繁,垦熟地亩均承种有人,今剧移来流民数千,势必另开荒地,新省地多水缺,筑坝修渠引水入地方能播种。"③ 根据民国时期统计,哈密地区每公顷田地用水量为 2 秒升(每升为 1 千立方公分)。④ 故开垦荒地需费人工资本,"一户之地须数年之久始能开熟,官人不知稼穑之艰难,以为百姓之地可以随便抛弃,并可以夺百姓已经垦熟之地让与他人,全不知百姓开地之难"⑤。因之,终杨增新时期,对于移民新疆问题采取较为慎重的政策。

1927 年国民政府形式上统一全国,随着国内政治局势变化和"七七政变"之后新疆省政府权力更替,国民政府开始注意西北边疆问题。一方面试图从政治上控制新疆,另一方面开始加大西北移民实边以固国防,1930 年 8 月 20 日,行政院给新疆省政府训令"令新疆省政府遵照办理"⑥,并提出移民原则:"对待土人,亦必亲爱精诚互助

---

① 王树枏纂修,朱玉麒整理《新疆图志》卷 28《实业一》,民族文化宫图书馆据志局本复印版,1983,第 3 页。
② 华立:《清代新疆农业开发史》,黑龙江教育出版社,1998,第 69 页。
③ 《呈覆内地流民资送新疆不无窒碍文》,载杨增新《补过斋文牍》甲集上,台北,文海出版社,1965,第 118~124 页。
④ 丁骕:《移民新疆之可能性》,《经济建设季刊》第 3~4 期,1945。
⑤ 《训令塔城道尹缠民垦熟地不准哈萨争占文》,载杨增新《补过斋文牍》辛集二,台北,文海出版社,1965,2640~2645 页。
⑥ 《行政院公报·训令》第 180 号,1930。

为重。"① 1931 年 5 月 16 日，国民会议第八次会议议事记录通过"厉行移民政策，裁军移犯广植边疆以增进国富而固国防"②，移民新疆进一步加快步伐。

甘肃难民移垦新疆，于金树仁上台之始业已展开。由于地震频发，水旱连年，再加上兵事不断，河西大量难民涌入新疆。1930 年 10 月 24 日，新疆省政府第五十八次省务会议决议：拟将甘肃逃来难民除一部分安插垦辟荒地外，其余均资送阿山采金。③

对于这批甘肃难民，新疆省政府训令民政厅"招集甘民前往新疆垦荒"，并制定了甘民前往阿山垦荒办法七条：

> 安插此种难民，从事开垦，不但揆诸救灾恤邻之谊，理固宜然，兼可利用难民实行移民实边政策……难民分拨各县后，由该县县长丈给地亩发给牛具，籽粮食粮。难民开垦荒地，初到荒地半年内以完全由公家供给粮食。三年升科以后……难民分拨各县开垦后，各县长即负有指挥监督责任，将来成绩优良者当由本府从优叙奖或准予留任或调剂一缺。倘有办事不力或竟舞弊营私利己害公者，一经查觉或被告发，定即撤任。④

为了杜绝招民垦荒中的浮冒问题，新疆省政府 1930 年 6 月 18 日省务会议第五十次会议决定：

> 责成各县开垦并以开垦地亩之多寡作为黜陟之标准，若有敷衍蒙混希图邀功，或以旧有之隐地冒做新垦，或以未开之官荒强

① 寒梅：《移民西北问题》，《认识》第 8 期，1931。
② 中国第二历史档案馆编《中华民国史档案资料汇编》第 5 辑，第一编政治（一），江苏古籍出版社，1994，第 239 页。
③ 《新疆省政府公报》第 7 期，1930。
④ 《新疆省政府训令民政厅本府规定招集甘民前往阿山垦荒办法七条一案仰即查照由》，《新疆省政府公报》第 7 期，1930。

民认领，捏报升科，转滋民累之事，省府方面定严加惩戒。①

甘肃难民进入新疆，一部分由星星峡东至哈密，再由哈密转上北山，由北山经巴里坤到达阿山。另一部分则经由胜金口取道巴里坤路线进入哈密北区。新疆省政府方面虽然给予了诸多优惠条件，但是碍于经济财力以及阿山地区自然条件所限，难民进入新疆后，大部分北上，一部分西进，亦有滞留哈密北乡地区。1912 年哈密"改土归流"事件后，杨增新借机提出："将不服回王之缠民改土归流实为正本清源之法。拟以哈密附近及山外缠民仍照旧归回王管辖。其山内缠民概归地方官管辖，岁纳赋税，由地方官征收，悉数转给回王以作津贴。"② 之后，王府对于北山地区的控制逐步削弱。因之，难民滞留哈密北乡地区势所难免。

而 1929 年统计数字表明，北乡地区是哈密地区维吾尔族民众最多的地区，占人口 85% 的农民却只有 15% 的土地，王府大量的耕地早就为维吾尔族农奴世代耕种。因此这些滞留北乡难民的生计问题就成为新疆省政府方面迫切需要解决的问题。

1930 年 6 月中旬，回王沙木胡索特病死，7 月 2 日，省政府成立改治委员会。11 月，宣布实行改土归流，原回王土地准予自由开垦，由政府征收田赋。1930 年底，新疆财政厅在《呈请勒限令催各县造赍十九年厘正地亩简明表》中提出：（田赋征收）逾限期半月者记大过一次，一月者记大过两次，一月以上至二月者记大过三次，照章扣俸。③ 1929 年，刘文海在哈密亦记述："新县长与余比肩而坐……低声语余，彼任局长时征收逾常额，省方嘉之，特擢任县长，三二日之内，

① 《民政厅呈请各县调查官荒招户开垦以维民生》，《新疆省政府公报》第 7 期，1930。
② 《电呈哈密回部屡叛原由拟将来改土归流并现在办法文》，载杨增新《补过斋文牍》乙集一，台北，文海出版社，1965，第 308~312 页。
③ 《呈请勒限令催各县造赍十九年厘正地亩简明表一案由》，《新疆省政府公报》第 11 期，1930。

即须赴任。"① 1931 年 1 月，哈密三县正式成立。对于 1930 年抑或 1931 年田赋征收，体制根源与官员素质就成了决定性作用。

改土归流后，伊吾县政府方面在各方尚未就绪的情况下，一方面招民垦荒，另一方面设局升科，此急功近利做法使原本动荡的地区形势更加严峻。就新疆省政府方面而言，"难民分拨各县后，由该县县长丈给地亩发给牛具、籽粮、食粮。难民开垦荒地，初到荒地半年以内，完全由公家供给粮食"。但问题在于怎样落实这些政策，县政府初设，耕牛、农具、籽种、田地从何而出，其势难免就把目光移向伊吾辖境，由是"犹责令（维吾尔民众）供给牛工、种子焉"，对于维民缓征之请亦就为县府拒绝。此举使下层民众认为矛盾是甘肃难民涌入所致，从而导致了矛盾的尖锐化。

## 第三节　金树仁改土归流的历史走向

### 一　文化背景差异下改土归流政策的多方解读

民国前期，汉族移民入新后，基本呈点状分布，其居住地域、生产生活的活动范围均有所限制，尤其是由政府组织的移民。入新的汉族一般与当地少数民族处于不同的区域，这样的居住、生产格局使汉族与当地少数民族之间接触不多，互相之间了解甚少，由此形成新疆汉族移民的"孤岛文化"，这样就容易产生矛盾，出现民族隔阂。②

1915 年，为避免"今日增一遣犯，即为异日增一乱民"的情况出现，杨增新以新疆人手不足、财力不足等为理由，拒绝各省遣送流犯，是年 7 月由袁世凯批准，各省改遣发新人犯暂行展缓二年，俟新省地方十分宁谧再行照章办理。③ 因此，金树仁时期，哈密地区移民，多

---

① 刘文海：《西行见闻记》，南京书店，1933，第 145 页。
② 李洁：《民国时期新疆汉族移民探析》，《中国边疆史地研究》2009 年第 4 期。
③ 《呈请援案暂行停发遣犯文》，载杨增新《补过斋文牍》甲集上，台北，文海出版社，1965，第 148~152 页。

以甘肃为主,在移民身份上,河湟、河西移民居主要地位。

进入哈密的甘肃移民,一部分为农业性质的流民与难民,同时亦掺杂商人成分。1931年4月,中瑞考察团的贝格尔·布林曾遇见一队这种不幸的移民。他的记述清楚地表明:

> 甘肃人已听说金树仁将哈密地区向汉族移民开放,在花海子,我曾看到一幅少见的场面。镇番地区年年歉收、饿殍遍野,大批人民因而向较富庶的地方迁徙。迁徙浪潮现正经过花海子,其中包括100辆大车,载着150人及全部家当前往新疆,据说那里的土地已经开放。这些难民显然并非赤贫,因为贝格尔·布林强调说,他们人人"无忧无虑,兴高采烈",而且似乎"颇为富裕"。①

甘肃移民源源而来,改变了前期难民安置的性质,移民经济成分的复杂化,加剧了土地分配、赋税征收的不平衡性;同时哈密食品价格也因大批省军进驻这个绿洲和新甘边界而陡然上涨,源于生活成本上涨压力而产生的矛盾,夹杂着主客民族间文化不同开始酝酿。"缠民对于汉民之态度,闻昔年极讲礼让……近年以来,则情形改变。"②

1922年10月,由东北、山东、河北等地的难民经俄逃至新疆,因生活无着,分别在伊犁、奇台等处暴动。③ 为了整顿阿山金矿,1930年冬,新疆省政府方面将甘肃逃来的数万难民,除部分安排垦荒外,其余则遣送到阿山,从事采金工作。④ 难民的流动和安置的不稳定性,冲击着哈密地区旧有的稳定机制;同时难民、流民的双向

---

① 新疆社会科学院"双泛"研究课题组编译《"双泛"研究译丛》第1辑,新疆维吾尔自治区社会科学院,1991,第24页。
② 刘文海:《西行见闻记》,南京书店,1933,第152页。
③ 新疆社会科学院历史研究所编著《新疆简史》第3册,新疆人民出版社,1980,第72页。
④ 新疆社会科学院历史研究所编著《新疆简史》第3册,新疆人民出版社,1980,第102页。

流动以及其向齐民转化的体制障碍，也使双方文化认同差异日趋扩大。

王府统治时期，随着改土归流的推行，原有对汉人定居的限制被取消，哈密地区原有的民族格局的改变对当地居民心态产生了影响。再加上在难民土地安置、垦田课税、新疆政府相关政策等问题上，虽有"择缠民头目中素有声望能力者数人，密将前项意旨说明，裨晓然于此次改革之原理，而免发生误会"①。然"公家虽派员极力安抚，究以教俗隔阂，不得与缠民大众直接解释"②。

同时人民守旧，"骤然改制，诸多不便，加以刘师长平日残暴贪婪，与缠民极不相容。聂滋尔去省后又久不归，拥聂者以聂为金所扣，疑恨愈深。"③ 加上前期宣传准备工作不足，终而导致哈密地方民众视难民为其利益的威胁体，此种观论的积淀最终改变了整个改土归流进程。

缺少了政府和地方整理性机制的文化冲突，在源于生存资源——土地问题上导致了利益分配的失衡，从而使一方视另一方为利益冲突的异质体。再加上语言、宗教信仰上的差异，阻碍了主客双方在文化上沟通理解的渠道，为第三种力量的介入提供了可乘之机。

改土归流之前，根据规定，地方官员管理汉人和回民事务，而维吾尔族人则由回王统辖。但商业税是中国官方唯一不按民族划分收取的统一税。维吾尔族人赋税的方式主要是：杂工、农田建筑工、放牧、采煤、狩猎等劳役。"据我（马达汉）的了解，征收劈材、饲料和粮食，只是为供应过往中国官员之需，另每三年征收50%的年播种量的粮食。"④ 虽则地方"租税缴纳谷物，大体每亩地征麦一斗三升……其

---

① 《金树仁给哈密驻军司令新疆陆军第一师师长刘希曾密令》（1930年6月26日），原件收藏于新疆维吾尔自治区档案馆。
② 陈赓雅：《西北视察记》，甘肃人民出版社，2003，第234页。
③ 杜重远：《"四一二"事件的起因》（1938年1月30日），《抗战》三日刊第42号。
④ 〔芬兰〕马达汉：《马达汉西域考察日记（1906-1908）》，王家骥译，中国民族摄影艺术出版社，2004，第332页。

中的两成到了地方官员手里"①，实际却是"田归回民耕种，入粮于其王，满、汉官民无与焉"②。民国二年（1913），哈密原额共地一万六千五百五十五亩二分，上地每亩科粮九升（0.09 石），中地八升五合（0.085 石），下地七升（0.07 石）。③ 而根据民国六年（1917）《大总统核议新疆哈密县属沁城等处地亩被虫灾恳请分别蠲缓额粮文》中，相关数据表明，当时哈密县亩征额粮在 0.08～0.13 石。④ 哈密民众赋税相对较轻，农民的主要问题是徭役过重。

沉重的徭役使"一月中，每户缠民得做己事者，不过六七日耳，余均供回王及头目之差，妻女亦轮流前往执役"⑤。

沉重的徭役负担，是王府与维吾尔族民众矛盾对立的主要原因，亦是维吾尔族民众迫切希望改变的现状。故而金树仁认为：

> 一人肆虐于上，群小剥削于下，人民之财力有限，头目之索求永无穷，欲壑难填，供支无度，民怨积久，莫敢谁何？如民国元年铁木尔据南山以叛，皆由回王虐待差役难堪之故，舍此不谋改良政治，则哈民之痛苦，终无免除之日，此鉴于往事，不能不谋改革者，又其四也。本主席兼总司令抚今鉴昔，不能再事应循，致殆哈民以永远之痛苦，以故决定，从今改土归流拯民水火。⑥

此亦使新疆省政府在改土归流问题上产生错误判断，没有把握废徭改土的根本性原因——改善生存环境。故而当民众发觉废徭改土后，其原有的生存状况并没有改变，从而在根本上对改土归流的合理性产

---

① 〔日〕日野强：《伊犁纪行》上卷，华立译，黑龙江教育出版社，2006，第 98 页。
② 林则徐：《荷戈纪程》，载方希孟《西征续录》，甘肃人民出版社，2002，第 55 页。
③ 《税务月刊》第 10 期，1914。
④ 《大总统核议新疆哈密县属沁城等处地亩被虫灾恳请分别蠲缓额粮文》，《政府公报》第 489 期，1917。
⑤ 陈赓雅：《西北视察记》，甘肃人民出版社，2002，第 234 页。
⑥ 《金树仁给哈密驻军司令新疆陆军第一师师长刘希曾密令》（1930 年 6 月 26 日），原件收藏于新疆维吾尔自治区档案馆。

生了质疑。

改土归流，废除了王府的徭役，相对于王府统治时期，其赋税负担明显有所上升，但从政府《令新疆建设厅据呈复新疆省农佃租借权尚难确定等情已悉文》中"新疆省农佃租借权暂依当地习惯法"规定①，实际赋税状况较之于前并无太多的更张。1941 年前后时人游记相关哈密地区赋税记述，亦在某种程度上佐证轻赋情况的存在。即使能够做到"轻徭薄赋"，但这对于刚从王府统治下解脱出来的下层民众而言，赋税上的变化骤然之间还是难以接受的。

另外源于土地问题上的根本冲突，在改土归流中没有得到合理解决，地方民众一些合理诉求在急功近利的下层官员那里迟迟得不到反应。再加上一旦改设县治，归县管辖（旧有既得利益阶层），不唯向有一切权利，完全丧失，且须与一般缠民同赴县仓纳粮，自难甘心。②所以即使是在哈密暴动约 40 年后写成的回忆录中，尧乐博斯仍在极力掩盖当地人的反金暴动乃是经过周密策划，而且甘肃西北的东干人也曾参与其间的事实。③

1884 年新疆设省之时，因"哈密回部亲王因在同治叛乱期间向清廷贡献过军费，又有捕拿回匪首领之功"，④ 以故没有进行省制改革。但"历代哈密王作为伊斯兰王公都只是在清皇室的庇护下才能行使领主权，才有可能拥有对属民的一切专权"。⑤

关于哈密王府政权的性质，佐口透认为"被授予札萨克爵位而崛起的是哈密郡王，他在新疆最东部的哈密建立了伊斯兰地方政权"⑥，

---

① 《令新疆建设厅据呈复新疆省农佃租借权尚难确定等情已悉文》（2 月 26 日），《农矿公报》第 10 期，1929。
② 陈赓雅：《西北视察记》，甘肃人民出版社，2002，第 234 页。
③ 新疆社会科学院"双泛"研究课题组编译《"双泛"研究译丛》第 1 辑，新疆维吾尔自治区社会科学院，1991，第 24 页。
④ 〔日〕日野强：《伊犁纪行》上卷，华立译，黑龙江教育出版社，2006，第 98 页。
⑤ 〔日〕佐口透：《新疆哈密的伊斯兰王国——哈密郡王统领史》，邢玉林、阿拉腾奥其尔译，《东洋学报》1991 年第 72 卷第 3、4 号，《民族译丛》1992 年第 5 期。
⑥ 〔日〕佐口透：《新疆哈密的伊斯兰王国——哈密郡王统领史》，邢玉林、阿拉腾奥其尔译，《东洋学报》1991 年第 72 卷第 3、4 号，《民族译丛》1992 年第 5 期。

王希隆认为哈密施行的是军政合一的札萨克旗制,其具有土官的性质。[1] 因此民国政府时期,虽则不以土司称之,但时人多以土司待之[2],此种名实之间的矛盾,造成之后体制政策缺失与滞后,使之后实际改革没有中央政策导向性指导与支持。

对于王府在哈密的地位,佐口透认为:"(哈密)其地位相当于所谓的'公国',哈密王是直接统治哈密属民的君王,清朝在哈密同在回部其他地区一样设立行政、军事统治机构,原则上不干预哈密居民的生活",但是"历代哈密王作为伊斯兰王公都只是在清皇室的庇护下才能行使领主权,才有可能拥有对属民的一切专权"[3]。清朝灭亡以后,新疆实质上进入军阀时代,作为旧有札萨克盟旗制度下的产物,哈密王府存废兴亡直接取决于军阀当局的态度。王府与地方之间源于经济、政治权力分配争夺,清末业已开始,杨增新时期虽有所缓和,但强干弱支之趋势并未停滞,只是囿于边疆危机加深而趋于缓和。伴随着王府地位的下降,代之而起的民族地方实力派逐渐登上哈密的政治舞台。

此一变化,首见于陈赓雅之西北视察:

> 二十年哈密类似农民革命之事件突起……王族、官僚推波助澜。现袭王位者为聂滋尔,年方弱冠,精神萎靡,族人多歧视之。其传统封建势力,现仅残存一息而已……缠族新兴统治力,已转向他一方面,如现任省府副主席之和加尼亚孜,哈镇警备司令之尧乐博斯等,依次推测,王族一脉之寿命专制,亦将"寿终正寝"矣。[4]

① 王希隆:《新疆哈密维吾尔族中的札萨克旗制》,载王希隆主编《西北少数民族史研究》,民族出版社,2003,第252页。
② 郭胜利、王希隆:《西北土司流变考》,《新疆社会科学》2009年第3期。
③ 〔日〕佐口透:《新疆哈密的伊斯兰王国——哈密郡王统领史》,邢玉林、阿拉腾奥其尔译,《东洋学报》1991年第72卷第3、4号,《民族译丛》1992年第5期。
④ 陈赓雅:《西北视察记》(下),甘肃人民出版社,2002,第231页。

次为民国时关注西北边政学者的分析：

> （尧乐博斯）服务哈密王府二十余年，善汉语，曾两渡北平，充王翻译，在王府数掌兵符，故深山僻路，率皆熟悉，而且财富冠侪辈，故得当地民心。[①]

新兴力量的崛起与王府的衰落，反映着民初哈密社会内部阶层的变化。但这一阶层社会成员的正向流动却在改土归流中受到了压制。

改土归流前哈密地区社会结构为：亲王—大台吉、大阿訇、参谋、师爷、小台吉—乌其伯克、哈孜—大耳瓜—胡尔马、毛提子、海提甫、地行。

改土归流中，其原有的社会结构简化为：县府（政务公安警察、通事毛拉等共计65员）—各行政区长（大耳瓜）—各村（胡尔马、毛提子、海提甫、地行）。改土归流之后，聂滋尔承袭双亲王爵职，照章给俸并酌加津贴银两，以示优遇。其王府长吏以下各首领官，均照旧设置。其原管土地、人民、赋税由聂滋尔从速分别查明，造具清册，咨交哈密县政府县长接受管理，并即造册呈府，以凭转呈政府。[②]所有民、刑、政事，征收赋税均应改由哈密县政府管理，裨一事权。[③]改土之后，王府政权不复存在，但同时规定王府长吏以下各首领官，均照旧设置。实际上，王府及其旧有各级官吏操纵之权力已完全转由县府控制，地方新兴力量所致社会结构的变化并没有反映在新的政治机构重构之中。

缓解社会不满的渠道越少，转移不满的内部组织越少，社会成员的阶层正向流动越弱，则社会冲突的危机越严重。在1930年前后的哈密地区，伴随着王府衰弱，新的力量开始出现。但在哈密改土归流之

---

① 边惜：《关于哈密尧乐巴士消息琐谈》，《边疆半月刊》第11期，1937。
② 范承渠：《金树仁废黜哈密王制的训令》，《哈密市文史资料》第10辑，第90~91页。
③ 《金树仁给哈密驻军司令新疆陆军第一师师长刘希曾密令》（1930年6月26日），原件收藏于新疆维吾尔自治区档案馆。

后，他们的这一正向流动受到了阻碍，新的政府机构中并未给他们提供合适的诉求。当民族宗教诸非现实情感性因素介入之后，冲突表现得就尤为激烈。

通过对比改土归流前后哈密地区社会结构变动，我们不难发现其中问题的存在，其变动之后的地方上层机构并未与下层融为一体，特别是在政策推行过程中，还要："择缠民头目中素有声望能力者数人，密将前项意旨说明，裨晓然于此次改革之原理，而免发生误会。"①

光绪十年（1884）新疆撤销伯克制度，巡抚刘锦棠"通饬南路各厅州县……其乡庄地远，骤难户晓，旧有之伯克暂仍不裁，遇有缺额，亦不另补，以期渐照城关，一律改设乡约"②。哈密因在历次平叛征战中效力颇多，以故没有进行省制改革。故而，当改土归流中建立起现代县府制度后，原有的社会下层结构并未发生大的改变。缺少了社会基础的体制嫁接，使其在当时的社会管理机制中很难发挥应有的作用。

冲突的根源是多元性的，权力、地位和资源分配不均以及价值观念均可成为冲突的基础。而合法性危机和下层不公平感的增强则使社会冲突更难以调和。改土归流之后，哈密民众由王府属民、农奴到政府编户农民身份的转变，作为新疆政府管理之下的地方农民与甘肃难民，其在国家编户齐民政治身份相同，而在经济、赋税、国民待遇上却不平等。而旧的王府体制废除，亦使原有缓冲机制不复存在，故而问题一触即发。

## 二 改土归流对民国新疆社会的影响

对于杨增新新疆"改土归流"政策的转向，刘志霄认为有两点因素所致："一是中央政府频繁更替，无暇顾及杨增新关于哈密王室'改土归流'的主张；二是全国政局若明若暗，难以判断谁将最终主

---

① 《金树仁给哈密驻军司令新疆陆军第一师师长刘希曾密令》（1930年6月26日），原件收藏于新疆维吾尔自治区档案馆。
② 《酌裁回官恩赏回目顶戴折》，载刘锦棠《刘锦棠奏稿》卷10，岳麓书社，2013，第323页。

政全国。"而杨增新对于哈密王室的政治作用及地位的全新评价和认定,最终导致了杨增新在"改土归流"问题上的变化。①

杨增新认为:

> 新疆各回部设省后早经改土归流,回部王公虽支领廉俸而土地人民概归地方官管辖,故自设省以来从无叛乱之事……现在共和成立,回王万难独行专制,惟有将不服回王之缠民改土归流,实为正本清源之法。拟以哈密附近及山外缠民仍照旧归回王管辖,其山内缠民概归地方官管辖,岁纳赋税,由地方官征收悉数转给回王以作津贴……但此事尚须缓筹办理以免窒碍……不宜操之过急,盖哈密山缠多有与科乌蒙古接壤之处。自库伦独立后蒙民时有煽动缠民之思,若不恩威并用,专恃兵力,适足以驱之使叛。②

杨增新时期虽然暂缓新疆改土归流工作,但是新疆新政一体化的历史进程依然缓慢进行。

金树仁时期,对于盟旗制度改革,当时国内一些机构的观点认为:

> 一切特殊制度,均应渐次废除,以期政令之统一。"土司"本为封建时代之一种不良制度,现有各省土司,久已名存实亡,所辖人民,早与汉族同化,其居住亦多在各县政府统治之下,与蒙古各盟旗、藏族各千百户之各自有土地、人民、宗教、言语、文字、风俗习惯者,截然不同,未可一概而论。③

由此可知,国民政府方面对于哈密札萨克王公制度的认识,虽以盟

---

① 刘志霄:《维吾尔族历史》中编,中国社会科学出版社,1996,第514页。
② 《电呈哈密回部屡叛原由拟将来改土归流并现在办法文》,载杨增新《补过斋文牍》乙集一,台北,文海出版社,1965,第308~312页。
③ 《江苏省政府公报》第843期,1931年9月12日。

旗称之，同时又指出"未可一概而论"。哈密改土归流究其怎样推进，时局纷乱的中央政府并无明令可鉴，故而一切均先有新疆地方规划改革，暂由地方政府先期试行。1930 年 6 月前后，哈密改土归流开始进行，1930 年 7 月 2 日新疆省政府训令明确提出，对于废黜哈密王制"呈报政府"。但囿于交通、邮电阻碍，新疆方面迟迟未得南京回电。

1931 年 2 月"小堡事变"发生，5 月，马仲英宣称"奉命出关"，"兴师援哈"。① 新疆局势急转直下。金树仁哈密改土归流中，南京政府态度依旧不甚明了。但是通过 1933 年 5 月行政院公函与 6 月间汪精卫给黄慕松之电稿，仍不难窥其大略。

1933 年 5 月 2 日《行政院为发布新疆事变令稿致国民政府文官处公函》：

> 国民政府主席、行政院长：中央历来对于新疆大吏，无不以勤求民隐，巩固边围为训，不意该省主席金树仁受命以来，凡百设施，未能仰体中央意旨，致肇此次事变。②

1933 年 6 月 15 日《汪精卫为恢复和归还哈密王爵位和财产致黄慕松电稿》：

> 金树仁所免哈密王爵位及褫夺财产、治权均未经中央核准，当然无效，着该宣慰使秉承中央德意，传谕该王爵位如故，所褫夺之财产如已没收，着即查明发还。仍盼该王仰体德意，靖恭职守，毋负期望。③

---

① 《青海省府主席马麟等为请消弭新疆隐患以固西北而奠国本致行政院呈》（1933 年 5 月 3 日），载中国第二历史档案馆《中华民国史档案资料汇编》第 5 辑，第一编政治（五），江苏古籍出版社，1994，第 528~530 页。

② 中国第二历史档案馆编《中华民国史档案资料汇编》第 5 辑，第一编政治（五），江苏古籍出版社，1994，第 524 页。

③ 中国第二历史档案馆编《中华民国史档案资料汇编》第 5 辑，第一编政治（五），江苏古籍出版社，1994，第 545 页。

金树仁与南京方面源于新疆政府权力之争，双方交恶。国民政府实际上已不能控制新疆政府。再加上1930年前后中原军阀混战和蒙古问题，南京政府一时未能就哈密改土归流做出回应。"小堡事变"发生后，新疆全局糜烂，改土归流实际上归于停滞。1933年"四·一二政变"，金树仁下台。为收拾局面，安抚地方，故而南京方面于1933年5、6月间对于哈密改土归流有所表态。

但对白锡尔"一切政治进行，仍当隶属中央，服从命令，所有军事、外交悉听主持，其教育、交通、实业等事，则由地方办理"要求①，1933年7月14日，南京方面在《汪精卫为饬令白锡尔等各率所属保靖地方电稿》（1933年7月14日）中明确指出：

> 至于中央与地方之权限分配，来电所述军事、外交悉听中央主持，教育、交通、实业等事则由地方办理，亦大体可行，中央自当采择。深盼各率所属保靖地方，辑和民众。②

由是看出，南京方面虽则对金树仁改土归流多有非议，但还是于民国二十四年（1935）10月10日，发布国民政府令："惟新疆僻处边陲，情形特殊，该犯身膺疆寄，为地方安全起见，迫而出此，当非得已，因公获罪，情有可悯，原其心迹，宜从宽宥。"③最终肯定了金树仁的哈密"改土归流"，在某种程度上保留了改土归流的成果。

哈密民变发生后，新省政府不得不对其改土归流政策进行调整。1932年1月26日，金树仁以新疆省政府主席兼督办名义发布公告：

① 中国第二历史档案馆编《中华民国史档案资料汇编》第5辑，第一编政治（五），江苏古籍出版社，1994，第555页。
② 中国第二历史档案馆编《中华民国史档案资料汇编》第5辑，第一编政治（五），江苏古籍出版社，1994，第549页。
③ 《特赦金树仁令》，《司法公报》第71期，1935，第1页。

免除王府差徭；减轻所纳粮额，即就回王移户口地亩原册，酌分等级，按亩从轻升科。免征杂税，除原有征收税款外，其余一律暂免征收；顺从习惯，缠民婚姻财产等轻微案件，仍准由阿訇依照经典处理之；豁免民欠粮草，所有十九、二十两年民欠粮草，无论汉缠民户，一律豁免。①

废徭改土、哈密民变后，民族关系开始缓和，人地关系亦有所缓解，陈赓雅在哈密地区看到：哈密地区二十年缠变发生，不敢远来自耕，特按平分办法，佃给缠农耕种，其他汉人农田，亦多如此办法。②之后，"王制业已推翻，所有田地可以任人占领"。③ 此一状况的出现，从根本上维护了维吾尔族民众前期斗争和新疆省政府改土归流的成果，从根源上铲除了王制复辟的可能。

1933 年 9 月 2 日，罗文干一行到哈密视察，聂滋尔欲借此拉拢，恢复王爵，但遭到了哈密维吾尔族民众的强烈反对。虽则 1934 年 1 月 8 日，蒙藏委员会《新疆回部领袖分班来京展觐办法》中：哈密回王排在第一班④，哈密王制残余依旧存在，但已无恢复到以前的可能。

民国新疆改土归流，从社会发展而言，是为历史所趋、民心所向；就其政策而论，亦有值得后继者可鉴之处。但囿于民国新疆特殊环境，使其在民生问题上措置失当，由此导致文化价值观念的冲突，并衍生出宗教民族问题，最终影响新疆社会的发展方向。

① 金树仁：《训令》，1932 年 1 月 26 日，原件藏于新疆维吾尔自治区档案馆。
② 陈赓雅：《西北视察记》（下），甘肃人民出版社，2002，第 222 页。
③ 张大军：《新疆风暴七十年》第 5 册，台北，兰溪出版社，1980，第 2738 页。
④ 《蒙藏月报》第 1 卷第 4 期，1934。

# 第六章　民国宁夏改土归流

民国初年，随着历史发展、体制变更、社会环境变化，旧有政治体制开始变化，西北地区原有政治制度也随之产生衍变，形成了资产阶级民主共和形态之下的新的"土司"亚形态形式。此亚形态的土司制度是为"统治少数民族的政策而实施的一种地方行政制度，是对少数民族地区实施间接统治的政治制度"①。故而，"改土归流"亦为改世职为地方官（流官）管理。② 民国时期的西北政治体制改革，是清末"藩部内属、行政一体"的延续，同时又赋予了资产阶级民主共和政体下的时代特征。故而，在某种程度上宁夏方面的民族地区体制变革亦具有"改土归流"的性质与意义。

## 第一节　国民军时期的宁夏改土归流

### 一　"戊辰事变"与国民军政府时期宁夏"改土归流"

"戊辰事变"是宁夏置省前的一次政治事变，直接冲击了阿旗沿袭已久的札萨克盟旗制度，开启了民国宁夏"改土归流"的历史进程。

#### （一）戊辰事变

1924 年 10 月 23 日，北京政变后，冯玉祥被任命为"西北边防督

---

① 〔日〕谷口房男：《土司制度论》，杨勇、廖国一译，《百色学院学报》2007 年第 3 期。
② 〔日〕东亚同文会编《支那省别全志》第 6 卷《甘肃省》，丸善株式会社，1941，第 49 页。

办",1925 年秋,内蒙古人民革命党在张家口成立,第三国际代表丹巴、国民党代表李烈钧、冯玉祥代表张之江参加成立大会,并推选白云梯、郭道甫、包悦卿、伊德钦等为领导。① 此为戊辰事变之先声。

1926 年 9 月,冯玉祥在直奉战争中失利,退到西北地区。内蒙古人民革命党白云梯、郭道甫、伊德钦等在苏联顾问乌斯曼诺夫等协同下,到阿拉善地区开展革命活动。他们联系"小三爷"、田协安、孟雄等人,在吉鸿昌部姚连榜支持下,于 1928 年 3 月 24 日发动了"戊辰事变"。起义者宣布成立"阿拉善旗政务委员会",推翻代表封建制度的旧制度,成立民主、平等、自由的新政权。组建国民革命军蒙兵第二路军司令部,下辖两个旅,由姚连榜任监督。新政权成立后,得到门致中部苏雨生旅的支援,从而击退了塔王的进攻,保住了新生的政权。

戊辰事变发生后,塔王请求南京政府立即制止门致中、吉鸿昌在阿行动,撤走在阿军事力量,恢复塔王旧有统治秩序。

## (二)国民军宁夏"改土归流"

国民军宁夏"改土归流",是民国政府的蒙古王公政策以及西北地缘政治环境改变的产物,与国民军西北政策和阿拉善经济、政治演变有着直接关系。

1923 年 5 月 11 日,由大总统曹锟特任陆军检阅使冯玉祥为西北边防督办。② 1923 年 7 月 14 日,民国政府核准《西北边防督办公署组织暂行条例》十一条③,其中规定:西北边防督办负责管理内外蒙古和新疆地方事务,并对西北地区边防负有行政上、军事上的完全责任。④ 早在冯玉祥下野赴苏途中,已有废除王公制度之思想。⑤ 五原誓

---

① 卓力克:《关于阿拉善旗"小三爷事件"》,阿拉善盟地方志办公室:《阿拉善地方志通讯》1985 年第 1 期,第 37 页。
② 《政府公报》(北洋政府)1923 年 5 月 12 日,第 2574 号。
③ 《政府公报》(北洋政府)1923 年 7 月 18 日,第 2639 号。
④ 邱远猷主编《中国近代官制词典》,书目文献出版社,1991,第 154 页。
⑤ 中国第二历史档案馆编《冯玉祥日记》(2),江苏古籍出版社,1992,第 164 页。

师后，进一步明确提出蒙古王公虐待百姓，此种阶级制度，亟应铲除之。① 并通过途经阿拉善的徐味冰，对打倒王公宣言须与之解说明白。② 主张取消王公，并非有仇于各王公，实因民国人民应一律平等，不当有特别阶级。③

国民军进入西北初期，面临回汉各镇军阀挑战，首要问题为站稳脚跟，因此，执行民族平等、团结、宗教自由政策，原则上承认各旧有势力。因而，冯玉祥在督甘之方针中首先就强调"汉回蒙番，各族一体待遇"，薛笃弼在治甘方针中也强调"甘肃汉回蒙番各族，同属国民，均应一体待遇，一本平民政治之精神以为设施民政之指归。各厅各道各县知事均应遵照实力奉行，无论课税催粮，劝学敷教，以及审理诉讼等事，对于各族人民胥应一视同仁，不得稍分畛域"④。国民军民族政策继承了民国初期民族政策基本理念，推行民族平等政策、落实宗教信仰自由思想，在思想上、政治上对西北民族地区带来了极大的冲击。在沿袭传统政治体制维护边防安全的同时，国民军开始运用政治、军事手段为后援，逐步改变旧有体制，有计划有步骤地对旧有体制进行现代政治建设。故而当甘局稳定之后，国民军便开始注重于地方政府的建构。1927年 2 月，拉卜楞设治局正式成立，张丁阳任局长，宁海军撤出拉卜楞，1928 年 3 月，拉卜楞设治局升格为夏河县政府，1928 年 3 月 24 日，"戊辰事变"成立"阿拉善旗政务委员会"，渐次展开改土归流工作。

阿旗商业经济的发展。民初阿旗改土归流，一方面是外部政治环境变化的结果，另一方面亦与清末以来地方经济发展导致社会阶层重新分化组合有着莫大关系。1892 年俄国成立"索宾尼科和莫尔恰诺夫"大贸易公司⑤，垄断了阿旗同周边地区的贸易。这种畸形的贸易

①　中国第二历史档案馆编《冯玉祥日记》(2)，江苏古籍出版社，1992，第 240 页。
②　中国第二历史档案馆编《冯玉祥日记》(2)，江苏古籍出版社，1992，第 269 页。
③　中国第二历史档案馆编《冯玉祥日记》(2)，江苏古籍出版社，1992，第 168 页。
④　甘肃省长公署编印《治甘行政简要方针》(民国十五年 8 月)，甘肃省图书馆稿藏本。
⑤　〔俄〕彼·库·柯兹洛夫：《蒙古、安多和死城哈喇浩特》，王希隆、丁淑琴译，兰州大学出版社，2002，第 100 页。

关系给牧区人民带来了一些必需的日常生活用品，但也促进了地方官僚资本的形成，在一定程度上给牧区注入了新的经济观念，或多或少地动摇着封建领主制的基础。清朝末年为了筹集粮饷，在西蒙地区宣布开放蒙荒，推行移民实边，允许和鼓励蒙古王公放荒招垦，以达到"上为国家恢拓利源，下为蒙番疏浚生计；内消隐患，外固边防"，并派遣理藩院尚书衔兵部左侍郎贻谷督办内蒙古西部地区垦务。①

民国以后，甘肃地方政府多次放垦荒地，由领垦者自动开据承领，镇守使发给执照，概不征收地价。以后宁夏地方政府又多次放垦蒙荒，给予种种优惠，让牧民领垦。同时，大批甘籍商人进入阿旗，把这里的经济全操控在他们手里，并且招赘者很多，因为被招赘者太多，（王府）已无牛羊给予了，只要完备入旗手续，就算是蒙古人，也有负当差的义务了。② 据民初调查所得资料显示"（汉人）居定远营者约六千人，散于各巴格内经商者约五百人，为蒙人做雇农之民勤人约五千人，总计一万一千五百人"③，相当于蒙民总数的1/3。随着蒙古地区农业的兴起和发展，有许多蒙古牧民学会了开拓田地，耕种粮食，自己种植日常生活所必需的食粮和牲畜饲料。④

商业的发展，生产方式的转变，实边移民的进入，从各个方面改变着原有社会赖以存在的基础，从根本上动摇了旧有的政治制度。

1928年5月，河凉事变发生，战争局势日益紧张。此种背景之下，国民军不得不暂缓阿拉善旗政治体制改革进程。塔王利用其蒙藏院总裁的身份派人到南京蒙藏委员会活动，利用旧有的关系和重金疏通，得到蒙藏委员会的支持。结果，蒙藏委员会以南京政府名义责令甘肃省主席刘郁芬从中调解，刘派遣部属于长东（与河凉事变国民军力所不及有关）赴阿调解，于在塔王重金贿赂之下宣布：国民政府没有发过取消札萨克制度的命令，解除蒙兵第二路武装，扣

① 转引自卢明辉《清代内蒙古地区的"独贵龙"运动》，《西北史地》1983年第1期。
② 黄举安：《由定远营至西宁塔尔寺》，《开发西北》第4卷第3~4期，1935。
③ 《阿拉善旗概况》，《西北论坛》第1卷第1期，1947。
④ 梁丽霞：《阿拉善蒙古研究》，民族出版社，2006，第278页。

押姚连榜，胁迫孟雄、田协安等人撤至宁夏。[1] 阿旗改土归流工作暂告一段落。

1928年9月5日，中央政治会议第153号会议审议通过，10月19日，国民政府发布甘宁青分省令，划甘肃省宁夏道属各县与阿拉善、额济纳两蒙旗为宁夏省[2]；将甘肃旧西宁道属各县划归青海。[3] 根据国民政府第170号训令和《甘肃宁夏青海三省划界实施办法草案》，1928年9月5日，中央政治会议第153次会议决议，正式成立青海省政府；1929年1月1日，宁夏省政府正式成立。宁夏省政府成立后，随着政治局势的稳定，改土归流工作再次被提上日程。

## 二　国民军时期宁夏改土归流冲突的本质

戊辰事变后，宁夏改土归流工作暂告一段，前期疾风骤雨的方式逐渐转向政治较量，改土工作的中心亦由定远营转到宁绥交界的磴口。改土归流亦表现为旗县权力角逐掩盖下改土斗争。

### （一）旗县之争

旗县之争缘起。1926年11月25日，冯玉祥因办理兵站便利之故，在磴口设一县，因附近二三百里，均无人烟，且此地置有关卡、税局，不设相当之人，何以进行办理，乃委刘振远为磴口县知事治之。[4]

吉鸿昌主政宁夏时，阿王函索磴口，吉鸿昌批示，磴口为宁夏领土，神圣不可侵犯，如强索当兵力相见。但该县设治以来，县界迄未划清，土地权则掌握在蒙旗与教堂手中，县府空负治名，并无田赋收入。[5] 居民之中，蒙回最多，皆经商为业，蒙古于此，并设骑兵营，保护蒙商。磴口在民国十四年（1915）以后虽设县治，而无田赋，蒙

---

① 阿拉善盟政协文史资料委员会：《阿拉善往事——阿拉善盟文史资料选辑》（甲编上），宁夏人民出版社，2007，第229页。
② 《国民政府公报》1928年10月27日，第2号。
③ 《申报》1928年10月6日。
④ 中国第二历史档案馆编《冯玉祥日记》（2），江苏古籍出版社，1992，第257页。
⑤ 安汉：《宁夏垦务调查概况》，《开发西北》第3卷第3期，1935。

旗犹有统治之权,故行政权限尚多争执。[①]

戊辰事变后,阿旗改土归流工作暂归于沉寂。但随着国民军西北局势的改观,吉鸿昌拟改定远营为紫湖县,居延为居延县,陶乐为陶乐县,并计划进一步推动改土归流工作。但嗣后奉冯命东下参加内战,改土计划随之东流。

戊辰事变及吉鸿昌改土之危急,使阿旗方面开始寻求对策,以求得王公制度的延续。磴口旗县之争就成为阿旗预防改土归流的借口。

旗县之争的核心。磴口之争核心在地权与治权,此二者亦为改土归流工作的首要之处,因此,达理札雅提出:

1. 磴口地方主权,仍为本旗所有,县政府暂时不撤,于最短时期呈报中央,撤出本旗境外;

2. 磴口县属暂时所占本旗地方,宜给以相当租价(前年曾付过县属地皮租洋);

3. 自磴口以南至石嘴山(约百二十里)暂作磴口县政府代管地方,磴口县政府撤出本旗境外,应即归还本旗;

4. 自磴口以上乌兰木都、富家湾子、上蒋、二十柳子、三盛公、广庆源、渡口堂等处地方,所有地方一切行政权,省方、磴口不得稍加干涉,与至广庆源之县府办公处及各区公所等名义,应即撤销;

5. 省方在本旗磴口土克木都大水沟道卜鲁等处所设税局卡,应即日交还本旗,自行照章办理;

6. 非有特殊情形,遇事应互相援助,事先商妥当局者,省方不得随意派兵到本旗任何地方驻扎。[②]

---

① 梁敬镦:《宁夏辖轩录》,《东方杂志》第31卷第10期,1934。
② 宁夏通讯:《磴口设县纠纷》,《西北论衡》第4卷第2期,1936。

对于地权问题，宁方则坚持：

磴口县，在昔系阿拉善旗之荒地，与民初始设县治，在未设县治以先，该旗王公曾将磴口东北某段地带，租与教会，每顷地租尚不足一钱，均定有年限，虽已届满，该旗王公并不交涉取赎，故宁省政府成立后，曾集议筹款赎地，马鸿逵主席莅任，即与该旗达王谈商赎地办法，内容为由省政府筹款，该地赎回后，再行放垦，将来所得，省政府只取三成，余归该旗。①

马鸿逵致南京行政院电亦一再辩称：

鉴于该县情形特殊，多数土地既因赔款关系，由蒙方租与教堂开垦经营，在本省政府未经筹款赎回以前，一切勉维现状。②

宁方并进而借助民间力量与阿旗相抗衡：

本省磴口原属甘肃版图，磴口所属乌拉河南岸一带，于废清乾隆时代，划拨于蒙古阿拉善旗为牧场，该旗渐渐侵占至符家湾以南河拐子等地，甘肃历任当局放弃责任，未能开垦，自民国十五年设治以来，人民咸抱望治渴念，迄今地亩未丈，田赋未征，但人民所受教堂压迫剥削，实属苦不堪言……第三区人民所种之地，租自蒙古阿拉善旗，人民对于地亩国税毫无担负，而蒙旗既收租价，又复苛派粮草，并各种差徭，人民所受痛苦，不堪言谈，前经该地民众，请求省政府，设法收回地权，解除民众痛苦，享受国家相当保护……兹于前次第二次全省省政府会议，复经该县民众代表李生荣等提议此案，经大会讨论

① 《阿旗与宁夏争磴口县治》《行政效率》第 2 卷第 9~10 期，1935，第 1499 页。
② 宁夏通讯：《磴口设县纠纷》，《西北论衡》第 4 卷第 2 期，1936。

一致主张收回，交省府办理。①

在治权问题上，省旗双方治权之争由来已久。光绪年间，宁夏部员曾因司法职权与旗方产生争执②，民国时期，旗方改"堆厅"为"理事官厅"，治理权限进一步扩大，此一变化与省方改土设县建设明显违背，对此马鸿逵坚称：

> 查磴口设县，系因磴口以北地方，自前清庚子年发生教案以后，外人在该处租地开垦，并本省人民自由领地垦种（放垦蒙荒）者日益增加，年淹月久，遂蔚为人口繁殖之区，当时该处农民系自宁属平罗移垦之汉民，凡民刑诉讼，均必赴平罗县政府声（蒙汉民刑处理），道路实远，诸感不便，加以该处素为宁夏北门锁钥，扼包宁交通之中枢，各种税局、盐局、电报局，在在须由政府切实保护。故甘肃省政府于民国十八年在宁夏未设省治以前，即根据事实及地方需要，呈请中央准予设县分理。③

接着，马鸿逵又借口：

> 地方治安纯由县负责办理……毛刘合股，陕北接近宁边，磴口防务异常吃紧，鸿逵统筹兼顾，万不获已，特令该县训练壮丁，充实自卫力量……本省政府随即放弃守土职责，该县汉民岂肯甘心，无厌之求，将何所止。④

---

① 《宁夏民众坚请收回磴口地权》，《开发西北》第3卷第5期，1935。
② 阿拉善左旗档案馆馆藏档案：101-8-51，第93页；101-8-211，第77页。
③ 宁夏通讯：《磴口设县纠纷》，《西北论衡》第4卷第2期，1936。
④ 宁夏通讯：《磴口设县纠纷》，《西北论衡》第4卷第2期，1936。

宁方又称，广庆源为本省磴口县第二区之地，根据第二次全省省政府会议磴口县民之提议，在该处成立县政府临时办公处，派遣三干员，就近处理民事。① 此次磴口县政府在广兴源地，建筑营房堡垒，并设县政府临时办公处，意在巩固边防，就近处理民事。② 现该县地权仍旧为阿旗所有，人民土地及其他一切，均归县府管理，去年因绥西事变，磴口县各区人民，均逃往阿旗之可帕尔巴格居住，县政府为统计户口计在移住可帕尔巴格之汉人，一律继组保甲，加以管理，旗府为职权计，提出抗议。③

置县后形势。磴口设县，地方人烟稀少，村镇凋零，本为瘠苦之区，向无丁银赋税，初设县治，毫无收入，兹核吴县长拟请以吉盐每百斤附加一角五分以作行政经费。④ 但此亦无法解决磴口县所面临的财政危机，故只得转而求助于田垦缓解县政危机。

磴口设县之后，宁方开始有计划地进行移民开发。故而在政策上给予诸多优惠，宁夏省建设厅提出：

> 移民西北边地，实行垦荒，宁省改建伊始，自应以此为先务。……拟即请省政府、由公家筹款数万或十数万元，查酌各县荒地多寡，分别匀配。⑤

为了吸引省外移民，宁方规定本省农民如有希图享受新垦区之优待办法，而抛弃其所有田庐私赴垦区或捏报事实前来应募者，查出后除没收其产业外，并从重处罚。⑥ 之后根据垦殖总局呈报，进行田赋

① 《国府核准蒙藏委员会派员赴宁夏查勘磴口县与阿拉善旗界务纠纷案旅杂等费概算并准在蒙藏费第一预备费项下动支》，《审计部公报》第 60 期，1936。
② 《阿旗与宁夏争磴口县治》《行政效率》第 9~10 期，1935。
③ 马成浩：《宁夏阿拉善旗之商业》，《边疆通讯》第 3 卷第 3 期，1945。
④ 《呈省政府会呈奉令核议磴口县由盐税项下附加行政经费藉资补助》，《甘肃财政月刊》1927 年第 5 期，第 44~45 页。
⑤ 《宁夏建设厅之军事垦荒办法》，《军事杂志》第 5 期，1929。
⑥ 《宁夏省本省农民招垦办法》，《宁夏省建设汇刊》第 1 期，1936。

清查征收。但由于赋税过重,大批居民外流。王人驹《宁夏印象记》记述:

> 那家有个老妈子,一个冻断了一双脚的儿子。她本来是磴口人,家有四五十亩田,她的丈夫在时,因税重负担不起,宁愿弃田不种,携带妻子,搬住在沙漠里。[1]

针对磴口地区居民外流,宁夏省政府民国二十四年(1915)六月三日秘三字第 359 号,检送奖励承领逃绝户荒地暂行条例。[2] 但预旺、盐池、磴口三县,地多沙迹[3],开发措施举步维艰,难见成效。

### (二)旗县之争与改土归流

磴口旗县之争,是民初西北盟旗制度改土归流的延续。1912 年 8 月 19 日,民国政府颁布《蒙古待遇条例》:

> (1)嗣后各蒙古均不以藩属待遇,应与内地一律。中央对于蒙古行政机关,亦不用理藩、殖民、拓殖等字样。
> (2)各蒙古王公原有之管辖治理权,一律照旧。[4]

南京国民政府时期,随着全国局势的粗定,1929 年 6 月 17 日,国民党三届二中全会通过《关于蒙藏之决议案》,达成下列决议:

> 举行蒙藏会议,讨论若干关于推行训政及蒙藏地方之一切改革事宜……发展蒙藏地区实业,军事、外交及国家行政统一于中

---

[1] 王人驹:《宁夏印象记》,《国衡》第 1 卷第 8 期,1935。
[2] 《准咨送奖励承领逃绝荒地暂行条例并该省区长训练所学员毕业名册原件存查》,《内政公报》第 8 卷第 17 期,1935。
[3] 梁敬镦:《宁夏田赋改制文》,《西北问题》第 1 卷第 3 期,1935。
[4] 《政府公报》(北洋政府)第 113 期,1912 年 8 月 21 日。

央……督促蒙藏人民积极培养自治之能力。①

根据国民党三届二中全会精神，1929 年 7 月蒙藏委员会在《蒙藏委员会施政纲领》中就蒙藏地区施行事宜规定如下：

规定行政系统：革新蒙藏旧行政制度，改组各盟公署旗札萨克府及土司。

促成全民政治：废除奴隶制度，规定王公待遇，设立人民参政机关，训练蒙藏自治行政佐治人才，实施全民政治。②

1931 年之后，内蒙古局势开始变化。1933 年 11 月 9 日，蒙古地方自治委员会筹备会议开幕以前，锡、乌、伊三盟，察哈尔归化、土默特两部及阿拉善、额济纳两旗，并列席参加之各方代表人员，先后抵达百灵庙，乌、伊两盟及土默特、阿拉善、额济纳各盟旗编为蒙古第一自治区政府。各自治区直隶于行政院，遇有关涉省之事件，与省政府会商办理。内蒙古各盟、部、旗境内，以后不得再设县或设治局，其现有之县或设治局不及设治成分者，一律取消。凡蒙古牧区以内各项税收，均由内蒙古统一最高机关详定统一办法征收之，其由省县设在牧区以内之各项税收局、卡，一律取消。③ 虽然最后署名清单中没有阿拉善、额济纳，但从磴口旗县之争的背景中，不难发现内蒙古自治会议的背影。再者，磴口设县后开发建设乏力，县制建设滞后，亦成为旗方借以反对改土归流的把柄。

① 《关于蒙藏之决议案》，载中国第二历史档案馆编《国民党政府政治制度档案史料选编》下册，安徽教育出版社，1994，第 409~411 页。
② 《蒙藏委员会施政纲领》，载中国第二历史档案馆编《国民党政府政治制度档案史料选编》下册，安徽教育出版社，1994，第 411~412 页。
③ 《杀虎口台站管理局报告百灵庙自治会议大致经过致蒙藏委员会呈》（1933 年 11 月 29 日）、《民族事务》，载中国第二历史档案馆编《中华民国史档案资料汇编》第 5 辑，第一编政治（五），江苏古籍出版社，1994，第 110~114 页。

在蒙藏委员会居中协调之下，最终达成解决三原则：

1. 确认磴口地方之土地权属于阿拉善旗。

2. 关于磴口行政权，仍属宁夏省，县治不取消，但于该地遇有重大问题发生时，可由阿拉善旗驻磴口县之总管代表与宁夏省府会同商讨处理。

3. 关于税收问题，因宁夏省府先于该地已设有局卡征收税款，复以该县地处蒙古草地，为防止偷税，在附近数处曾设有稽巡卡，此次达王要求取消，事实上未即能即时办到，结果决定积极援助阿旗地方建设及充实防共保安队，将来即由中央令宁夏省政府于该地征税款项下，每月提出一部拨归阿旗。①

在旗县关系处理原则上，蒙藏委员会认为：

蒙古方面，制定奖励移民条例，设立输送移民机关，设立垦殖银行；司法上，蒙人之民刑诉讼除特殊情形外应与汉人受同一审判机关之支配。②

各县除军事外交司法等事外，并不过问盟旗自治事宜。凡是设在蒙地之省区及县亦另自成一系，与蒙古盟旗之政治系统并立。盟旗与省区县之间皆用咨文不用呈令即可知其各自为政不相统属。军阀政府时期欲以省区县消化各盟旗、旗县分治的局面，"殊失党国一视同仁之至意，名为旗县分治，实即旗县分裂……一地方而有两政府将何以治理……省政府外其势不能再有盟政府、旗政府之设置"。③

① 蒋默掀：《唐柯三谈磴口纠纷调处经过》，《时事月报》第14卷第4期，1936，第135页。
② 《蒙藏委员会训政时期施政纲领草案》，载马大正主编《民国边政史料汇编》第8册，国家图书馆出版社，2009，第149~166页。
③ 《呈为根据蒙古公意条陈革新盟制旗制各项办法》（1928年12月），载马大正主编《民国边政史料汇编》第8册，国家图书馆出版社，2009，第186页。

磴口旗县之争，是国民军时期宁夏改土归流的延续，是马鸿逵宁夏盟旗制度改土归流的一部分，其或多或少地影响着阿旗改土归流的进程，虽则双方最终达成三项妥协原则，但并没有在总体上改变省旗矛盾与宁夏改土归流的推进。

## 第二节　马鸿逵主宁时期的宁夏改土归流

民国宁夏改土归流，于地方一方面表现为县旗之间的矛盾，另一方面则表现为省旗之间的矛盾。磴口县旗之争实际为改土归流之根本土地与治权之争，其只为省旗双方围绕改土归流而于局部交锋，对于政策与体制上的根本变革尚未涉及，一旦当宁方改土归流进入实质性阶段，省旗之间矛盾便凸显激化。

### （一）省旗矛盾

政治矛盾。清末，废汉、蒙不通婚之禁，准蒙古人用汉文，奖励汉人赴蒙，废止开垦蒙地禁令，允许王公放垦蒙荒，然而积习已久，终不能挽回大局。北京政府时期，不过沿袭清代旧制，又没有实际可操作之政策，不过是任命地方官，承袭王公爵职，敕赐喇嘛名号，办理觐见进贡及其他例行公文。所以蒙古之政治组织，仍旧是游牧封建形态。民国以来，基于五族平等之原则，蒙古政治自应与内地相同，因其蒙旗制度，相沿已久，一时骤难改革，内蒙古诸地，虽相继改为行省，但其盟旗组织，仍然存在。阿拉善的地理环境，如果开发得宜，居民会渐得富庶，但是旗当局不愿改土归流，尤其不愿宁夏当局过问他们的事务。① 故而设治局成立后，阿旗于政治变革上并未有大的变动。

1929 年 1 月 1 日，宁夏省政府宣告成立，发表《宁夏省政府成立宣言》：

---

① 本刊特约记者：《国防前线之阿拉善旗》，《观察》第 1 卷第 21 期，1947。

本省政府本先总理所昭示，中央政府所付托，以诚以信，勉尽厥职，使革命成功后一切新建设，克追随腹地省区，均齐进展，以达建省之两大目的。(宁夏)所辖地统有阿拉善额济纳两蒙旗，历来对此不甚重视，在军阀割据时代，一本前清羁縻政策，政治未能刷新，民治依然简陋，数万蒙人，仍事畜牧时代之生活，在国民待遇上享受上未能平等……本省政府本孙先总理所昭示，中央政府所付托，以诚以信，勉尽厥职，使革命成功后一切新建设，克追随腹地省区，均齐进展，以达建省之两大目的。①

经济矛盾。宁夏建省后，增设县治面临诸多方面问题。(增设县治)藉资开辟荒地，招徕人民，以裕宁省财源，新增各县局虽经竭力筹办，但实际困难之处颇多：

西套蒙旗内之两设治局，迄今尚未成立，陶乐设治局则于十九年八月仍归还绥远……而宁北之磴口县，且于客秋与阿拉善旗一度争执后，结局土地权仍归属蒙旗，成为名义县治，故刻下宁夏省所辖之区域，仍只十县，二自治旗，新谋增设之县局，半归泡影，内地舆图地籍，因是多混淆不清。②

额济纳王所属人口百余家，自有羊四五千头，马数百匹，骆驼千余头，牛最少，常备兵十数名。③额济纳贝勒所驻之处，曰威远营，简陋无城，居民甚少，仅有房屋十余所，蒙古包数十座，无街市商号之可言，即贝勒府亦不过瓦屋数间而已。④

1937年时的定远，"完全是一个内地的小城镇，如像我们在陕西或河南山西一带所经过的一样。这个地方完全是一个普通的商业小城市，

---

① 《宁夏省政府成立宣言》，《军事杂志》第15期，1929。
② 《宁夏建省后增设县治之困难》，《边疆》第2卷第6期，1937。
③ 徐近之：《阿拉善额济纳往复记》，《国风半月刊》第2卷第2号，1933。
④ 叶祖灏编著《宁夏纪要》，正论社，1947，第27页。

拥有不满一万人的户口，蒙古风味淡薄极了"。① "旗政府有着比平常一个市政府稍大点的组织，分科办理地方上一切军事、民政、税收、公安、卫生等事项，财政方面听说也很富裕的。紫泥湖是大宗产盐的地方，这些食盐由旗政府专利运销各地，当然是一个发财的营业。"②

内政部民国 31 年（1942）6 月宁夏人口统计：陶乐 714 户，3805 人；定远营 1730 户，7983 人。③ 据定远营统计，阿拉善之农田：共计 34550 亩，紫泥湖 200 亩，有水渠；磴口 1050 亩第四区，有水渠；三盛公 1200 亩有水渠；补龙潭 5000 亩属磴口县二、三区，有水渠。④

随着农垦工作的推进，唯今蒙民渐趋向汉化，亦多农耕者。⑤ 幸现今阿旗社会之阶级制度，已有日渐不如往昔之严格，一般平民颇多升充为旗府内之重要官员，其生活颇为优裕。⑥

中日矛盾。1934 年 4 月 23 日，"蒙古地方自治政务委员会"成立，达理札雅以个人名义发去贺信，以示祝贺。之后又派遣参领陶·米西格尔勒、佐领陈·那笋巴图到百灵庙和德王进行了沟通。1934 年秋，德王以蒙政会名义给阿拉善送去 50 瓦电台一部和"七九"式步枪 100 支。1935 年 12 月，德王到伪满洲国新京会见日本关东军司令官南次郎和西尾参谋长。随即在德王协助之下，日本特务势力开始进入阿拉善和额济纳地区。

1936 年后，日本侵略势力开始在宁夏出现。日人高桥、青山、坂田、中村、中野召南吉、冈田等七名，由包头乘坐汽船驶抵秀花堂后，即下锚止宿，七人皆能操华语。据伊等谈，希由包头启程至此，测量包头至临河一段黄河河道，以备将来计划经营黄河汽船营业云云。⑦

---

① 赫非：《西北角上的定远营》，《申报》第 2 卷第 31 期，1937。
② 赫非：《西北角上的定远营》，《申报》第 2 卷第 31 期，1937。
③ 《宁夏省户口统计》，《中农月刊》第 5 卷第 3 期，1944。
④ 本刊特约记者：《国防前线之阿拉善旗》，《观察》第 1 卷第 21 期，1947。
⑤ 陈国钧：《西蒙阿拉善之民俗》，《新中华》第 2 卷第 3 期，1944。
⑥ 陈国钧：《西蒙阿拉善之民俗》，《新中华》第 2 卷第 3 期，1944。
⑦ 《日机飞阿拉善旗侦查》，《边事研究》第 4 卷第 6 期，1936。

但后以"石油消费颇多，现下石油腾贵，到底收支相偿未知，经营颇为困难"作罢。①

### （二）内忧外困之下的"改土归流"

1929年7月吉鸿昌任宁夏省主席，曾呈请就阿、额两旗分设设治局，为他日改县张本，计于阿旗置贺兰设治局，驻山后定远营，于额旗置居延设治局，驻二里子河畔，虽经部议报可，但一直未曾落实。1929年10月中旬，西北军总部命令吉鸿昌率部东下，吉氏建设西北之计划未果而终，但宁夏改旗设局工作并未停止。1929年11月16日行政院第3200号指令批准宁夏在东旗陶乐湖滩，西旗阿拉善及极西额济纳等地增设陶乐、紫泥湖、居延三设治局。

宁方的改土归流。1937年，日谍报人员进入阿旗，国民政府调陆军第二十五师对阿旗进行震慑。为了避免阿旗出现变故，马鸿逵在蒋介石授意之下，于1938年1月25日包围定远营，礼请达理札雅到银川，后又辗转到兰州。之后，马鸿逵计划在定远营设县，但未得到蒙藏委员会批准。1938年2月，国民政府命令马鸿逵部进入定远营。2月27日，达理札雅被礼送至银川，旗下政务由协理处理。"定远营有居民2000户，人口7000余，共编8保120甲，设立各保联合办公处。"②

1939年，马鸿逵又以办事处名义在定远营设立宁夏省政府驻定远营办事处，开始在定远营清查户口，编制保甲，登记壮丁。马鸿逵进入阿旗后，即谋求在定远营设置县治，企图第一步先形成一个旗县并存的局面，但由于蒙汉人民的坚决反对而未得逞。以后马鸿逵又以办事处名义，于同年秋天在定远营设立了"宁夏省政府驻定远营办事处"并派其心腹张朝栋、高中第等为主任，名为办事处，实际上就是

---

① 宫腾铁三郎：《在宁夏》B03050676800〔大正9年5月30日〕从大正9年6月23日外务省外交史料馆>外务省記録>1门　政治>6类　諸外国内政>1项　亜細亜>蒙古情報第十二卷。

② 达理札雅：《马鸿逵对阿拉善旗的残酷压迫》，载宁夏回族自治区政协文史资料研究委员会《宁夏三马》，中国文史出版社，1988，第212页。

变相的县治。首先在定远营清查户口，编制保甲，填发身份证，登记壮丁，并对商号及各行业摊派苛捐杂税。

国民政府态度。为调整西北蒙古族与中央政府之关系，国民政府计划在额济纳、阿拉善两旗成立公署，设置专员。专员管辖职权：

第一条：蒙藏委员会因地方需要，特于阿拉善、额济纳两旗，各设专员一人，协助旗政府办理关于各该旗地方建设及防务等一切事宜；

第二条：原属旗政府经营之蒙旗旗务，及地方岁收，仍由各该旗政府照章办理；

第三条：专员由蒙藏委员会商承军事委员会遴选适当人员，呈请荐派之；

第四条：专员处理政务除秉承蒙藏委员会外，并应就近受地方上级官厅之监督指导。①

1937年5月，国民政府在阿拉善、额济纳设置专员，并明文规定因地方需要，特于额济纳、阿拉善两旗各设置一专员，协助旗政府办理各该旗地方建设及防务等一切事宜，对于地方旗务仍由各该旗政府照旧章办理。同时，亦在磴口设立县治，加强对西套蒙古的控制。

国民政府抗战时期设立"军事委员会驻阿拉善旗军事专员办事处"，抗战后改为"国防部驻阿拉善旗军事委员会办事处"。办事处未能达到其控制军事与国防事项之目的，仅以情报收集为主，监督旗政府不至于产生与中央离心倾向。办事处设专员1名，校级秘书1人，科长2人，尉级副官数名，办事员若干，武装警卫1个班。其主要任务为监视旗方与德王、日本联系，监视旗内赤党与外蒙古来往，监视宁方与日本，调和省旗矛盾。

_____

① 《阿额两旗设置专员》，载马大正主编《民国边政史料汇编》第7册，国家图书馆出版社，2009，第507页。

对于宁省方面阿旗改制,民国学者叶浅云认为:

> 一要彻底改革阿旗的政治制度,使它走向民主政治的坦途,并促其加速完成。二要把它当作中华民国内地的省县一样地来看待,不要作为特殊的地方,给予它许多抵触宪法,有碍法律的特殊利。[1]

抗日战争时期,宁省方面以国防借口,屡次呈请内政部正式设立紫泥湖设治局,然屡为国民政府延缓批准。1941年宁夏省政府申报在额济纳旗管辖范围内设立居延设治局,因该地名称之。牧区仍为蒙古王府管理。紫泥湖设治局,治定远营,辖区包括定远营和其附近的紫泥湖、头道湖、水磨沟、吉兰泰等地。但内政部只是"准予留案审查",嗣完成立法手续,即予正式成立。阿拉善旗闻讯后分呈行政院、内政部、蒙藏委员会表示反对。此一改制终因国内政局动荡而一再延迟,结果造成:彼此摩擦,有利共争,无利推诿,旗下对各方,只有敷衍,结果旗自旗,中央自中央,地方自地方。[2]

对于国民政府而言,省旗矛盾,使双方均倚重于中央。对于宁方设局改土,利用旗方反对,避免宁马坐大;同时通过宁方势力在阿旗存在,既可防止满蒙渗透,亦造成旗方对中央的依存,从而于省旗矛盾中求得平衡。

## 第三节　内忧外困之下的宁夏改土归流

民国阿拉善地区改土归流,自民国十七年(1928)"戊辰事变"始,历经国民军、马鸿宾、马鸿逵统治时期,其间设局改县、属民改治及税收改革等活动未曾间断。但其"改土归流"始终难有切实成

---

① 叶浅云:《西北国防前线——阿拉善旗》,载甘肃图书馆书目参考部编《西北民族宗教史料文摘》(宁夏分册),1986,第84页。

② 马成浩:《罗巴图孟轲》,《边疆通讯》第2卷第9期,1944。

效。究其根源主要存在以下诸多因素。

### （一）体制性因素

1. 王公地位

1912年，阿拉善、额济纳两旗札萨克等拒逆助顺，翊赞共和，阿拉善旗亲王塔旺布鲁克札勒因无爵可晋，故移爵奖其次子头等台吉达理旺喜从优晋封镇国公。额济纳旗贝勒达什应晋封郡王，该贝勒之长子头等台吉图布行巴雅尔应晋封辅国公，二等台吉精米子珊格应晋封头等台吉，三等台吉萨本应晋封二等台吉。

1912年8月19日，民国政府颁布《蒙古待遇条例》规定：

> 各蒙古王公原有之管辖治理权，一律照旧。内外蒙古汗、王公、台吉、世爵各位号，应予照旧承袭，其在本旗所享之特权，亦照旧无异。[①]

1929年7月蒙藏委员会在《蒙藏委员会施政纲领》中就蒙藏地区施行事宜规定如下：

> 规定行政系统：革新蒙藏旧行政制度，改革各盟公署旗札萨克府及土司。促成全民政治：废除奴隶制度，规定王公待遇，设立人民参政机关，训练蒙藏自治行政佐治人才，实施全民政治。[②]

2. 体制矛盾

1913年10月，袁世凯令阿拉善等旗划归宁夏将军节制。国民政府时期，阿拉善名义上在行政上直辖于中央政府行政院，受蒙藏委员会行政领导，但是实际上还是处于宁夏方面严控之下。1931年，塔王病故，

---

① 《政府公报》（北洋政府）1912年8月21日，第113号。
② 《蒙藏委员会施政纲领》，载中国第二历史档案馆编《国民党政府政治制度档案史料选编》下册，安徽教育出版社，1994，第411~412页。

王位由塔王长子达理札雅承袭，国民政府也依例发文以予承认。此时的札萨克亲王依然是全旗最高行政首领，统领全旗土地，指挥军队，执行法律，执掌全旗僧俗贵族及所有属民。历代阿王虽长居京城，旗内事务由代理台吉处理，但最终的决定权还是由阿王定夺。旗民有向亲王缴纳贡赋和服差役的义务，其实质是封建牧奴制的表现形式，札萨克亲王同时又为蒙古部族的封建领主①，旗下行政官员人事权全由旗内决定。

1913 年 10 月 24 日，阿拉善划归宁夏将军节制，1914 年 3 月 22日，民国政府公布《宁夏将军组织行政公署暂行章程》规定宁夏将军兼理蒙旗事务；1914 年 7 月，民国政府废宁夏将军改设宁夏护军使，又称甘边宁夏护军使，管辖境内的军政、民政、司法、外交以及民族等相关事务。1921 年 7 月，民国政府改宁夏护军使为镇守使，由马鸿宾任第一任镇守使，节制阿拉善、鄂托克、乌审等地军务。②

1930 年 3 月 25 日，蒙藏委员会公布《蒙藏委员会派驻各地专员条例》：在科布多、西宁、阿尔泰、塔城、伊犁、拉萨等地派驻专员，宣达中央政情事项，查报蒙藏情形筹办台站教育以及其他特交事项。③1932 年 4 月 9 日，行政院会议议决请国民政府特派章嘉呼图克图为蒙旗宣化使，直隶行政院，掌理蒙旗宣化事宜，下设总务处、宣传处。1932 年 4 月，国民政府特派班禅额尔德尼为西陲宣化使，1935 年 2 月8 日，在阿拉善成立西陲宣化使公署。蒙藏委员会可以以行政院的名义和本身名义向各省政府和各盟旗政府以及西藏地方直接往来行文下达指示。抗战之前，蒙藏委员会在阿拉善旗设有"调查组"从事政治、经济、历史、地理、物产、贸易、军事、交通、宗教、习俗以及天文等各项社会调查。抗战爆发后改为"协赞专员"。

1937 年 5 月，国民政府在阿拉善、额济纳设置专员，并明文规定"因地方需要，特于额济纳、阿拉善两旗各设置一专员，协助旗政府

---

① 马汝珩、马大正：《清代的边疆政策》，中国社会科学出版社，1994，第 275 页。
② 吴忠礼：《宁夏近代历史纪年》，宁夏人民出版社，1987，第 175 页。
③ 《蒙藏委员会派驻各地专员条例》，载中国第二历史档案馆编《国民党政府政治制度档案史料选编》下册，安徽教育出版社，1994，第 413 页。

办理各该旗地方建设及防务等一切事宜"，对于地方旗务"仍由各该旗政府照旧章办理"①。

1945 年抗战胜利后蒙藏委员会派遣专员常驻阿拉善，协调所有军政事务，国防部亦设置军事专员办事处，督导边防事务。中统、军统、国防部二厅、西北行辕二处、宁夏省情调研室等，都设置了相应的情报机构。同时授予达理札雅为中央执行委员和国大代表、蒙藏委员会委员、行政院顾问、西北军政长官公署参议及宁夏省政府参议等头衔。

### （二）政策性因素

#### 1. 北洋政府盟旗政策

对于盟旗地方，1912 年中央政府规定"在地方制度未经划一规定之前，蒙藏回疆应办事宜，均各仍照向例办理"②，1912 年 8 月 19 日，民国政府颁布《蒙古待遇条例》，"嗣后各蒙古均不以藩属待遇，应与内地一律"，确定了民国政府盟旗制度改革的基本原则。1913 年 11 月 1 日，《中华民国宪法案》对于地方制度中规定蒙古、西藏、青海及其他未设省之区域之设置或区划以法律定之。1923 年 10 月 10 日的《中华民国宪法》在地方制度第 124 条中规定：地方划分为省县两级。同时在第 135 条中对于西北地区规定：内外蒙古、西藏、青海因地方人民之公意得划分为省县两级，适用本章各规定。但未设省县以前其行政制度以法律定之。究竟怎样定制，1925 年 3 月 8 日，《中华民国宪法案》第 118 条中关于蒙藏条规定：内蒙古各旗与其关系各省区制定宪法时依本宪法第 112 条（省区制定之宪法须经其下级地方自治团体议决或全省区选民投票，省区宪法之起草议决及关于审议总投票各程序省区自定之）、第 114 条（省区未设县之地方得以其固有之名称及区域准用县自治制度）之规定有与县同等参与权。③

---

① 《阿额两旗设置专员》，载马大正主编《民国边政史料汇编》第 7 册，国家图书馆出版社，2009，第 507 页。
② 陆纯素：《袁大总统书牍汇编·政令》，上海广益书局，1914，第 9 页。
③ 岑德彰编《中华民国宪法史料》，上海印刷所，1933，第 23 页。

2. 南京政府盟旗政策

1930 年 10 月 27 日,《中华民国约法草案》第一七九条规定:内蒙古已设省未设县市之地方,其自治之进行得参照县制办理之。1931年 5 月 12 日,《中华民国训政时期约法》关于地方制度第 80 条中规定:蒙古、西藏未设省之地方,其制度得就地方情形另以法律定之。国民政府于 1931 年 10 月 12 日公布了《蒙古盟部旗组织法》,规定蒙古各盟、部、旗,以其现有之区域为区域。但于必要时,得以法律变更之。各盟及特别旗遇有关涉省之事件,应承省政府办理。直隶于现在所属之盟,遇有关涉县之事件,应与县政府会商办理。省县遇有关涉盟、旗之事件,应与盟旗官署妥商办理。地方之军事外交及其他国家行政,均统一于国民政府。① 蒙古盟部旗组织治理蒙古人,在同一区域内实行蒙汉分治,盟旗涉省、县事件,应商承省、县政府办理;蒙古地方之军事、外交及其他国家行政,均统一于国民政府。② 1934年 3 月 14 日,国民政府颁布《解决蒙古地方自治问题办法原则》,承认其管辖治理权一仍旧制。盟旗地方之组织不予变更,管辖治理权一律照旧,停止放垦蒙荒,不再于盟旗地方增设设治局。但在实际上盟旗有关省县事宜,仍得与省县政府协商办理。

国民政府对于西北民族地区传统体制的变革,遭到了来自民族地方上层的反对。蒙古王公转呈国民政府,请求保留原有的札萨克制度或成立札萨克旗政府盟长公署,借以保留对于盟旗原有的管辖治理权以及王公之特权制度。③ 对于蒙古王公的提议,国民政府在复函中明确表明:

① 《蒙古盟部旗组织法》,载中国第二历史档案馆编《国民党政府政治制度档案史料选编》下册,安徽教育出版社,1994,第 425 页。

② 《蒙古盟部旗组织法》,载中国第二历史档案馆编《中华民国史档案资料汇编》第 5 辑,第一编政治(五),江苏古籍出版社,1994,第 45~48 页。

③ 参见《呈行政院为本会委员格桑泽仁提议由会转呈中央废除以前之蛮夷等名称经会通过呈请鉴核以正称谓由》,载马大正主编《民国边政史料汇编》第 9 册,国家图书馆出版社,2009,第 86 页;《内蒙王公请保旧制》,《西陲宣化使公署月刊》第 1 卷第 4~5 期,1936,第 555 页。

名为旗县分治，实则旗县分裂。中央期于行政统一，畛域之见务须化除。省政府之外，其势不能再有盟政府、旗政府之设置。至于札萨克协理现管旗章京盟长副盟长之名称，自宜一仍旧贯。①

1946 年 3 月 1~17 日，国民党六届二中全会通过了《对于边疆问题之决议案》，对于抗战胜利后如何处理国内民族问题做出了九条规定：

中央对于边疆各地自治制度，须按照各该地实际情形作合理之规定。关于内蒙古部分，恢复原有之蒙古地方自治政务委员会，并明白划分盟旗政府与省县间之权限。②

1946 年 3 月 23 日，蒋介石在《为汇核修正边疆各盟旗地方自治方案致国防最高委员会代电》中，重申边疆各盟旗地方自治方案中指出，旗为地方自治单位，旗以下之参佐制度仍旧。盟设盟政府，盟政府主席由国民政府任命之。盟政府直辖于行政院，不属于盟政府之旗隶属于所在地方之省政府。盟、旗有关涉及省县事宜应与省县政府协商之。③

1947 年 7 月，国民参政会四届三次大会通过《拟具蒙旗地方自治原则案》，同月，蒙藏委员会亦出台了《蒙古各盟旗地方自治方案草案》二十八条，根据宪法第 119 条精神从原则、自治事项、自治组织、自治财政、自治监督、盟旗与省县关涉事项、附则几个方面对蒙旗自治方案做出详尽的规定。④ 但是一直等到 1949 年 6 月 30 日，行政院方

① 《蒙藏委员会公报·附录》第 1~2 期，1929，第 10~11 页。
② 《对于边疆问题报告之决议案》，载中国第二历史档案馆编《中华民国史档案资料汇编》第 5 辑，第三编政治（一），江苏古籍出版社，1999，第 475 页。
③ 《为汇核修正边疆各盟旗地方自治方案致国防最高委员会代电》，载中国第二历史档案馆编《中华民国史档案资料汇编》第 5 辑，第三编政治（五），江苏古籍出版社，1999，第 7 页。
④ 《蒙古各盟旗地方自治方案草案》，载中国第二历史档案馆编《中华民国史档案资料汇编》第 5 辑，第三编政治（五），江苏古籍出版社，1999，第 25~29 页。

颁布准予成立内蒙古自治筹备委员会指令。

对于民国时期政治制度的运行,梁启超先生曾评其"具文的约法和实际的政治,表面和骨子,相差不知几万里……表面上的组织是一回事,运用起来又是一回事"①。

因此,国民政府西北民族地区行政制度之改进,受到了来自地方声音的挑战。其驻额济纳旗专员被旗政府驱逐出境。

### (三) 外部环境因素

#### 1. 日本西北蒙回政策

1938 年 7 月 8 日,日本政府在"五相会议"上通过《时局的发展与对支那谋略》,针对中国西北地区确定了"推进回教工作,在西北地区设立以回教徒为基础的防共地带"②。

1937 年 11 月 22 日,"西北回教民族文化协会"成立,其主要目的在于"防止苏联势力对外蒙方面到内蒙及西北支那一带的渗透,在这一带遏制和排除共产主义的侵入而采取的一个策略,就是正在进行中的对各地回教徒的怀柔,以及策划掀起排苏反共运动"③。1938 年 10 月 4 日,驻蒙军司令部制定了《暂行回教工作要领》,其中规定"促进以西北贸易为中心的经济工作以及加强宁夏兰州方面的联系"④。1939 年 5 月驻蒙军司令部再次明确提出类似策略⑤,以达到分化中华民族抗日大局的目的。

---

① 梁启超:《中国历史研究法》,人民出版社,2008,第 229 页。
② 《時局ニ伴う对支谋略》,昭和十三年七月八日,外務省記録/A 門 政治、外交/1 類 帝國外交/1 項支那国/支那事變關係一件 第十四卷 25。外務省外交史料館藏。JACAR 系统查询编码 B0203 540000,文件名《時局に伴う对支谋略》。
③ 《西北回教民族文化協會ノ組織ニ関スル件》,昭和十二年十二月十八日,外務省記録 I 門 文化、宗教、衛生、勞働及社會問題/1 類 文化、文化設施/各國於協會及文化団体關係雜件/中国部 52。外務省外交史料館藏。JACAR 系统查询编码 B04012396100。
④ 《文書返送ニ関スル件件》,昭和十三年,陸軍省大日記/陸支機密・密・普大日記/《陸支密大日記 63 号》。防衛省防衛研究所藏。JACAR 系统查询编码 C04120639500,文件名为《文書返納に関する件》。
⑤ 《蒙疆重要政策ニ对スル思想統一二就テ》,昭和十四年五月三日,外務省記録/A 門 政治、外交/1 類 帝國外交/1 項 对支那国/支那事変關係一件 第十九卷 28。外務省外交史料館藏。JACAR 系统查询编码 B02030558900。

对于中国西部内蒙古工作"使多年被汉族压制的西部蒙古民族投靠日满，并阻止与中国共产军及苏联势力范围的外蒙古联系，并在确保满洲国治安的同时，对外蒙采取怀柔政策，以利于我对苏的作战准备"，1936 年 1 月，关东军制定了《对蒙（西北）施策要领》，重点实施"整顿、巩固现在军政府管辖区域内的重要部门，根据工作的进展，扶植其势力进入绥远，然后向外蒙、青海、新疆、西藏等地区扩大"①，并在《对内蒙施策要领》中详细制定出"对内蒙之指导，主要通过特务机关进行，并以最小限度之日人顾问团辅佐之"②。

2. 中共民族政策

1936 年，日特机关渗透到阿拉善、宁夏，并开始分化利诱回、蒙工作，为此中共方面于 1936 年 6 月和 8 月分别发布了邀请西北回民军阀中的青海马步芳和宁夏马鸿逵、马鸿宾参加抗日民族统一战线的决定。③ 针对日本之西北回、蒙政策，中共方面提出，日本帝国主义用赞助各少数民族独立与自治去欺骗他们，这是很危险的。要免去这个危险，只有中国政府在实际政策上去赞助少数民族，才能揭破日本帝国主义的骗局。

民族传统政治，是以民族或民族社会为单位而进行规范的，并与现代政治相对而言，它主要指存续至今或略经变通的各种前资本主义性质的政治组织、政治制度、政治文化和政治行为方式。④ 伴随着国家政治的一体化，民族政治的世俗化，传统与现代之间不可避免地存在着各种矛盾。

从民族政策上观之，民国政府之西北民族政策，虽然在一定程度

---

① 《内蒙工作的推进》，载《日本军国主义侵华资料长编》，四川人民出版社，1987，第 262~265 页。
② 《对内蒙施策要领》，载《日本军国主义侵华资料长编》，四川人民出版社，1987，第 266 页。
③ 《育英、洛甫、恩来、泽东等同志给朱、张转弼时电》（1936 年 6 月 19 日），载中共中央统战部编《民族问题文献汇编（一九二一·七——一九四九·九）》，中共中央党校出版社，1991，第 387 页。
④ 周星：《民族政治学》，中国社会科学出版社，1993，第 178 页。

上承认了这些宗教领袖在宗教上的地位，并且对于各传统之王公贵族进行政治、经济上优遇，但是其在实际上并没有跳出清朝的既有政策范围。一方面默认其既得之政治利益，承认其传统民族政治的存在；另一方面又要维护国家之统一，推行五族共和之政策，亦即陷入了羁縻与威慑的矛盾之中。在民族政策上没有突破，在军事经济上后继不足，这亦使其在西北民族政策上不能有大的成效。

# 第七章　民国青海民族社会生态演变

　　民国青海民族社会是青海空间社会与人文社会的历史产物，其具有代表性的时空结构与文化特色，是草原生态系统与农业生态系统长期互动的结果。

　　民国青海民族社会研究方面，陈庆英、南文渊、芈一之、周伟洲等学者认为其具有鲜明的地域特征和民族特征[①]，文化上新文化和传统文化并存[②]，具有边陲性、神秘性和晚熟性[③]，可以分为以农业和半农半牧为主的社会组织、游牧为主的社会组织以及政教合一的社会组织[④]，在空间结构、生态分析与民族社会系统研究方面，法国学者雷米·勒努瓦认为社会阶级是通过划分社会空间的各个区域而区分出来的[⑤]，国内韩昭庆、朱普选等学者认为地理环境因素与气候条件对于民国青海民族社会的早期现代化亦产生了影响[⑥]，其不同地域的生态环境以及社会发展状况，造成民族社会部落地域变迁。[⑦]

---

①　陈庆英：《简论青藏高原文化》，《青海社会科学》1998 年第 4 期；南文渊：《青海蒙古族历史发展与文化变迁》，《青海民族学院学报》2008 年第 3 期。

②　谢全堂：《论青海民国时期新文化的发展特点及传统文化的影响》，《青海师范大学学报》1992 年第 2 期。

③　芈一之：《青海民族历史的特点与民族文化的特性》，《青海民族学院学报》2007 年第 3 期。

④　周伟洲：《清代甘青藏区建制及社会研究》，《中国历史地理论丛》2009 年第 3 期。

⑤　〔法〕雷米·勒努瓦：《社会空间与社会阶级》，杨亚平译，《东南学术》2005 年第 6 期。

⑥　韩昭庆：《青海的早期现代化及其地理因素》，《历史地理》2007 年第 1 期。

⑦　朱普选：《青海蒙藏部落地域变迁》，《青海民族研究》2005 年第 4 期。

## 第一节　空间、生态分布与民国青海民族社会构成

青海地理坐标为北纬 31°39′~39°19′，东经 89°35′~103°04′，自北向南依次为阿尔金山—祁连山、柴达木盆地—共和盆地—河湟谷地及黄南低地、东昆仑山脉、青南高原、唐古拉山脉，地势呈现为北部山地、中部盆地谷地和低地、南部高原形态。东部海拔大部分在 3000 米以下，南部高原海拔超过 4200 米，最低处 1650 米，盆地面积主要集中于 2000~3000 米地带，丘陵山地主要分布于 3000~5000 米地带，盆地约占全省面积 30%，河谷占 4.8%，山地占 51%，戈壁荒漠占4.2%。域内生活着汉、藏、蒙、回、土等族。基于青海地理物候学因素，民国青海民族社会可以划分为盆地社会、山原社会、低地社会三种类型。

盆地社会主要分布在阿尔金山—祁连山系与东昆仑山系之间，由柴达木盆地—青海湖盆地—共和盆地构成。域内农牧业主要分布于柴达木盆地内部中低山系列次级小盆地、东昆仑山系柴达木盆地南缘山麓冲洪积倾斜平原的沙土带下部和细土带上部，共和盆地塔拉台地，以及青海湖盆地坡积裙和洪积、冲积扇以及盆地内高、中、低山区昆仑山北坡和祁连山南坡沙土带与细土带结合部的河漫滩流域。畜牧业主要分布在祁连山地、共和盆地、青海湖盆地、柴达木盆地东部的宽谷、阶地、滩地、低山丘陵、干旱阳坡及坡麓地带，以及青南高原、祁连山地、环青海湖地区海拔 3200~4700 米的山地阳坡、阴坡、圆顶山、滩地和河谷高阶地上。属于典型温带禾草草原，植物种类多，为青海地区主要牧区。

柴达木盆地—青海湖盆地—共和盆地广袤的区域性地理条件，为蒙古社会提供了分别游牧居住的地理环境，分布在祁连山地、共和盆地、青海湖盆地、柴达木盆地的典型的温带禾草草原类型，满足了蒙古族游牧社会的生存前提，在此基础上逐渐分化成青海蒙古 29 家，即

29 旗。① 蒙古的盟旗制度是以地域为本位的制度，以地缘关系为主的盟旗制度，是明代蒙古族社会组织从元代以血缘关系为主的万户千户制度向以地缘关系为主的"鄂托克"过渡的继续。罗卜藏丹津事乱后，年羹尧在《青海善后事宜十三条》中提出：青海部落，宜分别游牧居住，请照依内札萨克编为佐领以申约束。② 分布于阿尔金山—祁连山系与东昆仑山系之间的地理空间一体性与相对分割性，为年羹尧青海善后提供了地理基础，亦为盟旗制度的存在提供了空间条件。在此基础上，和硕特部的南右中旗、南左中旗、前头旗、土尔扈特旗的南前旗以及察罕诺门汗旗等 5 旗，被安置在黄河以南的贵南县、同德县、泽库县、河南蒙古族自治县，其余 24 旗均被安置在今日月山以西、黄河以北环青海湖、布哈河、柴达木河、大通河、湟水、哈柳图河、黄河河曲地区，形成环湖而居、跨河而牧的分布格局。

盆地内的自然条件加上沿河而牧的居住格局，使青海盆地社会的经济类型呈现多样化的特征。盆地东南部日月山以东，冷龙岭以南，阿尼玛卿山以北的广大地区是我国黄土高原分布的最西缘，面积约占我国黄土总面积 3.90%，被黄河及其支流侵蚀切割较深处，形成许多台地、谷地，河谷内发育有多级阶地。河谷和山间盆地地势低平，气候温和，适宜发展高原河谷农业。故而在盆地社会中生活的和硕特前左翼首旗、东上旗、西右翼前旗、南左翼末旗、卓罗斯部南右翼头旗辉特部一旗、南旗皆具有耕牧兼备的经济形态。盆地农业以青稞为主，间以小麦、燕麦、豌豆、扁豆，耕具简陋，方法原始，耕作以长木引犁，随意播种，亦不锄草③，居多土舍，汉、回民众居多，亦有部分蒙番部众弃牧从耕。但其单位产量及经济总量在本地社会经济结构中不占主要地位，畜牧业仍旧为其社会经济的主要构成。青海畜牧业之繁盛，自从五口通商以来，我国内外各地对羊毛之需求日渐增加，外

① 杨应琚：《西宁府新志》卷 20《武备》，台北，文海出版社，1966，第 748 页。
② 《青海善后事宜十三条》，《平定准噶尔方略》前编卷 14，文渊阁四库全书本。
③ 马鹤天：《青海产业之现状与其将来》，《新亚细亚》第 2 期，1930。

人遂远赴青海羊毛集散地，将大批银两预付专往番地收羊毛的歇家，作大量的收购。[1] 根据周希武调查，20 世纪初期，青海湟源一地蒙番每年输出货物总值为 79.77 万两白银，其中羊毛输出为 44 万两，驼毛输出为 6000 两，各种皮类输出为 20.25 万两，皮毛共输出 64.85 万两。[2] 皮毛贸易的兴起，增加了盆地社会游牧经济的总量，加大了茶叶、面粉、谷类、糖、烟草、布匹、酒类的输入，改变了蒙番民族饮食消费结构，特别是粮食作物的大量需求，使盆地社会经济结构中农耕比重开始攀升，并最终导致其政治生态结构的变化。

山原社会主要分布于青海省南部东昆仑山系和唐古拉山系之间，平均海拔 4200 米。北纬 31°30′~36°15′，东经 89°30′~102°30′之间，面积 47 万平方千米。西部羌塘高原海拔 4800 米以上，山体 5500 米以上，地表形态和缓，低温少雨，属典型高寒荒漠生态景观。中部地区海拔 4200 米以上，年均降水量 300~400 毫米，地面较为湿润，河湖较多，地表呈现线状切割山地，仍以波状起伏山原地貌为主。海拔 4700 米以上山地年均气温-4~6℃。冬季漫长，夏季短促且分布地域狭小。内部囊谦、班玛、玉树等河谷地带，海拔大部分 3500 米以上，但由于地区纬度较低，生长喜凉的青稞、油菜、马铃薯等农作物，成为山原地貌的高原河谷农业区。域内果洛东南部、外斯、达坂山南麓却藏滩等地降水日超过 150 天，是省内降水日较多的区域。其主要经济生活、社会活动集中于区划系统中祁连山地南坡、巴颜喀拉山东段—阿尼玛卿山气候区划之内。域内西部、北部气候严寒，降水量少，形成了寒旱生态，植株稀疏，覆盖度小、草丛低矮、层次结构简单。

山原社会内主要活动着玉树二十五族、果洛五大族二十四小族。散居于杂曲河、鄂穆曲河、通天河、义曲河、子曲河、玛曲河、咱曲河、玛楚河、黄河等山原河谷地带，此种聚落格局的形成，是山原地区地理环境、空间结构的产物，并直接塑造了山原社会的社会形态和

---

① 顾执中、陆诒：《到青海去》，商务印书馆，1934，第 186 页。
② 周希武：《宁海纪行》，甘肃人民出版社，2000，第 18~20 页。

精神空间。切割状的封闭空间结构为以家族、氏族等血缘关系纽带组织的"哈玉虎""日郭"存在提供了空间，各相对封闭切割状结构聚合成板状的山原空间，在板块状的山原空间上逐渐形成了圈帐、措哇（小部落）、大部落，百户管辖的切割封闭的空间社会与千户管理的板块社会最终发展成为涉藏地区的千百户制度。为了强化这种以地域空间为基础的部族千百户制度，稳定青海涉藏地区，政府进一步通过成规划地为界，严禁越界游牧，最终形成了以山原社会相对封闭的大小地理空间为基础的部族千百户制度。

山原社会在经济形态上以游牧为主。"番族十九，皆从事畜牧"。少量耕地主要集中于通天河、子曲河、杂曲河、巴儿河、鄂穆曲河流域，以青稞为主。果洛地区，民国《松潘县志》载：三果洛向无纳税粮，每年征马价银若干。直到1957年班玛县的统计调查表明，果洛地区的经济形态依然是以牧业为主。囊谦、班玛、玉树等河谷地，海拔大都在3500米以上，但由于这些地区纬度较低，比北部祁连山地同样高度地区热量条件要好，生长喜凉的青稞、油菜、马铃薯等农作物，成为山原社会主要的河谷农业区。山原社会，大部皆事畜牧，有牛羊马匹，牛居多，羊次之，马又次之。田耕以马矢犁田之法，作物以青稞为主，除少数部族粮食能自足外，大部粮食均依赖毛皮贸易换购，故而牧业尤为其社会经济主要构成。但其商贸往来多取西南商道，英印货币、商品居主导，呈典型的外向型商业经济，经济成分的构成导致了其经济结构中对畜牧业的过度依赖，故而源于草场纠纷的部族矛盾连续不断，在矛盾解决的过程中进一步强化了传统政治的主导作用，并成为其社会现代化进程的障碍。

低地社会位于青海省境东北部祁连山地东南，为青藏高原和黄土高原的过渡地带，主要分布于湟水谷地和黄河谷地，地貌表现为：达坂山—湟水—拉脊山—黄河谷地—黄南诸山系，谷地海拔在1700～2300米之间，河谷地段多为堆积阶地，海拔较低，地势平坦，土层较厚，土地肥沃，水热条件优越。域内主要生活着汉、回、土等民族，经济形态以农业为主，间杂畜牧与商业活动。低地社会东部地区，呈现典型的封建农业经济特色，近代以来随着资本主义色彩的商品经济进入和初始形态工业化的发展，其经济呈现出由封建农业经济向近代商品经济的过渡阶段，而此一社会经济形态的转变，直接导致了民初西宁地区传统政治形态的瓦解。低地社会的西部地区，地处农业与游牧过渡地带，故其经济结构呈现出多样性的特征。

青海民族社会地理空间分布的多样性，为生态空间的多样性奠定了基础。域内海拔 2200 米以下种植冬小麦等农作物，生产蔬菜、瓜果等；海拔 2200~2800 米种植小麦等温带作物，还有牧业、农牧带；海拔 2800~3300 米主要种植喜凉作物青稞、油菜等，还生长有天然草地、森林，为农林交汇带；海拔 3300~3900 米为牧业用地。生态空间的多样性为汉族、回族、土族、藏族、蒙古族等提供了不同的适宜环境，于各自环境基础上形成了府县—土司—盟旗—千百户并间杂寺院、教派等非政府组织的政治社会生态，为农业生态社会系统、草原生态社会系统活动提供了物质、文化空间。

## 第二节　生态社会变化与社会生态变迁

### （一）农业生态系统输入与草原生态系统应激反应

农业生态系统是人类利用农业生物与非生物之间，以及生物种群之间相互作用建立起来的，并按人类社会需求进行物质生产的有机整体，是一种被人类驯化、较大程度上受人控制的生态系统。草原生态系统狭义上讲就是草地农业生态系统，是地球生物圈主要陆地生态系统之一的草地与农业相结合的生态系统。它是在一定的非生物环境中形成的有一定结构的、以草本植物为主或有一定树木和灌丛存在、有家畜或野生动物生存，以收获饲用植物和动物产品为主要生产方式的一种农业生态系统。

农业生态系统与草地生态系统分属于不同的生态系统范畴，与地理空间分布、物候条件需求等方面各不相同，但世界范围内不同草地生态系统与耕地的净第一性生产量①和生物量②比较（干重）却相差不大。

表 7-1 世界范围内草地系统与耕地系统第一性生产量与生物量

| 生态系统类型 | 世界范围内的面积（$10^8$ 千米$^2$） | 单位面积净第一性生产量〔克/（米$^2$·年）〕 | | 全世界净第一性生产量（×$10^8$ 吨/年） | 单位面积生物量（千克/米$^2$） | | 全世界的生物量（×$10^9$ 吨/年） |
|---|---|---|---|---|---|---|---|
| | | 范围 | 平均 | | 范围 | 平均 | |
| 温带禾草草原 | 9.0 | 200~1500 | 600 | 5.4 | 0.2~5 | 1.6 | 14 |
| 荒漠及半荒漠 | 18.0 | 10~250 | 90 | 1.6 | 0.1~4 | 0.7 | 13 |
| 流石滩及冰雪地 | 24.0 | 24.0 | 0~13 | 0.07 | 0~0.2 | 0.02 | 0.5 |
| 耕地 | 14.0 | 100~3500 | 650 | 9.1 | 0.4~12 | 1 | 14 |

资料来源：祝延成等合编《植物生态学》，高等教育出版社，1988，第 324 页。

从表 7-1 可以看出，就单位面积平均净第一性生产量而言，温带草原与耕地相差不大，但就单位面积平均生物量而言，温带草原大于耕地，全世界的生物量上两者亦持相当水平。故而，从数据理论言之，农业生态系统存在着进入草原生态系统的可能性。青海地区盆地、谷地地貌及其物候条件亦为农业生态系统的楔入准备了外部环境。

河湟谷地是农业生态系统最先进入草原生态系统的前沿地带，平定罗卜藏丹津叛乱后，年羹尧在《青海善后事宜十三条》中提出"边内地方，宜开垦屯种"，③乾隆三年（1738）佥事杨应琚建议在碾伯县巴燕戎地方招民开垦，并将直隶、山西、河南、山东、陕西五省军罪

---

① 净生产量（net production）是植物在一定时间内所生产的有机物质以根、茎、叶、花、果实、种子等形式表现出来的物质量。

② 生物量（biomass）指在任何一个时间，物质生产的总量，或者说是生态系统进行机能作用总积累的净初级生产。

③ 《清世宗实录》卷 20，雍正二年五月戊辰。

犯人,尽行发往大通、布隆吉尔等处,令其开垦。循化、贵德等地,千户、百户、百长各于所管界内相度可耕之处,劝谕番众计口分地,尽力开垦,播种青稞、大麦等粮。① 农业生态系统的楔入不单为两大系统产出承载量相近结果,亦与近代气候变化有着很大关系。

19 世纪上半期为气候最冷时期,从 1890 年以后温度一直在总平均值以上,Л. А. 克鲁泡特金在其 1904 年发表于 6 月号《地理学杂志》上的文章中写道:"亚洲中部的最新研究令人信服地证明,这片广大的地区从历史时期初期起它就已开始变干,目前正处于迅速变干的状态。在整个亚洲中部,蒸发量均超过降水量,结果使荒漠的面积逐年扩大。"② 1910~1960 年的天山雪线亦表明,1900 年以后,我国西部气温亦呈上升趋势。③ 1919~1938 年,地球气候发生变化,逐渐变暖。IPCC 第四次评估报告指出:气候系统的变暖是毋庸置疑的,过去 100 年(1906~2005)全球地表平均温度升高 0.74℃,陆地大部分地区降水正在发生显著变化。④ 近百年来中国年平均气温升高了 0.5~0.8℃,略高于同期全球增温水平。⑤

全球性气候变化,使农业生产海拔上线进一步攀升,为农业生态系统向高原攀升提供了可能。亚洲中部荒漠化的扩大,压缩了传统农业生态区域的空间,迫于农业人口现代经济生存发展压力,20 世纪以来,中国西部农业生态海拔线一直处于不断上升的过程。清朝末年,为缓解财政危机,边地放垦进一步加大,光绪三十四年(1908)六月,西宁办事大臣庆恕会同陕甘总督升允奏准重办青海垦务,制定相

① 哲仓·才让:《清代青海蒙古族档案史料辑编》,青海人民出版社,1994,第 77 页。
② 转引自〔苏联〕Л. С. 贝尔格《气候与生命》,王勋等译,商务印书馆,1991,第 25~26 页。
③ 竺可桢:《中国近五千年来气候变迁的初步研究》,《考古学报》1972 年第 1 期。
④ IPCC, *Summary for Policymakers of Climate Change* 2007: *The Physical Science Basis*, Contribution of Working Group I to the Fourth Assessment Report of the Intergovernmental *Panel on Climate Change*, (Cambridge, UK: Cambridge University Press, 2007).
⑤ 丁一汇、任国玉、石广玉:《气候变化国家评估报告(Ⅰ):中国气候变化的历史和未来趋势》,《气候变化研究进展》2006 年第 1 期。

应章程及实施办法，耗资 2000 余万两白银，新辟丹噶尔境内共 9 万余亩，郭密、恰布恰 4 万余亩，河南磨渠沟万余亩，共 15 万有奇。①1929 年青海建省共计放荒 28280 余亩，查获私垦土地 8914 亩，②1930年 10 月，青海省政府将垦务总局改为清垦总处，属财政厅，当年放荒地 9850 余亩。到 1933 年 3 月青海土地局成立，青海"丈放生熟荒地共二十八万四千六百八十余亩"③，1935 年，"青海耕地面积大幅度增加，当年粮食播种面积达到 636 万亩"④。

　　农业生态系统的扩张，引起草原生态系统的应激反应。雍正年间平定青海，插旗定地，以黄河为界，河北有 24 旗蒙古，河南有 5 旗蒙古，其余均安插藏族。但随着时间变化，河南藏族游牧地"地窄人稠，不敷游牧"，关于西宁藏族与河南藏族人口数量，依《西宁府新志》《循化厅志》分别折算为西宁府（含循化厅）46679 户 219830 口、15995 户 87612 口。⑤光绪初年《西宁府续志》的《田赋志》与《武备志》记载咸丰三年（1853）循化厅藏族户口 11240 户，咸丰八年（1858）西宁办事大臣福济奏请仍移驻河北戈壁户 1747 户 18420 口⑥，实际河南藏族人口总数并无大的变更，那彦成解决蒙藏问题方案失败表明，其没有认识到河南藏族民族问题产生的深刻原因——农业生态系统楔入所造成的草原生态社会的应激反应。在草地生态系统中，植物群落、动物种群和微生物种群总都是组合在一起。基于生态学原理，植物的分布主要受环境生态因子所制约，动物分布除受环境影响外，更多取决于植物群落所提供的食物和栖息地类型。故而，动物的成分

①　康敷镕：《青海志》卷 2，第 4 页，抄本。
②　青海省情编委会：《青海省情》，青海人民出版社，1986，第 63~64 页。
③　青海省志编纂委员会：《青海历史纪要》，青海人民出版社，1987，第 320 页。
④　杨炯茂：《青海古代和近代农业纪略》，《古今农业》1994 年第 2 期。
⑤　周新会：《清雍乾时期青海藏族人口数量与分布》，《青海民族研究》1989 年第 1 期；贾伟、赵春晖：《清代青海藏族人口数量历史考察》，《青海民族研究》2006 年第 2 期。
⑥　邓承伟：《西宁府续志》，载中国西北文献丛书编辑委员会编《西北稀见方志文献》第 55 卷，兰州古籍书店，1990，第 561、571 页。

与分布，趋向于与植物群落的分配格局相一致。① 草地生态系统有其自身平衡的"生态阈限"，在阈限内，生态系统能承受一定程度的外界压力和冲击，具有一定的自我调节能力，超过阈限，自我调节失效，系统难以自我恢复。雍正初年，年羹尧就提出，"边内地方，宜开垦屯种"，乾隆三年（1738），杨应琚建议在碾伯县巴燕戎地方招民开垦，于大通、布隆吉尔等处，行犯垦，循化、贵德等地所管界内相度可耕之处，尽力开垦。外来人口的增加与新辟农业区域的扩大，冲击着草地生态系统的"阈限"，使草原生态社会产生新的应激性反应。

农业生态社会的进入使草原居民改牧为农，畜牧成副业，牛羊不成群。中郭密之曲乃亥、继汉堂及下郭密之和尔加、朵让等处，田畴绕于村落附近，牧场另设深山秀野中。② 玉树札武三族、固察族、安冲族、苏尔莽族、娘磋族，蒙古东上旗、西右翼前旗、西右翼后旗、南左翼末旗、北右翼末旗、北左翼末旗、卓罗斯部南右翼头旗、辉特部一旗、南旗，居民从事于垦牧。此一社会生态结构的变化，首先遭到蒙藏民间抵制，蒙藏人民不愿汉人前往开垦，同时又由于农业生态社会的楔入，造成草原生态社会形态的逆向流动。嘉庆十年（1805），玉宁查勘黄河以南蒙古地区情形发现：贵德曲玛尔沟两边番地多为抛荒，贵德厅官员称："当日原系番子耕种，近年以来，番子多出蒙古地方游牧抢劫，不事耕作，将田地全行抛荒。"③ 另一方面，农业生态系统的楔入在移民垦殖方面发展，使水草繁茂之区，尽成耕地，蒙藏牧民，势将逼至沙碛不毛与苴茹泥泞之地。④ 故而农业生态系统的进入遭到青海地方及蒙藏王公头人及寺院方面的强烈反对。1933 年，国民政府任命孙殿英为青海西区屯垦督办，消息传来，蒙藏人民颇为不安。1933 年 7 月 11 日，青海省政府派出汉族代表祁中道、回族代表马

---

① 周寿荣主编《草地生态学》，中国农业出版社，1996，第 40 页。
② 李自发：《青海共和县考察记》，《新青海》第 2 卷第 12 期，1934。
③ 哲仓·才让辑编《查勘黄河以南蒙古番子情形折》（嘉庆十年），青海人民出版社，1994，第 47 页。
④ 马步芳：《建设新青海之刍议》，《西北问题研究会会刊》1934 年创刊号。

继祖、蒙古族代表索南木扎紫活佛、藏族代表敏珠佛赴京请愿，拒孙入青。蒙古、青海左右盟保安长官及可可郡王电呈中央，声称"部民惊恐，蒙番各首领已纠合民众誓死抵抗"①。虽则诸马拒孙重在政治，但从另一侧面亦反映了源于农业系统进入所致草原生态社会的应激反应。

清末以来，汉回人民逐渐西进，而实行开垦者，日益加多，番汉呈控强垦之民事，时有所闻，社会情势，至此已变。② 邻近汉族的蒙古族，渐已知耕种之利逐渐将其牧地开放，招汉回人民垦殖。垦殖区域扩大，压迫牧区进一步北上高移，盟旗牧区受到冲击，而王公一味贪索，造成旗民疲弊，属民逃亡，以致出现"嘛呢哇、新旧昂等番族内有蒙古九十户三百二十口"③、"蒙古衣帽率皆照依番子式样制造"现象，使青海东部、环湖地区民族社会次第呈现熟番汉化—生番熟变—蒙古藏化的现象。此一递增压力最终之受力端集于盟旗社会，故而造成河南诺门汗旗道光十四年（1845）人口仅剩 1/4，日不聊生，业呈分散状，不得不撤回河北附近左翼郡王地方牧，裁撤盟长缴销印信。一部蒙旗亦纷纷恳请移驻内地，造成各处贫穷蒙古及内地乞食者，通计男妇大口 23259 名。④ 故而农业生态社会的楔入给草原生态社会带来了连锁压力反应（见图 7-1）。

为了缓解农业生态社会给草原生态造成的压力，清政府不得不借银数万两以为赈恤之用，动用甘省帑银 5 万余两，西宁仓粮 2000 余石，青稞 3 万余石⑤，而甘肃新疆岁饷已耗近岁财赋所入 1/6。⑥ 清朝末年，中央力渐不逮，地方政府不得不另辟财源，希图通过放垦而裕

① 《行政院秘书处致蒙藏委员会函》（1933 年 7 月 19 日），《民国档案》1994 年第 4 期。
② 陆亭林：《青海省垦务概况》，《西陲宣化使公署月刊》第 1 卷第 4～5 期，1936。
③ 《台布片》（嘉庆六年九月初二日），载哲仓·才让《清代青海蒙古族档案史料辑编》，青海人民出版社，1994，第 29 页。
④ 《赏恤青海贫穷蒙古银两青稞折》（嘉庆六年九月初二日），载哲仓·才让《清代青海蒙古族档案史料辑编》，青海人民出版社，1994，第 28 页。
⑤ 《请赏各旗蒙古口粮等由》（道光三年二月初九日），载哲仓·才让《清代青海蒙古族档案史料辑编》，青海人民出版社，1994，第 89 页。
⑥ 沈桐生：《光绪政要》第 2 册，台北，文海出版社，1969，第 562 页。

**图 7-1 社会生态连锁压力反应**

地方，使此连锁压力反应陷入一种非良性循环，当此一状态渐达其生态阈限时，农业生态社会与草原生态社会之间的应激性反应日渐加大。为了缓解两者关系，中央及地方政府试图运用政治文化系统介入来调节两者之间的矛盾，借以缓和草原生态系统所面临的压力。

**（二）草原生态社会的压力反应与农业生态社会调节者的输出**

地理环境的动态性质是地缘政治格局和特征变化的原因，这类环境根据诸如自然资源的发现或耗尽、人口及资本流动以及长期气候变动等现象的变迁而变迁。[①] 从系统学观点来看，人类社会系统是从地理系统输入物质和能量，经过加工、处理和转化来满足人类自身发展的需要。同时人类社会系统也向地理系统输出物质和能量，其结果改变乃至破坏了地理系统的结构和正常功能。[②] 当两大系统之间的生态平衡即将或被打破时，政治文化系统的介入就成为必须的可能。

清初蒙古人口，据《清史稿》岳钟琪奏“出师十五日，斩八万余级”[③]，雍正四年（1726），清政府于蒙古部编设 30 旗 118.5 佐领计89375 口；故而 17 世纪中叶，青海蒙古族人口应在 20 万左右，人口系统的压力破坏了原有人地系统结构平衡，故而罗卜藏丹津试图通过政

---

① 〔美〕索尔·伯纳德·科恩：《地缘政治学——国际关系的地理学》，严春松译，上海社会科学院出版社，2011，第 4~5 页。
② 姜涛、袁建华、向林、许屹：《人口-资源-环境-经济系统分析模型体系》，《系统工程理论与实践》2002 年第 12 期。
③ 《清史稿》卷 296《岳钟琪》，中华书局，1977，第 10369 页。

治系统的介入解决人地矛盾，同时借以实现个人权力的伸张。但此种伸张造成了青海地缘政治格局的变化，使农业生态的政治文化系统进入青海蒙藏部落，对青海蒙藏部落，分别游牧居住照依内札萨克编为佐领以申约束，实行千百户制度，设立办事大臣与夷情衙门进行管理。虽然蒙藏牧区由于游牧的生产方式，人员的流动性很大，但是这种流动是整个部落的集体行动，并没有打破原有的行政隶属关系。盟旗、千百户一般具有多重身份，他们既是部落首领，又是封建政府在当地的执政者，对部落的所有事务诸如草场、人口、纠纷调解等负有管理的使命。国家政治通过盟旗、千百户制度打破蒙藏地区原有的组织结构，对原来的血缘地缘关系进行了重新的调整，使原有的家族、亲族、部落、民族观念逐渐淡薄，代之而起的是新的政治利益格局，从而达到两大生态系统及系统内部生态的平衡。

19 世纪初，随着欧洲一系列民族国家的建立，领土扩张所致的民族之间的冲突成为世界范围内战争的源头[①]，正如 R. R. 帕默尔所指出"国王之间的战争结束了，民族之间的战争开始了"[②]。西方民族国家的扩张，直接冲击着传统国家的领土疆域，传统国家的边陲、民族与西方民族国家的"国界"两者之间有着显著的差异。[③] 国界是两个或更多的国家得以区分开来和联合起来的众所周知的地理上的分界线，而边陲却为国家的边远地区，中心区的政治权威会波及或者只是脆弱地控制着这些地区。[④] 1907 年 5 月，湖广总督岑春煊在《统筹西北全局酌拟变通办法折》中提出对西、北边疆各部之传统体制，必须进行

---

① 〔美〕塞缪尔·亨廷顿：《文明的冲突与世界秩序的重建》，周琪、刘绯、张立平、王圆译，新华出版社，2012，第 31 页。

② R. R. Palmer, "Frederick the Great, Guibert, Bulow: From Dynastic to National War," in Peter Paret, ed., *Makers of Modern Strategy from Machiavelli to the Nucler Age* (Princeton: Princeton Nniversity Press, 1986), p. 119.

③ 〔英〕安东尼·吉登斯：《民族-国家与暴力》，胡宗泽、赵力涛译，生活·读书·新知三联书店，1988，第 60 页。

④ J. R. V. Prescot, *Boundaries and Frontiers* (London: Croom Heim, 1978), p. 40.

"变通",加强中央政府的直接管辖,建立行省,"以一事权"。① 民国初年,藏事日危,青海次边陲的地理位置与国防意义逐渐加大,中央政府加强了青海地区行政一体化的进程。

民国前后,西宁地区建制为 3 县 4 厅,民国成立后改府置道,1913 年 10 月,设立青海办事长官,管辖青海各族事宜,1915 年 10 月又改设为甘边宁海镇守使,管辖境内各族。1915 年 10 月 3 日,徐世昌发布大总统令,改青海办事长官为甘边宁海镇守使,并令青海办事长官一缺,着即行裁撤,改设甘边宁海镇守使。以青海属甘,以长官事属镇守使。② 民国政府任命马麒为甘边镇守使并蒙番宣慰使,总理甘边宁海事务及蒙藏民族事宜。1919 年设玉树理事,1923 年置都兰理事,1926 年置拉卜楞设治局,建省之初,下辖 7 县及玉树、都兰二理事。1931 年 3 月改置玉树、都兰二县。

虽然省政府方面在青海腹地设置了县制,但是境内蒙藏各族,因其以游牧为生,居无定所,政治上还处于部落自治状态,实际上统治地方的仍是王公千百户,他们管理着这些游牧民族的民事、刑事、负差、纳税等行政司法权力。"一切行动均受头目的命令,而且宗教的信仰,已成为牢不可破的势力","一般番民只知寺院,不知政府,只知活佛,不知行政长官","番民们尽是向寺院纳税,不会有分文纳到国家机关;所有一切案件,藏族都是喇嘛、土司、列里瓦解决,而没有片纸只字请政府予以裁判的"。③ 青海涉藏地区"向例由千百户及王公等统治,为年已久。所辖区域,多无定界,人民亦极为随便。一旦施行县治,划野分疆,于头人世袭制度及尊严大有影响,故头人多怀隐忧,常持面从心违态度,不时唆使其民,发生反抗",以至于最后发生"排斥县长运动",甚至发生"率众僧众及庄民围攻县府","驱

---

① 四川省民族研究所《清末川滇边务档案史料》编辑组:《清末川滇边务档案史料》下卷,中华书局,1989,第 921~926 页。
② 《四川官报》第 17 期,1907。
③ 顾执中、陆诒:《到青海去》,商务印书馆,1934,第 79~110 页。

逐防军，拆毁营房"，抑或"到处造谣，以为设县有益于汉，有害于番，以致各帐房无知蒙番民众，闻风畏惧，相率逃跑"。①

1933 年，国民政府先后在青海进行了多次放垦，1933 年行政院第126 次会议通过了《青海西区屯垦案》，决定"实行兵屯，办理青海西区垦殖事务"，1942 年，蒋介石特派马步青为柴达木屯垦督办，令其率骑五军赴柴达木屯垦。1945 年，青海省政府设立柴达木垦务局，开始在察汗乌苏、香日德、赛什克等处设立垦务组，派兵在这些地方进行屯垦。青海面积虽大，有许多地域因气候土质种种关系，不宜农耕。青海荒地虽多，但多为蒙藏王公及千百户牧地，蒙藏民族，遇事辄多误会，稍有不慎，即起纠纷。且多数荒地为游牧地区，对该蒙藏民族生计相关至切。可耕之地，少数属寺院。私有者，所有权仍归寺院、千百户王公之手。政府虽有提倡之意，而仍难进行。

为了缓解草原生态系统的压力应激反应，笼络和驾驭这些地方势力，青海省方面恩威兼施，逆者武力讨伐，残酷镇压；但同时又委任刚察千户华宝藏为青海藏族总千户，河南蒙古亲王为地方军团长，青南土司唐隆古哇为麦仓司令，土族祁建昌为县长，汪土司后裔汪兆祥为参谋，连成鲁土司为省政府顾问。②

农业生态社会进入导致草原生态社会发生改变，生态环境变化导致传统文化生存环境变化，进而引起草原民族文化的连锁反应，从而使农业生态文化不断进行调整，以便达其文化改造目的。青海地面种俗各异，语言不齐，马麒时代力主广设蒙番语文学校，招收汉回蒙番生徒，使蒙番学习国音字母，并教以普通知识。为了切实改变青海民族教育的极端落后状况，教育部颁布了《推进蒙藏教育办法》，每期征收蒙藏学生 66 人，选送西宁学习，学校负责解决其食宿问题，经费完全由政府筹拨。但是由于青海财政困难，经费无法落实，学生也无

---

① 《最近之青海》，载《中国西北文献丛书续编·西北史地文献卷》卷 14，甘肃文化出版社，1999，第 84~86 页。

② 陈秉渊：《马步芳家族统治青海四十年》，青海人民出版社，1986，第 213~214 页。

法征选。蒙藏民族多视教育为畏途，甚至用钱雇请汉人子弟代读。继因感受生活不适，不久又复星散。为了改变此种艰难处境，国家逐渐加大蒙藏教育资金投入，学校及学生经费开销及学生用品由国家支给，毕业后择其优秀者，由政府赍送国内专门以上学校留学，余则分发各部，充作公务人员。① 入学及毕业后的种种优待以及民族政治社会的转变，使"蒙藏各王公千百户及各旗首领等，感于蒙藏教育之推广，实为刻不容缓之图，日前特联名呈请省府，转呈中央，准予拨助经费，以扩充蒙藏教育"②。1940 年推行国民教育制度后，各民族小学分别改为中心国民学校和国民学校，截至 1945 年，青海蒙藏文化促进会所办蒙藏中心国民学校 13 所，国民学校 48 所。

这种基于政治、经济、文化诸方面的农业生态社会与草原生态社会的调节与反应，逐渐汇成两大生态社会系统之间的良性互动循环，奠定了民国青海民族社会的系统生态结构。

## 第三节　民国青海民族社会政治生态系统

青海空间地理的多样性与相对分割，塑造了区域性的民族政治形态；同时，各民族社会政治形态的发展演变又受地理生态的制约，形成具有青藏特色的地域政治。不同的地域政治通过共同的经济生活产生联系，生存、发展的基本诉求逐渐打破地域政治的区位限制，为民国青海民族社会政治生态的形成奠定了基础。为了解决青海民族社会建构问题，青海省方面从传统政治体制改造与现代政治体制构建着手，废除土司制度，削弱寺院经济，限制王公头人民刑司法权力，同时对于土司、王公头人给予一定的经济、政治优荣，尽量化解来自民族社会上层的抵触；各县开办后，各王公千百户均改委为区费，归县节制，并由县发给薪俸，其数目以草头税 30% 为限，以资奖励而便指挥。各

---

① 青海省教育厅：《青海民族教育》，《新亚细亚》第 8 卷第 3 期，1934。
② 《新青海》第 4 卷第 8 期，1936。

王公千百户等改委后，所有蒙番一切事情，均归县直接办理，以一事权。① 改县以后，青海蒙古王公制度虽然继续存在，但实际上没有多大权力，行政之事，分归各地县局掌握，大小王公，已同内地区乡保甲长。

在改造传统民族政治社会同时，青省方面逐步展开现代县政建设，1933 年时共建成一等县：西宁县；二等县：大通县、互助县、乐都县、民和县；三等县：贵德县、循化县、化隆县、湟源县、玉树县、共和县、亹源县（门源县）、同仁县。② 为了融洽新县制与各王公千百户及土司关系，省府依王公千百户土司制度发号施令，各王公千百户及各呼图克图、盟长札萨克、昂索等，亦时至省政府及省政府各要人处送以礼物，晋谒请示，省政府要人亦以像片及新奇物以赠，以示联络感情。县政府委任世袭千百户等为县属区长，或地方公务人员，彼等视为荣幸乐于此事。但县政府处理蒙藏民刑案件，多依番例番规办理，其他距县治较远之地方，其人民诉讼，亦间由当地蒙藏头目千百户等直接处理。③

传统青海政治生态运行，中央政治，羁縻、武力恩威并用；地方行政多为民族、宗教、强力所影响。故而中央行政止于王公头人，王公以下，沿袭旧有形式而已。民国以后，地方行政渐有改观，中央行政力量始有下延，然政治贯彻多赖强力保障，地方行政事务仍靠王公，头人于部落政治社会影响，尚无根本变化。虽然政治鼎革多有掣肘，但经济生态变化，已非王公头人所能影响。

民国青海民族地区经济生态变化，使农业生态社会逐渐融入草原生态社会之中，于经济生产方式上表现为多样性，有些地方居民改牧为农者，垂数十年。玉树 25 族中札武三族、固察族、称多族、安冲族、苏尔莽族，大部皆从事农业。和硕特 20 旗中前左翼首旗、

① 梁炳麟：《拟开发青海新县建设办法大纲》，《新亚细亚》第 1 卷第 5 期，1931。
② 《转发青海各县等次表》，《广东省政府公报》第 216 期，1933。
③ 西宁通讯：《青海共和近况》，《新青海》第 3 卷第 4 期，1935。

东上旗、西右翼前旗、西右翼后旗、南左翼末旗、卓罗斯部南右翼头旗、辉特部一旗、南旗，耕牧渔猎相杂。[①] 共和县属之东巴，居民全属藏族，耕作为业者，垂 30 年矣。[②] 蒙古族人口六七万，占全省人口 2%。以畜牧为生，兼营狩猎，邻近汉族之蒙古族，渐已知耕种之利逐渐将其牧地开放，招汉回人民垦殖，并有进一步去牧从耕趋势。

青海的商业，极为简单，以物易物，蒙藏人民皆以酥油、乳渣作货币之代用品，在交易买卖中，流通甚为便利。其商业经济以畜牧初级产品为主，属于典型外向型经济，境内商业区域以西宁、玉树、都兰三县为商业中心地，商贾多川边客番及川陕甘汉人，本地人经商者甚少，各族亦无常设市场。玉树货币均用藏元。结古诸物昂贵，唯自藏运来之印度货反贱于内地。[③] 蒙藏人经商，多为寺院资本，贸易亦大，但仅限于本省，不至于内地。[④] 地理区位及民族传统的限制，使青海民族地区商业多为外部操控，一些西宁区商人在经得蒙藏王公头目之允许，在青海内部蒙藏牧区，从事大规模之畜牧者，蒙藏民族不但不加限制，反而协助保护。其与蒙藏各族上自王公头目下至妇孺情感融洽，青海民族地区商业的繁荣，亦多得其力。

多样性的地域空间与民族宗教结构，奠定了青海民族地区文化生态的多样性，农耕游牧、渔猎手工、商贾往来构成了独具特色的经济文化，佛教、伊斯兰教、道教、基督教与儒家文化信仰背后汉、藏、蒙、回各民族的长期互动往来，形成了相互交织的文化圈、民族圈、生活圈，共同描绘了民国青海民族地区的文化生态长卷。

---

① 孙瀚文：《青海民族概观》（上），《西北论衡》第 5 卷第 4 期，1937。
② 李自发：《青海游记》，《新青海》第 3 卷第 6 期，1935。
③ 周希武：《玉树调查记》，青海人民出版社，1986，第 92~95 页。
④ 易海洋：《青海概况》，《边事研究》第 2 卷第 5 期，1935。

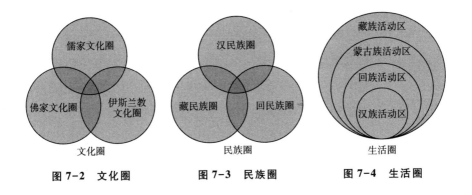

图 7-2　文化圈　　　　图 7-3　民族圈　　　　图 7-4　生活圈

如图 7-2、图 7-3、图 7-4 所示，从文化圈分析，源于民族圈、生活圈之间关系，各民族于文化生态上呈现出双向互动的趋势。语言方面，都兰、湟源、亹源三县境内的蒙古各旗，有几部分还能保持着原来的语言风尚；在同德县黄河南及共和县境内的各旗，"已经完全被番族同化了，除老年人外，三四十岁以下的人，大都不会说蒙古语"①。东部地区土族的土语逐渐消失，一般男女老幼多会讲汉语，纯粹的土语，除非几个老年人外，年轻的问他们都答不上来。当喇嘛的土人，多讲藏文，所以土人又通行藏文。② 但就总体趋势而言，土族与汉族同化较他族为深。在宗教信仰上，"蒙番人民（驼毛达子）信奉回教者，遂由回人而成蒙番人，唯仍奉回教"③。基督教的福音堂、内地会、神招会借传教之名，于各县设蒙番招待所，以福音为工具，笼络喇嘛、王公、千百户及人民，故各民族多信仰之。生活习俗中，耳闻目睹之间，各民族习俗逐渐潜移默化，西宁区汉回人民，与蒙藏人民往还既久，亦惯食酥油、乳渣等乳制品。蒙古族多爱布衣，喜汉装，尚红色，女多喜装饰，亦有施胭脂者。

---

① 靳玄生：《青海蒙古的过去与现在》，《西北论衡》第 5 卷第 11、12 期，1937。
② 庄学本：《青海旅行记》（三），《西陲宣化使公署月刊》第 1 卷第 7~8 期，1936。
③ 祁荷柏：《青海民族之检讨》，《蒙藏月报》第 6 卷第 4 期，1937。

独特的地理区位特点，使民国青海民族文化从东、西、南三个方向各自依托不同的文化根源，形成了共生共存、共同发展的文化生态。此一文化生态的核心即为三种文化的交汇点，故而民国政府着力兴办蒙藏教育，广设蒙藏学校，从事各项宣传，唤醒蒙藏同胞，使其了解三民主义，拥护中华民国，团结一致，共求生存，力图从国家政治、国家文化、国家民族三个方面来建设青海民族社会核心文化。但囿于民族生活圈分布的局限性、草地生态经济的广泛性以及国内外经济、政治、军事影响，民国青海民族社会文化生态的建设呈现理论核心与实际核心的脱离，并最终影响到民国青海民族社会改土归流的历史进程。

# 第八章　民国青海地区改土归流

　　青海地质，遍布农牧区域，是中国历史上从俗而治的政治形态，其传统政治形态涵盖了撒拉族、土族、汉族、蒙古族、藏族等；同时亦包括活跃在甘青地区的大批寺院僧职人员。[①] 随着历史的发展，甘青地区土官、土司制度大同小异[②]，均被学者视为甘青土官制度的三种形态。[③] 民初青海土司主要有 16 家，基本分布在东部农业区的西宁、互助、大通、乐都一带。1928 年 9 月 5 日，中央政治会议第 153 次会议审议通过，10 月 19 日，国民政府发布甘宁青分省令，划甘肃省宁夏道属各县与阿拉善、额济纳两蒙旗为宁夏省[④]；将甘肃旧西宁道属各县划归青海。[⑤] 根据国民政府第 170 号训令和《甘肃宁夏青海三省划界实施办法草案》，1928 年 9 月 5 日，中央政治会议第 153 次会议决议，正式成立青海省政府。青海省政府成立之前，西宁地区"改土归流"工作业已进行。1930 年 1 月，马麒就任青海省政府主席之后，加快了青海改土归流的进程。1931 年 8 月，南京政府明令撤销土司制度，但蒙藏地区千百户、盟旗制度在广大牧区依旧存在，因此终青马统治时期，建立一体化的行政体制，加大青海民族社会改造始终是地方政府的工作重心。

　　罗卜藏丹津事件后，清政府通过《青海善后事宜十三条》《禁约

---

① 王继光：《安多藏区僧职土司初探》，《西北民族研究》1994 年第 1 期。
② 崔永红：《土官与土司》，青海人民出版社，2004。
③ 霍维洸：《近代甘青地区"土官"制度变迁简论》，《宁夏社会科学》2009 年第 3 期。
④ 《国民政府公报》1928 年 10 月 27 日，第 2 号。
⑤ 《申报》1928 年 10 月 6 日。

青海十二事》《青海番夷成例六十八条》等一系列法规的调整，形成了具有浓厚地域色彩的盟旗制度、千百户制度与寺院制度，在清末以来藩部内属、行政一体的历史进程中，受其多元的地理空间结构与文化特色影响，东部农业区、环湖游牧区、高寒游牧区的传统政治形态演变出不同于西北其他地区的"改土归流"道路。

## 第一节 东部农区的改土归流

东部农业区为传统典型形态土司主要分布区，位于青海省境东北部祁连山地东南，为青藏高原和黄土高原的过渡地带，主要分布于湟水谷地和黄河谷地，地貌表现为：达坂山—湟水—拉脊山—黄河谷地—黄南诸山系，谷地海拔在 1700~2300 米，河谷地段多为堆积阶地，海拔较低，地势平坦，土层较厚，土地肥沃，水热条件优越。故而域内主要有汉族、回族、土族、藏族、蒙古族等，于政治形态分布依次呈现为府县—土司—盟旗—千百户，间杂寺院等非政府组织形态。

以西宁、碾伯、循化、大通、民和、互助等地区为中心，共有土司 19 家。西宁县有 6 家：西祁土司、西李土司、汪土司、纳土司、吉土司、陈土司；碾伯县有 10 家：东李土司、东祁土司、小李土司、赵土司、阿土司、冶土司、甘土司、朱土司、辛土司、喇土司；循化地区有撒拉族两家土司，元时其首领任积石州世袭达鲁花赤，明初韩宝被封为世袭百户。清初有两个外委土司，雍正七年（1729）封授两个土千户，原属河州，道光九年（1829）改属西宁府。另在大通有一家土千户曹土司，世居燕麦川，管辖 6 个藏族部落，乾隆元年（1736）封授。

这 18 家土司中，属于蒙古族的有西祁土司、汪土司、东祁土司、阿土司、吉土司、小李土司 6 家，属于汉族的土司仅陈土司 1 家，属于藏族的有纳土司、赵土司、东李土司、西李土司 4 家，属于西域回鹘的土司有冶土司、循化的二韩土司 3 家，属于西宁州土人的土司有甘土司、朱土司、辛土司、喇土司 4 家。① 作为藏传佛教寺庙，基于政治势力和宗教势力互为补充形成了政教合一的政治建构，既是青海蒙藏地区政治、宗教、社会、文化等管理的主要特色，也是其社会发展与社会管理的基本内核。雍正五年（1727），查收本朝以及明季伊等原领国师、禅师印敕诰命图记等项呈验，给发西宁镇标中营游击，汇齐造册，解送甘肃布政使，转解缴部，各寺原管部族，归各地州县管理，原征香粮，归作正赋②。但一些寺院还通过在各地发展"分寺"（即小寺）的做法争夺地盘和信徒，突破限制规定，控制寺院民户，向其征收赋役。道光年间，黄河以南贵德、循化的拉布浪、宗卡、隆务三大寺，招住喇嘛不下两三万人。同治时期，佑宁寺所属谿卡庄园拥有 8 个游牧部落、6 条居民沟、裕固七部、当纳三区等广阔地面。塔尔寺所属的谿卡有切嘉、肖巴、斯纳西纳、鲁本、木雅、申中等 6 个部落，属民众多。

青海东部地区是清朝时期招募民户垦荒的主要区域，罗卜藏丹津叛乱善后中年羹尧提出"边内地方，宜开垦屯种也。查西宁边墙内，俱属可耕之田。请将直隶、山西、河南、山东、陕西五省军罪人犯，尽行发往大通、布隆吉尔等处，令其开垦"③，乾隆三年（1738）佥事杨应琚建议在碾伯县巴燕戎地方招民开垦，循化贵德等地，请令千户、百户、百长各于所管界内相度可耕之处，劝谕番众计口分地，尽力开垦，播种青稞、大麦等粮，俾资养赡。④ 经过清朝近百年的社会发展，乾隆时期，此批土司输粮供役，与民无异。土司身份亦随之而变，如祁伯豸兄弟，已登科目、立功名，成为国家大臣。唯是生息蕃庶，所

①　朱普选：《青海土司制度研究》，《西藏民族学院学报》2005 年第 3 期。李玉成《青海土司制度兴衰史略》（《中央民族学院学报》1987 年第 4 期）认为：青海土司共 19 家，其中蒙古族 8 家，汉族 1 家，土族 2 家，撒拉族 2 家，回族 1 家，藏族 2 家，原为党项羌族今尚未确定族属 3 家。曹土司，藏族，可能为外委土司，辖大通县燕麦川藏族五族，光绪二十二年（1896）废止。

②　龚景瀚：《循化志》，青海人民出版社，1981，第 245~246 页。

③　《清世宗实录》卷 20，雍正二年五月戊辰。

④　哲仓·才让：《清代青海蒙古族档案史料辑编》，青海人民出版社，1994，第 77 页。

分田土，多鬻民间，与民厝杂而居，联姻结社，并有不习土语者……第彼官民多空乏，唯事耕耨，虽有额设军马，有名无实，调遣无济，不逮宁兵远矣。①

清朝末年，伴随着西方列强侵入，西北边防形势日渐危急，两广总督岑春煊于《统筹西北全局折》中提出，定区划建行省、抚蒙番变官制、举垦务修边卫等措施，对于蒙旗及各土司等应办垦矿林渔地方及向有司员粮员可设民官者，拟照国初办法设道厅，候地辟民聚后再改州县。② 基本确定了清末青海地区改土归流的步骤。光绪二十二年（1896）光绪帝正式颁布"改土归流"办法，开始废除土司制度，青海各土司不再承袭，一切行政事务由当地县政府承办。光绪三十四年（1908）六月，西宁办事大臣庆恕会同陕甘总督升允奏准重办青海垦务，制定相应章程及实施办法，耗资 2000 余万两白银③，青海东部地区得到进一步开发。随着东部农业区开发进一步加深，清政府逐渐改变前期政策，收土司所食地粮之一部分，饬该土司等向县输纳，业已与民户无异。

青海荒地虽多，但多数皆为蒙藏王公及千百户之牧地，且多数荒地既为游牧之区，实与该族生计相关至切。稍有不慎，即起纠纷。而寺院附近之土地，大部属于寺院，除一部由寺院自耕外，余皆放租于农民耕种；每年各寺所收之租粮实供寺院僧众全年食用而有余；如西宁之塔尔寺，湟源之东科寺。此种寺田，既为各寺财产之一部；耕种寺田之农民，每年仅须向寺院纳租粮，大都不归县政府征收；据《青海各县寺庙田产调查》统计，寺院所属田地为 36474 亩、2177 石。④而塔尔寺的土地数目中共湟中县委仅从其旧册及群众租种寺院土地地亩数统计已达 90458 亩。⑤ 据 1955 年 3 月 1 日青海省财政厅不完全统计，全省藏语系佛教寺院共占土地 348844 亩，占全省总耕地面积的

① 杨应琚：《西宁府新志》卷 24《土司附》，青海人民出版社，1988，第 619 页。
② 《两广总督岑奏统筹西北全局酌拟变通办法折》，《四川官报》第 17 期，1907。
③ 杨炯茂：《青海古代和近代农业纪略》，《古今农业》1994 年第 2 期。
④ 《青海各县寺庙田产调查》，《新青海》第 1 卷第 11 期，1933。
⑤ 青海省编辑组编《青海省藏族蒙古族社会历史调查》，青海人民出版社，1985，第 163 页。

5.08%，其中塔尔寺占有耕地 102321 亩，佑宁寺占有耕地 59000 亩，东科寺占有耕地 55800 亩，广惠寺占有耕地 40000 亩。① 此对青海之财政收入影响极大。西宁县，境内荒地约有 10 万亩，政府虽有提倡之意，唯因寺院之阻挠，而仍难进行。乐都县，荒地面积约有 60036 方里之多，大都属于僧侣所有，充作牧场，不愿垦放。对这些坐拥大量土地僧俗的土司进行改革，成为摆在青海省政府面前绕不过去的难题。

　　民国初年，土司还拥有一定的属民与土地，青海各县土司仍有绝大之势力。土司势力既大，故土民畏之，以其为唯一之长官，仍不脱原始状况。对于官厅之命令，常有反抗之行为。20 世纪 30 年代前期，顾执中、陆诒在互助土人调查中发现，当时互助境内纳土司辖民 230口、吉土司辖民有 240 口、东、西李土司辖民 2500 余口、祁土司民户 18 户、土观佛管理 20 户、汪土司所辖汉民 300 余口。虽然此批土司所分土地，大半早已鬻于汉民，额设军马，亦名实俱亡。民国以来，该土司等名义虽未革除，而土兵组织已无余存，且其土地畸零，人民无多，与汉杂处，习惯率同。其中四分之三语言、风俗、衣食住行，较之汉人，尚为文明。或以买种土司田地，或因宗族关系，遂作土司百姓。其四分之一，虽言语特别，装饰奇异，然男女大小率谙汉语。习尚杂于番汉，智能不亚于汉民。② 但该土司在地方仍具有一定的影响，仍取地粮于所辖土民，坐食厚糈。清末以来随着垦务扩大，大量可耕荒地被开垦耕种，但土地之所有权大部归寺院、土司所有，土、汉民众常罹"二主之苦"，一般土民渐生脱离土司的思想，1926 年西宁县农会会长蔡有渊等，以土、汉人民义务不均，汉民偏重负担等情，将该土司李沛林等呈控。甘肃省政府令由西宁区行政长会同教育厅长马鹤天，经切实查明，乐都县土民早已与汉回人民一律当差。甘肃省政府遂召开各法团会议，令饬西宁县布告土民对于国家应尽义务，以后

① 青海省地方志编纂委员会：《青海省志·宗教志》，西安出版社，2000，第 114 页。
② 《青海省政府咨请蒙藏委员会取消青海土司呈文》，载米海萍、乔生华辑《青海土族史料集》，青海人民出版社，2006，第 135~137 页。

与汉回人民一律平均负担,选派员绅指导土民,不再受土司之重叠压迫,以为自动请求改土归流之计划,呈准甘肃省政府如议施行。从此土民自动请求脱离土司关系者,不一而足。此一趋势之下,一些传统政治势力逐渐放松了对属民的控制,小演教有土民23户,自昔直属县府,不受任何土司管辖,但有所谓官儿者,如今之乡长,在昔能管理土人,如土司然,至今犹在,但无阻挠行政之积习尔。故而农区之改土归流已然成为历史之必然。

1927年县府自治,编设区村,土汉一体,无分畛域。1929年青海改省前,西宁县县长陈宗汉遂将所有一切差徭,直接向土民派收,各土司均无异议。后又经张琳等前往西宁县李土司等所辖土民、庄堡,实地查复。而自1929年起,所有对于国家应尽义务,亦与汉回人民一律平均负担,均由县府直接征收,一例管辖。其土司已无形消灭,而土民均不愿再受其重叠压迫,欲永远脱离关系。唯以差分有乏成例,负担或有偏重事情。至于其他汪、吉、纳、祁等土司情形,大致相同,部分土司,若陈、赵、朱等,土地人民几乎丧失,实际等同平民。故改土归流,实为必然。

但亦有一些土司罔顾历史发展趋势,据民和县县长韩志颖报告,李土司之子李鸿儒在该县境内,亲往各区土民地方宣传脱离区村关系。他们认为青海蒙古29旗、藏族各千百户,均与内地土司事同一律。所属土民因从事戎行之故,对于编民各项差徭,概不应承。"拟请将蒙藏王公千百户及内地各土司之制度,为免封建封号,另易相当名称,所属之兵由中央加以改编,发给精械,藉以巩固边防。"①

对此青海省政府致电南京,1931年8月13日蒙藏院在致行政院呈文中提出今后各省如有呈报土司补官袭职之事,请勿遽核准以谋改革而昭划一。基本确定了民国青海改土归流的方针。青海省政府据南京第四七一七号指令,经第二一七次省务会议议决:

① 《青海省土司李承襄等呈请将土司制度令易名号不轻事改革文》,载米海萍、乔生华辑《青海土族史料集》,青海人民出版社,2006,第133页。

甲：现在依民族平等之原则，土民与汉民应同一体，以后土民粮草均由县政府直接征收；

乙：各县土司对于土民应纳之粮草，均应负责督催等，因奉此当经令行各县遵照办理。

取消土司制度后，将李土司沛林现所收地粮三十余石，归由县府征收转发该土司，以资赡养而示宽大。其余各土司亦一例办理，并附赍土民等取具案已脱离土司关系、甘结等件到厅。土司李承襄、祁昌寿、李沛林等袭职年久，尚称驯良。取消之后，所有地粮，应均归县政府征收，兹为体恤该土司等起见，似宜由县政府所收该土司原有地粮内，每年酌给若干，以资赡养；并体察情形，各予区长或村长等名义。①

东部农业区土司，到此时全部改土归流。

民国改土归流之后，将司法、行政、纳粮等权移归政府管理，以致土司权力日渐削弱，而土民已日渐融入当地居民，土司大多名存实亡。据湟南祁氏家谱记载："民国十八年，国民军改建新青海省，始行改土归流，民归有司，粮归大仓，将数百年茅土至此随新潮汩没矣。至民国二十八年，土属兵马田地尽行绳丈，按粮蠲纳地款洋，始有土地之权，若子若孙，从事西畴淑载南亩矣。"②

1930年互助设县后，该地延续300余年的土官制度被彻底废除，土官的特权也被取消，其地位与一般百姓相同。土司统治下的百姓、土地，一律由当地政府直接管辖，百姓直接向县大仓纳粮。但从寺院方面看，仍承认土官旧日的地位。如佑宁寺每3年选换一次法台时，仍请13位土司来参加典礼，以示对他们前辈修寺有功的纪念。这种寺主与寺院的联系，一直持续到20世纪50年代。

---

① 《青海省政府咨请蒙藏委员会取消青海土司呈文》，载米海萍、乔生华辑《青海土族史料集》，青海人民出版社，2006，第135~138页。
② 王继光：《安多藏区土司家族谱辑录研究》，民族出版社，2000，第182页。

## 第二节 环湖蒙藏游牧区的改土归流

环湖蒙藏游牧区主要分布在柴达木盆地—青海湖盆地—共和盆地广袤区域，属典型温带禾草草原类型，为青海蒙古 29 旗主要活动区。咸丰六年（1856）原游牧于黄河以南的藏族部落迁移到了环青海湖周边地区，形成了"环海八族"。海南地区纬度较低，比省北部祁连山同样高度地区热量条件要好，生长喜凉的青稞、油菜、马铃薯等农作物，成为青南高原河谷农业区。在盆地社会中生活的和硕特前左翼首旗、东上旗、西右翼前旗、南左翼末旗、卓罗斯部南右翼头旗辉特部一旗、南旗皆具有耕牧兼备的经济形态。

雍正三年（1725），一等侍卫副都统达鼎查明青海蒙古各部共五部 29 台吉后，将蒙古诸部编为 29 旗，旗下每 150 户编一佐领，共佐领 124 个半，原来各部台吉改为札萨克（旗长），札萨克下设协领、副协领、参领等大小官员。所有各旗都在"西宁办事大臣"的监管之下。清政府在青海建立旗制时，采取了一些不同于满洲旗制的做法，有自己的特点。在划旗时贯彻"众建少力"的原则，在部落基础上改编为旗，一部落可编为数旗，不必一姓聚于一处，而且划定旗界，不准越界放牧，不得互相统辖，不得自由行动。各旗王公之间的交往要受清朝官员的监督，使部落不能重新组合，以便分而治之。会盟时临时指定盟长，由朝廷任命，服从朝廷统治，无调兵之权，已不是过去集大权于一身的蒙古封建领主了。在礼仪上，青海蒙古王公对朝廷是君臣上下关系，内地差遣官员，不论品级大小，若捧谕旨，王公等俱行跪接，其余相见，俱行宾主礼。这样，青海诸台吉被约束在旗制之下，要想保持特别强大的世俗宗立，已不可能。

庄浪、西宁、河州"皆系西番人等。居住牧养之地。自明以来。失其抚治之道。或为喇嘛耕地。或为青海属人交纳租税。惟知有蒙古。而不知有厅卫营伍官员。今西番人等。尽归仁化。即系内地良民。应相度地方。添设卫所。以便抚治。将番人心服之头目。给与土司千百户、土司巡检等职衔分管。仍令附近道厅、及添设卫所官员管辖。其应纳粮草，较从前数目。请略为减少，以示宽大。至近边居住帐房。逐水草游牧者。仍准伊等照旧游牧"①。雍正四年（1726）西宁办事大臣达鼎会同西宁总兵官周开捷对藏族各部清查户口，划定地界，因俗设官，确立千、百户制度。对其首领人物，分别赐予千户、百户等头衔，由西宁办事大臣发给委牌。规定每千户委一"千户"，每百户委一"百户"，不足百户者设"百长"或"干保"，还在一个地区设一"总千户"以统领各部落。青海藏族各部直接听命于朝廷，由西宁办事大臣直接管辖。道光二年（1822）十一月，那彦成对海南藏族部落重新进行编制，缩小千户管辖范围，民国时期基本形成 16 千户的格局。民国时期在青海各旗共封亲王 3 名，郡王 5 名，镇国公 4 名，辅国公 17 名，左右正副盟长 4 名。

　　清朝末年，为缓解财政危机，边地放垦进一步加大，光绪三十三年（1907）十二月，升允提出：青海地面，向为蒙番游牧之区，不准汉回各民前往开垦，其实可耕之地随在有之，任其荒芜，殊为可惜。应出理藩部转谕青海蒙古王公台吉、番民千百户以及各庙呼图、僧纲、法台、香错等，令其将可垦地段报出，派官接收，招民开垦。② 光绪三十四年（1908）六月，西宁办事大臣庆恕会同陕甘总督升允奏准重办青海垦务，制定相应章程及实施办法，耗资 2000 余万两白银③，至宣统三年（1911）十月，共在（黄）河北蒙古群科、扎藏寺、栋阔尔寺、恰布卡、郭密等处放地 13 万余亩，河南磨渠沟等处 2 万余亩，不及三年，放垦工作已初见成效。④ 清末以来，汉回人民实行开垦者，日益加多，民族之间呈控强垦之民事，时有所闻，社会情势，至此已变。

　　① 《清世宗实录》，雍正二年五月戊辰。
　　② 朱寿朋编《光绪朝东华录》，中华书局，1960，第 5950~5951 页。
　　③ 杨炯茂：《青海古代和近代农业纪略》，《古今农业》1994 年第 2 期。
　　④ 《青海垦务出力各员请奖片》，《内阁官报》第 106 期，1911。

　　青海荒地虽多，但多数皆为蒙藏王公及千百户之牧地，一因交通不便不容易实地调查，再因蒙藏民族文化幼稚，遇事辄多误会，稍有不慎，即起纠纷。且多数荒地既为游牧之区，实于该族生计相关至切。设县以后，划归县有，民须向县府领照，始得垦殖领照税。①

　　1933年，国民政府在西宁、大通、贵德、湟源、化隆、循化、乐都、玉树、门源等县相继设立"农事试验场"，从事谷类、蔬菜、瓜果等的试验种植。为了促进青海地区的开发，民国时期先后在青海进行了多次放垦。1933年，国民政府行政院第126次会议通过了《青海西区屯垦案》，决定"国民政府为开发西北，巩固边防，特设青海西区屯垦督办公署，实行兵屯，办理青海西区垦殖事务"，"暂以都兰以西柴达木河两岸，祁连山脉以南，巴颜喀拉山脉以北一带荒地为范围"，并命令孙殿英为"青海西区屯垦督办"，后为诸马所阻。1942年，蒋介石特派马步青为柴达木屯垦督办，令其率骑五军赴柴达木屯垦。1945年，青海省政府设立柴达木垦务局，开始在察汗乌苏、香日德、赛什克等处设立垦务组，派兵在这些地方进行屯垦。

　　乾隆之后，蒙古社会的全面衰败导致了牧民的普遍贫困化，各旗百姓俱已贫穷。由于丧失了最基本的生产生活资料，大量牧民畜牧业生产无以维系，或"挖盐捉鱼，运往丹噶尔、西宁、大通等处售卖，以资户口"②。吴均在调查中发现："在过去200年中，青海28旗蒙户口情况，均形递减，内一旗之户口，已经散绝，17旗之户口均有递减，勉强保持初编时原状者，仅有4旗，较初编时户口数增加者，则有6旗，总计减少5233户。"③盟旗编制户口的减少，使各王公生活状况大不如前，故而放垦土地以裕经常开支渐为各盟旗王公所筹划。

---

①　李自发：《青海共和县考察记》，《新青海》第2卷第12期，1934。
②　哲仓·才让：《清代和硕特蒙古族料案史料辑编》，青海人民出版社，1993，第75页。
③　吴均：《青海蒙旗户口之今昔》，《西北世纪》第4卷第2期，1949。

青海中部环海沿河土地多操于蒙藏王公之手，蒙藏人民初不愿汉人前往开垦，后经县长多方开导，始渐觉悟，由县长（都兰）商同各王公划分地址，以便回汉民人垦殖。希里沟都兰河以北归青海王旗开垦，河南则归公家放垦。1929 年时即有湟源商民携眷自希里沟莫胡尔避乱，希里沟有居民 30 余家，莫胡尔河两岸已有房舍四五座，窑洞 10 余处，居民 16 家，汉藏各半。赛什克有河一道划归柯柯王旗耕种，有土房数十间，汉民三家。哈拉哈图又称夏日哈沟，1929 年化隆人仔巴兄弟二人在柯柯王处租地开垦，甚有成效，其后率同乡至此开垦，有土房小庄 4 个，田地五六十顷，水渠 4 条，水磨两盘，油坊一座，仔巴为该地百户。香日德有汉民 20 余家，蒙商五六家，果洛人常来此购粮，唯管理该地之香日德王，所有耕地除许蒙民 200 余家耕种外，不准其他人民开垦，后经县长竭力劝导，晓以大义，已稍醒悟，并允商人建房种地。①

土地放垦开放以后，冲击了原有的民族分布格局，进一步削弱了传统政治势力的基础。共和县县长呈文称："各属族民众自十八年以还多数不从官人约束，徙帐他族，以致地方事务无法进行，现有民众群起效尤，官人无法阻止。恳转呈省府师部印发汉藏合璧布告招收各族逃散民众，不论土房帐房，仍回原族上庄安业并恳严谕各千百户兹后不准容纳逃散民众以儆效尤。"②

共和县左近，至中郭密之曲乃亥、继汉堂及下郭密之和尔加、朵让等处，居民多耕牧兼营，田畴绕于村落附近，牧场另设深山秀野中，普通畜羊五六百只，牛百头，马二三十匹。居民改牧为农者，已数十年，畜牧已成副业，牛羊皆不成群。

对于民国时期青海蒙古族社会的变化，靳玄生在《青海蒙古的过去与现在》中做了详细的描述：

① 孟昭藩：《青海省地理志》，《新西北》第 2 卷第 6 期，1940。
② 《青海省政府布告第 144 号：布告共和县劝抚各族逃散民众以固县基》，《青海省政府公报》第 48 期，1933，第 47 页。

青海蒙古，在都兰、湟源、澶源三县境内的各旗，有几部分还能保持着原来的语言风尚；在同德县黄河南及共和县境内的各旗，现在已经完全被当地人同化了，除老年人外，三四十岁以下的人，大都不会说蒙古语。至于王公制度，虽然还存在着，但实际上没有多大权力，所有行政事宜，分归各地县政府掌握，大小王公，已同内地的区村长没大分别。又有一郡王，名齐木公旺济勒拉卜丹，俗称八宝王，与现在贝勒有血统关系，互相争位，多年不决，民国二十一年，将郡王实权经省府委员取消，唯名位尚存，属民只十余户。①

此一历史趋势下，青海唐古特指挥使昂锁官宝才仁呈请对于该族政治诸端妥筹开发。蒙藏委员会在给青海省政府回复，省府已经成立，为求国家行政统一计，由省政府方面筹划改土归流，自系正当办法，但蒙藏情形特殊，诚如青海省方面来咨所云，拟应由本会按照特殊情形筹拟办法，等到将来西藏会议开时详细讨论再行决定。

针对此一情况，青海省政府方面对于蒙藏王公改土归流工作改变了前期思路，试图通过新县制建设达到归流目的。1923 年 10 月 10 日的《中华民国宪法》在地方制度第 124 条中规定：地方划分为省县两级。同时在第 135 条中对于西北地区规定：内外蒙古西藏青海因地方人民之公意得划分为省县两级，适用本章各规定。关于民族地区政治体制问题，1913 年 11 月 1 日，《中华民国宪法》对于地方制度中规定，蒙古西藏青海及其他未设省之区域之设置或区划以法律定之。

1917 年秋在都兰寺设都兰理事，管理海西广大地区，1930 年 11 月改为都兰县，海西八旗归其管辖，1935 年同德县成立，县治拉加寺，南左中旗划归同德县管辖，其余 3 旗，由河南亲王统领。建省后，南右末旗、西旗、南旗由共和县管辖，县治曲沟大庄，察罕诺门旗由

---

① 靳玄生：《青海蒙古的过去与现在》，《西北论衡》第 5 卷第 11、12 期，1937。

贵德县管辖。1938 年，又设香日德设治局。建省后设立门源县，1939
年设立祁连设治局，1943 年拟升格为县，因古佛寺辖属有争议，故而
未成。1939 年青海省政府通过《青海省各县政府组织暂行规程》，并
咨报民政部转呈行政院备案实施，1943 年设海宴县，县治三角城。

蒙藏牧区社会"向例均由千百户及王公等统治，为年已久，所辖
区域多无定界，人民亦极随便，一旦施行县治，划野分疆，于头人世
袭制度及尊严大有影响，故头人多怀隐忧，常持面从心违态度"①，县
政府"稍有干咎，往往分庭对抗"②。都兰县境内蒙民均相沿袭往日之
王公制度，居地以族分别，故分区自治，尚不易谈到。③ 青海共和县
"自十八年秋设治后，曾举行户口调查，当调查进行时，蒙番民众，
恃顽反抗，遂至半途中止，民国二十年，青海民政厅再行严令详查，
始将全县分为四调查区……结果仍以土房情形，得所详细，至各帐房
土民，则仍抗不遵命，调查员一至，即群起攻之，如临大敌，不得已，
乃改派通蒙番语的警士，及熟识蒙番情形的通使，扮作商人模样，担
负货物，会同常走其地各商人，至各部暗地调查，历时数月，未得满
意结果，只据大概情形，略为统计而已"④。

共和县"设县以后，虽将其原有组织稍加变更，而地方自治尚未
完全实行，盖以地僻境荒，加以蒙番的习俗殊异，虽以较新的制度以
待改革，而一时却难以见效"⑤。由于藏族的抵制，新县府自身的存在
犹显困难，都兰县"税租财富，亦无从收缴，县府仅以末等县的规定
经费，折扣收支，以之开支，拮据情形，不堪言状"⑥。

为了缓解这一矛盾，共和设县以后，全县共分 6 区 25 村，每区委
区长一名，唯因县治初设，区长仍由各千户王公兼任，每村委村长一

---

① 青海省政府民政厅编：《最近之青海》，新亚细亚学会，1934，第 34 页。
② 《青海玉树囊谦称多三县调查报告书》，复印件藏于青海省地方志编纂委员会办公室。
③ 孙福康：《青海省县行政概况》，《边疆》第 2 卷第 10 期，1937。
④ 顾执中、陆诒：《到青海去》，商务印书馆，1934，第 353～354 页。
⑤ 顾执中、陆诒：《到青海去》，商务印书馆，1934，第 358 页。
⑥ 顾执中、陆诒：《到青海去》，商务印书馆，1934，第 406 页。

名，牌长若干名，会同各区千百户王爷，秉承县政府命令办理全县自治事宜。① 各县开办后，各王公千百户等均改委为区费，归县节制，并由县发给薪俸，其数目以草头税百分之三十为限，以资奖励，而便指挥。各王公千百户改委后，所有一切蒙番事情，均归县直接办理，以一事权。

共和县荒地原属王公及千百户所有，设县以后划归县有，人民须向县府领照，始得垦殖。虽然都兰人民仍依封建制度，区村制度尚谈不到，但各蒙古王公千百户等，对于县署之行政设施，备极服从，绝无违抗掣肘之象。新县制一切工作亦颇顺利。

1938年青海省政府推行保甲制度，鉴于玉树、称多、囊谦、同德、都兰、共和六县纯属蒙藏游牧区域，情形与内地各县不同，县与区乡镇保甲之编组各事宜，遵照各县级组织纲要实施办法原则第一项之规定由省政府呈请延期实施。② 在中部地区除河南4旗外，其余25旗均予实行。海西的保甲长"大都由王公、千百户以及他们的亲属担任……徒有其名"③。共和17保的保长都是头人或地方绅士充任，苏乎尖参是仙米寺管家，后为仙米代理千户，门源县政府建仙米乡时不得不让他做乡长，县政府征税、徭役、征兵包括栽树都要他负责。保长、甲长、乡长，绝大多数由旗内闲散台吉或有势力牧主担任，个别的也由旗长—札萨克兼任。保甲制度实行后，与盟旗制度并存，大多数地区都是两个牌子一套班子。县政府处理蒙藏民刑案件，多依番例番规办理，其他距县治较远之地方，其人民诉讼，亦间由当地蒙藏头目千百户等直接处理。④ 但随着民国青海地区行政一体化的进程推进，原有的番例番规对于一些新生民刑纠纷处理远远落后于时代的发展。如同仁县麻巴族尕济东庄民人下吾他以恶婿杀女奸母，千户受贿因循

---

① 《青海各县之区村自治概况》，《新青海》第1卷第9期，1933。
② 《青海省县各级组织纲要实施计划》，《训练月刊》1940年创刊号。
③ 《海西蒙古族藏族哈萨克族自治州概况》编写组：《海西蒙古族藏族哈萨克族自治州概况》，青海人民出版社，1985，第26页。
④ 西宁通讯：《青海共和近况》，《新青海》第3卷第4期，1935。

等情，互控一案。该案已由旅部派员查办，双方控词互有虚实，除将本族千户严加申斥，女婿严刑惩办外，按照番地惯例，由岳家为女婿付给薄田两小块，与该岳断绝姻娅关系，双方均服判断，具结了案。①

　　通过新县制与保甲制度的推行，青海省政府在中部蒙藏游牧区实现了政体化一，并逐步收归行政、司法、赋税等行政权力，次第削弱了传统蒙藏部落王公权益，初步实现了对环湖蒙藏游牧区的改土归流。共和县原为郭密地，千户每年向人民征税甚繁。自县府成立后，令人民仅纳粮一种，由县府将所得粮之十分之六交于千户，一切诉讼等权归于县府，人民称快，从此不知有千户矣。② 海宴蒙古族如群科札萨旗聚族（300 户）陆续迁到湟源，变牧业为农业，与汉族杂居过程中，逐步融合为汉族甚至连蒙古语都不会说，宗贝子旗亦有 50 多户迁居湟源从事农业，脱离旗属，有的已不知他们原来为蒙古人。

## 第三节　玉树果洛地区的改土归流

　　该区内主要有玉树 25 族、果洛五大族 24 小族等藏族部落，分布于青海省南部东昆仑山系和唐古拉山系之间，散居于杂曲河、鄂穆曲河、通天河、义曲河、子曲河、玛曲河、咱曲河、玛楚河、黄河等山原河谷地带。雍正十年（1732）奏定：玉树等番族所管千人以上之部落设千户一名，百人以上之部落设百户一名。再千户之下酌放百长五六名，百户之下酌放百长三四人，其不及百户之部落设立百长一名，每十户设一什长。③ 遇有缺出，在各旗内公举承充，不得据为世职，强以子孙承袭；清统治者从以往设置千百户制的统治中得出"抚辑边夷之道，贵在涣散其党，以孤其势"的结论。④ 因此不断削弱地方首

---

① 《婿奸岳案》，《（民国）青海日报》1936 年 7 月 24 日，藏于青海省图书馆。
② 马鹤天：《甘青藏边区考察记》，甘肃人民出版社，2003，第 245 页。
③ 长白文孚著《青海事宜节略》，青海人民出版社，1993，第 98 页。
④ 邓承伟、来维礼、基生兰修，王昱注《西宁府续志》卷 9《艺文志》，青海人民出版社，1985，第 404 页。

领的实力。道光年间，将千百户所属范围缩小，辖地划小，规定每三百户设一"千户"，将一个大族划分为若干个小族，以便达到分而治之的目的。同时千百户人数增加，使清廷又笼络了一部分藏族上层。

上中下果洛属于四川松潘厅管辖，《清史稿·土司二》记载：上郭罗克车木塘寨百户、中郭罗克插落寨百户、下郭罗克纳卡寨百户，均于康熙六十年（1721）归附并授世职。[①] 三果洛受封后，属四川松潘镇管辖。其中上果洛颁给号纸，无印信。其地共 700 余里，管辖 10 寨；中果洛颁给号纸，无印信，其地 300 余里，管辖 17 寨；下果洛颁给号纸，无印信，其地共 450 里，管辖 29 寨。果洛各部落，不贡不赋，向无认纳税粮。[②]

清末世袭千百户如下：玉树 25 族，千户 1 人，百户 31 人，百长 69 人；环海 8 族，千户 10 余人，百户 71 人；果洛 9 族，总千户 1 人，千户 3 人，百户若干；河湟各族百户 2 人，百长乡约若干；贵德各族，百户 7 人，百长若干。[③]

为了加强对青海藏族的管理，清政府规定每年在青海办事大臣处请票，在丹噶尔办买粮茶，岁给千百户青稞仓斗 1020 石，每石例价银 5 钱，合银 500 两，且于归附之野番所办口粮，日给市斗青稞一合，每户给砖茶一封，每岁运粮 3 次，每次只能办 4 个月之粮食，由地方官吏验明人数粮数放行。民国以来，玉树 25 族隶于甘边宁海镇守使管辖，仍依前清旧制，其族千户以上设千户一员，百户以上设百户一员，不及百户者设散百户一员，发给委札，准其世袭。每百户每岁贡马一匹，折征银 8 两。每年会盟一次，在结古举行，由西宁派员前往召集各族千百户行会盟仪式，以便催收马贡。

---

① 《清史稿》卷 513《列传三百·土司传二》，中华书局，1977，第 14231 页。
② 国家民委《民族问题五种丛书》编辑委员会、《中国民族问题资料·档案集成》编辑委员会编《当代中国民族问题资料·档案集成》第 5 辑，中央民族大学出版社，2005，第 404~407 页。
③ 芈一之：《青海土司制度概述》，《青海社会科学》1980 年第 1 期。

光绪三十三年（1907），陕甘总督升允以青海蒙番部民环海游牧，东南西北流徙无常，难以有定之官，治无定之民，奏请暂不设省。1913 年，川甘玉树归属产生分歧，后经周务学会同川边勘界，于 1915 年 3 月，重新划归西宁管理。1913 年 10 月至 1914 年 7 月的西姆拉会议，玉树问题一事再次为舆论所关注，马麒在给张广建的电文中指出，玉树土司为青海之门户，附西藏之肩背，为西宁赴拉萨必经之要道，将来经营发展，即可倚为制藏之策源地。[①] 1932 年，青藏围绕玉树问题再次发生争端，最终以双方罢兵修好，签订《青藏和约》。虽然最终确立了青海方面对玉树地区的行政管辖权，但三次玉树危机所反映的问题，引起了青海省政府方面的思考，为了杜绝此类危机的产生，势必从根本上对原有的政治、部落结构加以改造。

玉树藏族，大部皆从事畜牧。但在通天河自协曲水口以下，沿河两岸及固察、称多、拉布、歇武、义曲、结古曲渚水滨，子曲河流域等地区皆有耕种之田，玉树通天河、子曲河等流域 12 族共田地 120600 亩，共荒地 41800 亩。[②] 采用易地而耕，农业以青稞为主。以上可田之区，除供本地各族食粮外，加迭喀桑、娘磋、中坝、格吉、玉树各族食粮，亦均仰给于此。在这些地区生活的札武族、拉达族、迭达族、称多族，居民耕牧相杂。菜蔬之属，藏人皆不种植。玉树官长曾试种洋番芋、萝卜、菜蔬等，颇有成效，然藏人以种此冗物，必致获罪于神，以灾及牧畜为虑。故而其经济生活以畜牧为主，局部地区间有耕牧。

为了加强对玉树地区的控制，青海省政府方面 1933 年 10 月 6 日由玉树县析置囊谦县，1938 年 3 月 25 日析置称多县，1938 年在果洛阿什羌岗麻和巷谦多坝地区分别设立和兴、和顺设治局（1946 年撤销），1940 年在果洛玛沁一带设立西乐设治局，在下果洛班玛、

---

① 《甘肃督军张广建转报马麒反对与英使会商议定西藏划界电》（1919 年 10 月 28 日），载中国藏学研究中心等编《元以来西藏地方与中央政府关系档案史料汇编》第 6 册，中国藏学出版社，1994，第 2450 页。
② 马鹤天：《甘青藏边区考察记》，甘肃人民出版社，2003，第 294~295 页。

雅砻江上游及黄河沿岸一带设立白玉设治局（1941年撤销），在下果洛班玛、鄂陵湖东及野马滩、长石头一带设立星川设治局。1937年青海省政府方面又在玉树、果洛地区分别设立行政督察区，以便加强对游牧区的行政管辖。1938年青海省政府开始推行保甲制度，在承认千百户制度继续存在的条件下，组织保甲。藏族农业区的"联总制"，联总由每三个村庄产生一名，由三村士绅轮流担任，每人任期一年。在昂锁统治的地区，联总一般由他指派，为他役使，不属于昂锁统治地区，联总一般由头人及实权分子充任。联总改为保甲后，联总变为保长。

玉树都兰在设置理事时期，交通不便，语言隔阂，且粮食需物，四季悉从湟源西宁驮载而入。所谓政令，除依番规随时应付外，亦未能深入过关，独拥理事之空名而已。① 虽已改为行省，对于开发建设，按粮征赋等事，仍不能出旧西宁道所辖地一步。如都兰、玉树虽设立县治，不能完全施行政令，徒有其名而已。② 称多县县长下仅科长1人，翻译2人，事务员1人，差役4人。玉树藏民诉讼大都皆向百户处诉之，其法仍用旧日番例。又人民对县缴纳赋税，仅有少数粮与草，而对百户则纳物甚多。事实上人民仍遵旧规，虽县署成立已数年，而人民与县署关系极少。③ 青海囊谦千户扎西才旺多杰所言"玉树二十五族，是雍正皇帝封给我的。在二十五族之内我有役使人差、征收事物、支配草山、确定地权、统领百户、管理寺院、保护众庶、出兵打仗等政治、经济、军事的一切权利"④。

① 《番地各县设治经过困难及现状》，载青海省政府民政厅编《最近之青海》，新亚细亚学会，1934，第34页。
② 张元彬：《青海蒙藏牧民之畜牧概况》，《新亚细亚》第6期，1933。
③ 马鹤天：《甘青藏边区考察记》，甘肃人民出版社，2003，第288页。
④ 国家民委《民族问题五种丛书》编委会编《当代中国民族问题资料·档案汇编》第4辑《中国少数民族自治地方概况丛书》第41卷，中央民族大学出版社，2005，第480页。

　　为了改变此一局面，青海省政府方面进一步把行政触角下延，试图通过部落结构的重新组合达到行政一体化建设的目的。部落制是玉树果洛地区的主要政治形态，其以血缘为纽带，以一定空间为基础，通过联姻、结盟等方式组成藏族独特的社会管理体系。为了打破青海藏族部落原有的社会结构，青海省政府方面通过军事手段，打乱果洛地区原有建制，将卡日仓、木拉、修群、康赛、康干、藏科日等部落拨归拉卜楞管辖，将上下巷欠、斑玛本、德昂仓、岗巴、查浪、达武麦仓等部落，拨归拉加管辖。果洛贡麻部落、阿木却乎部落、洋玉部落、沙科日部落、休玛、百日麦玛部落等原有结构遭到残酷改变，在同一次军事行动中，所属的许多牧民被划归设治局管辖。色航寺、赛力亥寺等寺院宗教机构被毁坏。同时，民国时期的玉树游牧各族分合无常，其百户强者属民日多。因纳税以百户计，某百户强时人民多而税自轻，税轻而人民益愿附之。①"三果洛"之一的昂欠本部落从果洛部落分出后，形成昂欠曲多、昂欠曲麦两部，昂欠曲多进而析出四部，而在这四部之下，继而逐级分化出 6 个大部落、13 个支部落、25 个分部落；昂欠曲麦则分为上莫巴、下莫巴两部，下莫巴则分化出红莫廓尔、伦兰廓尔及查、改、索三部，共 5 个部落。

　　玉树县第二个最有力量的百户是布庆百户蔡作祯，是 1941 年该族尕刘百户被马绍武杀害后委派的，其为化隆汉族，父子任通事多年，由此升任百户。隆保拉扎百户，是伊之胞弟。宗举族江羊扎西百户，能力薄弱，人民不服，连自己的食用无处着手，时常向自己辖民讨饭吃。昂赛百户，本人无能，虽系世袭，人民并不诚服，因此族务废弛。囊谦县加岔百户病故，由千户夫人兼职百户，该人民不服从逃散 20 余户，业已名存实亡。称多族百户，于 1945 年贪赃枉法，引起人民公愤，被群众推翻，选举昂多百户长升任百户。下年错百户绝嗣，由其外甥巴德古斗继任百户职务，有一小部分人民不大服从而靠近哈斤百

① 马鹤天：《甘青藏边区考察记》，甘肃人民出版社，2003，第 261 页。

户。阿尼族百户病故后，于1948年民选桑得升任百户，前百户夫人不服，带自己亲属26户人家逃赴美马族。休马族百户由私生子继承，人民不服，一部分人民逃赴扯江文家族。

外部环境的变化以及内部经济、政治形态的演变，为青海省政府对千百户制度的改造奠定了基础。利用此一有利时机，省政府方面加大了对传统社会结构的政治一体化推进。1916年4月，甘边宁海镇守使马麒呈准北洋政府任命香生木为阿曲乎部落千户，这是地方政府第一次任免部落头人。1928年，布庆百户确群桑周死后，由其弟尕马希拉继任百户。尕马希拉1935年死后无嗣。玉树司令以德格人尕柳精明强干，既给司令部当过翻译，又在布庆百户手下当过管事多年为由，呈请青海省政府批准任命尕柳担任布庆百户。布庆百户均由青海省政府任命。1937年，玉树司令马禄撤销喀耐百户，将原属于永夏部落的喀耐部落划归拉布百户管辖。1933年，玉树司令马彪将原属上中坝的中中坝部落划归下中坝管辖，中中坝百户部落被取消。

1941年，石藏寺五世班智达联合拉卜楞寺，武力对抗青海省政府。经过激烈冲突，寺属武装被击败。后经过谈判，省政府和寺院达成协议。青海省政府同意不破坏石藏寺，释放应努乎部落被俘人员，允许应努乎部落回原地驻牧。石藏寺则同意其所属部落应努乎、藏拉德接受同德县政府管辖，同时石藏寺本身也要接受同德县政府的管辖。经过这次激烈冲突，石藏寺彻底失去了治民之权，其所属部落的管辖权转入县政府手中。

民国青海"改土归流"，是近代青海行政一体化历史进程中的重要部分。其"改土归流"过程中在东部农业区、中部游牧农耕区、南部高寒畜牧区形成了分别倚重以政治、经济、军事力量为主的"自动请求""政府劝导""军政干预"的改土模式。虽然同处于近代西北边疆危机与变革的大环境中，同样为军阀主导下"改土归流"，但囿于地域的复杂性、民族经济形态的差异性、文化宗教的特殊性，以及近代以来日益恶化的西南地区边疆危机，最终形成了省政府主持下寺院、部落、盟旗与现代省县体制共存的政治生态，相对于宁夏、新疆、甘肃地区"改土归流"而言，具有一定程度上的局限性与妥协性。但从近代青海政治体制发展的历史进程而言，其对于近代青海行政一体化的形成具有承上启下的重要意义，并在一定程度上奠定了现代青海政治体制的基础。

# 第九章　民国甘肃改土归流

民国甘肃民族地区，源于国家危机日重，以顾颉刚、于式玉、李安宅、谷苞、马鹤天、范长江等为代表的一批学者对其政治、经济、文化、民族、宗教等方面做出深入的社会考察，为民国政府甘肃民族社会开发及传统政治改造奠定了前期基础。但囿于历史环境所限，于民国甘肃土司现状上，政府公报遗漏，学者记述未详，方志罗列杂乱①，虽有张维先生补正②，然资料散佚，补亦未缮。近年来土司制度研究方兴未艾，国内学者对甘肃土司状况进行了考正，于民国土司概况③及僧职土司④领域有了一定突破，但考正尚存一定空间；特别是在传统政治"改土归流"与甘肃民族社会改建方面，学界关注多集中于政治层面，经济、文化领域相对较弱，于民族社会改建方面尚缺少系统性关联。

## 第一节　民国甘肃土司概况

民国初年，国事乱仍，甘肃政局亦长期不安，"改土归流"划一行政一再推延，故而在民国初期，甘肃境内仍存留一批僧、俗土司，

---

① 民国甘肃土司，散见于宣统《甘肃新通志》、民国《甘肃通志》、民国《甘肃新通志》、《甘宁青史略》及《撒拉族简史》等地方史志中。

② 张维遗稿，张令瑄辑定《甘肃、青海土司志》，《甘肃民族研究》1983年第1~2期、第12期。

③ 龚荫：《中国土司制度史》，云南民族出版社，1992，第1282~1322页；高士荣：《西北土司制度研究》，民族出版社，1999，第218~243页。

④ 王继光：《安多藏区僧职土司初探》，《西北民族研究》1994年第1期。

其概况如下。

## （一）俗职土司

清朝甘肃土司，乾隆元年（1736）载为26：土千户9，土指挥5，土指挥同知2，土百户7，土佥事3[①]；乾隆二十六年（1761）载为19：土千户6，土指挥5，土指挥同知1，土百户5，土佥事1，理番同知1[②]；《清史稿》载为22：土千户4，土指挥4，土指挥同知3，土百户7，土佥事3，土官1。[③]

民国初年，为彻底废除封建制度，划一行政，内政部饬令各地调查土司状况，故于《内政公报》中记有一部散佚之土司：临潭资堡胥振烈，临夏韩家集韩振纲，乩藏王作宾[④]，宕昌马培德，西固峰崖武坪土百户[⑤]，平番县特氏[⑥]，红山堡陈氏[⑦]，世袭指挥佥事后仰玺（管理府公务无干涉番民丁粮）[⑧]，岷县荔川（今宕昌理川）赵乃普。[⑨]

成书于1936年的《甘宁青史略》于正编卷28记载土司另列表于附编，但于附编并未见附。只是于《冬十月议会请停各土司职俸》条载甘肃土司11员：洮岷之不带俸杨土司、马土司、昝土司，带俸之甘凉道属庄浪、平番二厅县指挥使3，同知1，佥事1，正副千户各1，

---

① 《大清会典则例》卷110《兵部》，文渊阁《四库全书》本。文章涵盖现甘肃地域，不含西宁府，下同。

② 傅恒、董诰等纂《皇清职贡图》卷5，清嘉庆十年武英殿增刻本。

③ 清朝甘肃土司，官方史料记载不一，学者考究亦各不同，民国张维合青海在内计有300余，参见张维《甘肃、青海土司志》（《甘肃民族研究》1983年第1~2期）、《甘肃通志稿》载241（参见该书《民族志三》，《西北稀见方志文献》第27卷，第48页），龚荫：《中国土司制度史》载甘肃有31员，参见该书第1282~1322页。

④ 《改土归流事项》（二），《呈报甘肃改革临潭等县土司情形》，《内政公报》第4期，1933。

⑤ 《改土归流事项》（六），《准转报改革马土司情形已转呈行政院备案》，《内政公报》第9期，1935。

⑥ 《平番县令查土司特氏等侵吞军粮确查呈覆以凭核办文》，《甘肃财政月刊》第45期，1927；鲁灵之妻，鲁承基为其族侄。

⑦ 《甘肃省政府公报》第1期，1935，民政1月6日第1页：永登县长呈报红山堡土官指挥佥事鲁服西病故，所有佥事事务由鲁氏陈晓云暂行护理。

⑧ 《岷县土司所辖境内事务调查表》，《内政公报》第8期，1929。

⑨ 《甘肃省政府公报》第4卷第1~4期，1935，《报告》第5页。

正百户 1，共 8 土司。①

民国时期，一大批学者到西北游历考察，此批考察日记中亦有相关土司记述。

岷县：多纳赵土司（世袭土司副千户），世袭土官百户马土司，世袭土司百户赵头目，武都世袭百户后头目，阎井世袭百户后头目。临潭：世袭中千户所百户资堡土司昝振华，着逊土司杨廷选，双岔土官毛里郭娃。② （临潭）土司三人，头目二人。③ 韩家集赵土司④，陌务五旗土官杨占苍。⑤ 学者所察之土司，一部为清末业已废止，一部为甘省改土后之残存，除资堡、着逊之外，其余土司有待进一步考证。

民国甘肃土司概况，《中国土司制度史》所载有 13 家。但《中国土司制度史》史料源自光绪《甘肃通志》、张令瑄《甘青土司资料》、宣统《甘肃新通志》《撒拉族简史》、民国《甘肃通志》、民国《甘肃新通志》。清光绪三十三年（1907）修，宣统元年（1909）成书的《甘肃新通志》，自开局采访至杀青成刊，仅历二年，矛盾讹误，在所难免。而《甘肃通志稿》中，归土司于职官，所载未详，故方有张令瑄《甘青土司资料》补遗。

综合上述考证，民国时期甘肃土司实存 20：临洮卫土指挥同知赵柱，河州卫土指挥同知何晋，岷州卫土指挥使后朝凤子后湔，洮州卫土指挥佥事杨复兴，洮州卫中千户所土百户昝天锡，洮州卫三隘口着逊土百户小杨土司杨永隆，庄浪卫永登土指挥使鲁承基，庄浪卫天祝土指挥使鲁瞻泰，庄浪卫古浪土指挥使鲁维礼，庄浪卫永登大通河峡口土指挥使鲁应选，庄浪卫永登红山堡土指挥佥事鲁服西，庄浪卫永

---

① 《冬十月议会请停各土司职俸》，载慕寿祺《甘宁青史略》（正编）卷 28，兰州古籍出版社，1990，第 9 页。

② 王志文：《甘肃省西南部边区考察记》，兰州古籍出版社，1990，第 14~34 页。

③ 顾颉刚：《西北考察日记》，甘肃人民出版社，2002，第 212 页。

④ 马鹤天：《西北考察记·青海篇》，台北，正中书局，1936，第 70 页。

⑤ 顾颉刚：《西北考察日记》，甘肃人民出版社，2002，第 232 页。

登西古城土千户鲁福山，庄浪卫永登军马堡土副千户鲁政，西坪正百户土官杨茂才[1]，临潭资堡胥振烈，临夏韩家集土司韩振纲，乩藏土司王作宾，宕昌土司马培德，西固峰崖武坪土百户，岷县荔川（今宕昌理川）土司赵乃普。[2]

### （二）僧职土司

与世职土司相应，民国时期甘肃亦存留一批僧职土司，其常见封号有都纲、僧纲、僧正等[3]，其下辖一寺或多院，拥有一定僧众、寺产、属民、土地，形成特有的传承方式，具有政教合一的政治属性。

甘肃僧职土司，康熙年间设僧纲 19、僧正 3：河州宏化寺总理国师韩禅巴、都纲诺尔布坚错，显庆寺灌顶大国师丹巴坚错，红山堡报恩寺喇嘛都纲卢老藏灵珍，岷州卫圆觉寺都纲后只即丹子，岷州法藏寺僧纲桑解落旦，洮州着落寺僧正杨多刚，洮州阐定寺国师杨昂望、杨琢珞赞；乾隆十二年（1747）收国师、禅师印信，重新整理后设都纲 4、僧正 3、僧纲 1：河州普纲寺、灵庆寺、宏化寺各设都纲一人，洮州卫之阎家寺、龙元寺、圆成寺各设僧正一人，红山堡报恩寺都纲阎南木加，岷州圆觉寺僧纲侯章杨恩柱。清初规定国师封号，均不准承袭，原有印敕，交部察销。[4] 因此，清朝中后期，国师、禅师逐渐

---

[1] 《清史稿》卷 517《列传三百四·土司六》所载百户三：明正百户西坪土官杨茂才，数传至杨得荣。同治中，逆杨叛，得荣避难，不知所终。其中世袭正百户只有西坪土官杨茂才一家，而杨氏德荣以同治之乱不知所终，其正百户一职名存实亡，一直延续至民初方予明令废止。龚荫《中国土司制度史》第 1316 页载：杨得荣同治中避回乱卒于外，司遂废止。合《甘宁青史略》《冬十月议会请停各土司职俸》条及《清史稿》所载，杨氏正百户废止应于民初。

[2] 另《甘肃财政月刊》1927 年第 45 期《平番县令查土司特氏等侵吞军粮确查呈覆以凭核办文》第 7~9 页出现土司"特氏"，系鲁灵之妻，鲁承基为其族侄；《甘肃省政府公报》1935 年第 1 期，《民政》1 月 6 日第 1 页中出现土司"陈氏"，系永登红山堡土官指挥佥事鲁服西之妻。故除之。

[3] 国内学者亦把国师、禅师归入民国僧职土司之列，结合乾隆十二年（1747）史料、民国《政府公报》《蒙藏院公报》及学者考察，民国甘肃僧职土司应无国师、禅师之号。

[4] 清会典馆编，赵云田点校《钦定大清会典事例·理藩院》，中国藏学出版社，2006，第 167~173 页。

消亡，以至于最终淡出僧职土司视野。

民国时期，甘肃僧职土司情况发生变化，《甘肃通志稿》载有僧职土司 10：宏化寺国师都纲，灵藏寺禅师都纲，他移那赵僧纲，着逊堡杨僧纲，阳坡庄马僧纲，寺底下侯僧正，葱花坡阎家寺僧正，刺卜杨僧正，黑峪寺、大崇教寺后僧纲。①

相对于地方志书，民国政府《蒙藏院公报》京外各处喇嘛任职统计表计甘肃僧职土司 8：河州普纲寺都纲 1、灵（藏）寺都纲 1、宏化寺都纲 1；洮州阎家寺僧正 1、龙元寺僧正 1、圆成寺僧正 1；岷州圆觉寺 26 寺喇嘛（未详），庄浪报恩寺（未详）。②

民国时期学者僧职土司考察，和俗职土司相类罗列详尽而失于考辨，其总数达 13。

洮州 5：垂巴寺赵僧纲、麻尔寺马僧纲、卓洛寺杨僧纲、圆成寺侯僧正、阎家寺阎僧正。③ 岷县 2：圆觉寺后僧纲④，黑峪寺黄僧纲。着逊 4：乖巴寺（牙当寺）赵僧纲（民国 16 年废），都纲司杨彩凤，僧纲马辙簪，僧正侯世祺。⑤ 临潭 2：国师 1 人，僧纲 1 人。⑥ 但此批僧职土司历经同治之乱，到民国时期业已银粮归县，土属无涉，相反还要依靠政府提供衣单口粮，已经丧失了传统意义上的土司权力，皈依于单一的宗教事务。

结合乾隆十二年（1747）与《蒙藏院公报》所载，清末至民初，甘肃僧职土司无有大的变更，基本沿袭都纲 4、僧正 3、僧纲 1 的局面。

---

① 刘郁芬修《甘肃通志稿·民族（二）》，载中国西北文献丛书编辑委员会编《西北稀见方志文献》第 27 卷，兰州古籍书店，1990，第 441~456 页。
② 《京外各处喇嘛任职统计表》《蒙藏院行政统计表》，载马大正主编《民国边政史料汇编》第 15 册，国家图书馆出版社，2009，第 283~292 页。
③ 王树民：《洮州土师僧纲之源流与世系》，《大学（成都）》第 2 卷第 8 期，1943。
④ 后永珍，世袭掌印番僧纲司，参见《岷县土司所辖境内事务调查表》，《内政公报》第 2 卷第 8 期，1929。
⑤ 王志文：《甘肃省西南部边区考察记》，兰州古籍出版社，1990，第 14~34 页。
⑥ 顾颉刚：《西北考察日记》，甘肃人民出版社，2002，第 212 页。

## 第二节　民初甘肃政治环境演变与民族社会变化

民初甘肃民族地区传统政治制度，是晚清以来西北边疆政治制度发展的结果，随着近代政治体制的变迁，传统民族政治依存的民族社会环境逐渐变化，其民族社会内部日益面临着政治、经济、文化等方面的危机。

### （一）外部环境变化

#### 1. 矛盾转变

甘肃土司始于元宣慰、安抚各司，明袭元制，于蒙藏各族归附之地分授卫所指挥、千百户世职，就成汉军，亦授以世职。西番故地，封授番僧法王、国师、禅师，都管教权，兼理民户，予以世职，权埒土司。明朝初年，北元"引弓之士不下百万众"①，故而政府需要甘肃民族地区大姓"假我爵禄"②，使其彼此牵制，为朝廷奔走效命。

清顺治五年（1648），米拉印、丁国栋于肃州起事，康雍年间先后历经三藩之乱、噶尔丹东进，故而不得不派遣李天俞等"安抚西宁及河西各土司"，以期其"诚心归附，以障藩篱"③。雍正元年（1723）罗卜藏丹津叛乱平息后，年羹尧在《青海善后事宜十三条》提出"西番人等，宜属内地管辖"④，同时理藩院废除国师、禅师封号，逐步削弱宗教势力对国家政治的影响。随着西藏事务平息与新疆底定，甘肃土司失去了生存的政治土壤，逐渐游离于国家政治、军事活动之外。

清末民初，西北边疆危机进一步加深，为了应对边疆民族地区危局，清末在边疆地区进行"藩部内属、行政一体"化改革。随着清王

---

① 谷应泰：《明史纪事本末》卷 10《故元遗兵》，文渊阁《四库全书》本。
② 张廷玉等撰《明史》卷 310《土司》，中华书局，1974，第 7981 页。
③ 昭梿：《啸亭杂录》卷 10《章嘉喇嘛》，中华书局，1980，第 361 页。
④ 王先谦：《东华录·雍正四》，清光绪十年长沙王氏刻本。

朝覆亡，甘肃民族地区所面临的矛盾环境亦发生了改变，边疆危机、民族危机弥漫于整个西北地区，传统地区安全领域内的问题已弱化。在应对社会主要矛盾过程中，传统政治制度局限性日益显现，其不足以应对时下危机，有时反而成为帝国主义侵华的利用工具。因此外部环境的变化所致矛盾机制的转变，逐渐把传统政治力量淘汰出西北民族地区历史，改土归流，势所必然。

2. 社会转型

民国甘肃民族地区社会随环境变化，面临着民族政治与国家政治、民族文化与国家文化、民族社会与国家社会转型的选择。而传统与现代之间的矛盾、民族与国家之间的调适所致的民族社会转型，进一步挤压着传统政治生存的社会空间。

民族政治与国家政治。多民族社会与国家政治的统一，势必要对各种非国家的民族传统政治给予让渡。民族传统政治作为明清时期国家政治一种补充形式，中央政府对其做出部分让步与变通，使其兼具部分国家政治体系的职能，对于西北边疆地区的稳定发挥了重要作用。民国成立后，原有民族传统政治与国家政治之间的平衡机制业被打破，土司制度亦面临传统与现代之间的调适。现代国家政治，力图建构公正、平等、自由、统一的政治体系，在强调民族平等同时亦注重于国家政治的统一，以达现代社会建设之目的。而民族传统政治的存在却有悖于现代国家政治建设之精神，故现代国家成立以后，纷纷对传统民族政治进行改革，虽然民族传统政治对于现代国家政治亦做出相应调整，但二者之间根本性的矛盾冲突却无法从根源上消除。故而民国甘肃传统民族政治"改土归流"已不可逆转。

**（二）民族社会结构变化**

外部环境的变化，冲击了民族地区经济结构、政治结构、文化结构，引起甘肃民族社会的连锁反应，并最终瓦解了旧制度的社会基础。

1. 经济结构

甘肃土司所处河湟洮岷地区，于经济形态上游牧、农耕兼而有之。

在与中原地区经济交往中逐渐形成了以黑错、河州、拉卜楞、临潭旧城为中心的商贸市场。清末以来，传统的茶马贸易、歇家牙行逐渐为近代商业体制所淘汰。特别是鸦片战争后，西北地区皮毛贸易日渐扩大。清末民初，在甘肃民族地区创设各种洋行 30 余家，临夏一地就有英商仁记、平和、怡和与德商世昌等 9 家，由政府发给护照，在民族地区收购羊毛、皮张。民国时期，皮毛贸易已占甘肃商品输出的 52.01%，而在临潭、夏河、拉卜楞地区分别达到了 57.47%、92.15%、71%。[①] 皮毛贸易的兴起和扩大，打破了原有农耕、游牧互补性格局，把甘肃民族地区纳入近代大工业体系中，使其成为西方重要的原材料生产地，并逐渐成为西北民族地区的支柱性产业，支撑了甘肃民族地区商业经济的繁荣。

社会经济结构的变化，冲击了传统政治赖以存在的经济基础。在甘肃传统土司统治区域形成"族际"贸易与"国际"贸易的叠加，经济利益最大化的追逐吸纳了民族地区上层力量，放松了对于土民隶属关系的限制。皮毛经济的繁荣，增强了牧区消费能力，俄人克拉米息夫在调查中发现，甘肃民族地区"对于面粉、米及小米、糖，其需要甚大"[②]，而"夏河县（拉卜楞）沿大夏河一带所产粮食，只够全县人口三个月之用，所缺九个月五万人口之粮，七成仰给临夏，三成仰给临潭，因之全区惟夏河县年缺粮约一千二百五十万斤，茶、盐、糖，则更要仰给于外地"[③]。仅拉卜楞一地每年粮食类缺口就达 146495 元[④]，占其商品输入总值的 33.28%。商品经济的繁荣刺激了甘肃民族地区农业的发展，巨大的利润空间改变了牧区的经济结构，甘肃西南部农户比例，岷县占 61.6%，临潭卓尼占 61.4%[⑤]，原本的"番区"

① 胡铁球：《近代西北皮毛贸易与社会变迁》，《近代史研究》2007 年第 4 期。
② 〔俄〕克拉米息夫：《中国西北部之经济状况》，王正旺译，天津古籍出版社，1987，第 192 页。
③ 徐旭：《西北建设论》，中华书局，1944，第 65 页。
④ 《拉卜楞之近况及其开发意见》，载高长柱编著《边疆问题论文集》，台北，正中书局，1941，第 440~442 页。
⑤ 王志文：《甘肃省西南部边区考察记》，兰州古籍出版社，1990，第 43 页。

也已变得 "居民（番族）改牧为农者，垂数十年，畜牧已成副业，牛羊皆不成群"[①]。农业经济巨大的利润空间导致土司进一步加重了对土民的压榨，遭到土民强烈反对，于是民众纷纷呈请改隶政府，编民国家，改土归流。相对于牧区土司而言，对外皮毛经济的繁荣，亦把其卷入了现代经济潮流之中，而此经济洪流裹挟而来的政治、思想、文化，都在慢慢侵蚀着旧有土司制度的基础。

### 2. 政治结构

清袭明制，于甘肃民族地区形成政府—僧俗土司—属民的民族地区统治制度，其间虽有损益，但基本体制并无根本性变革。但清末连续不断的民间运动打破了这一政治格局。在清末变乱中，临洮卫土指挥同知赵坛被杀，河州卫土指挥韩钧战死，庄浪卫土指挥佥事鲁绪周死于军，西坪土百户杨得荣避乱卒于外，西六渠土百户何万全平乱重伤卒于军。变乱所及，地方糜烂，人民流离，僧职土司亦诸寺俱为灰烬。虽则变乱终为荡平，但田产荒芜，属民丧失，再已难复往昔之势。民国十七年（1928）河湟之变，临夏韩家集土司韩振纲，乩藏土司王作宾，老鸭关土司何晋，土民咸逃难洮岷一带地方，田地半被贱卖，半被荒芜，土民无多，早已自行改流。

与僧俗土司衰落形成鲜明对比的是近代西北权力中心的转移。近代甘肃民族地区问题，学界认为是民族、宗教、政治问题的冲突，但根源上为生存问题。自然环境形成聚落，聚落生存形成教派，同治之乱后，陕甘回族难民重新安置，打破了原有的民族分布格局，原有土司制度受到严重冲击，宗教自身局限性使其亦难以在历史转折点担此重任，政府力量一时又不能触及，故而既能摈弃民族局限，又具有冲破宗教羁绊，能够整合地区力量又为政府所信托的新兴势力开始出现，新兴军阀势力开始登上甘肃民族地区历史舞台。

民族商业经济的转型与兴起，改变了甘肃民族地区政治结构，近

---

① 李自发：《青海共和县考察记》，《新青海》第 2 卷第 12 期，1934。

代以来西北政治变动，冲击了土司制度的政治基础。同时外部环境变化所致矛盾机制的变革，社会转型引起传统政治与国家政治之间难以调和的矛盾，都从各个方面动摇着传统政治体制存在的基础，民国甘肃传统政治"改土归流"已然成不可避免之态势。

## 第三节 甘肃土司之结构及政府改土归流

外部环境变化及甘肃民族社会转型，是民国甘肃"改土归流"及民族社会改造前期条件，但民国西北民族地区传统政治及民族社会，于政治、经济、文化等方面有其固有传承及运转机制。基于对其结构及运转机制理解，民国政府于政治、经济、文化层面上进行系统的社会改造措施，并最终推动了甘肃民族地区政治、社会的现代化进程。

### （一）甘肃土司结构

#### 1. 政治构成

甘肃土司政治构成主要表现于政治结构、承袭方式、职份划分三个方面。

（1）政治结构。僧职土司组织由两大系统构成，由僧纲、僧正或都纲统摄全局，下设宗教行政管理系统（即僧纲衙门堪布系统）与宗教组织系统（法台系统），分别管理寺内外行政事务与具体宗教事务，属寺宗教、行政、财政、教规、教法由堪布系统大头目协助堪布处理。[①]

俗职土司组织系统由衙门内部行政事务组织和外部行政事务组织两部分组成，总管专司内部钱粮、日常事务用度及宗教事宜，涉外刑杀征伐、司法民事、头人任免，基层政务则由土司衙门管理部署事务机构署理。

僧俗兼具、政教合一：此类型以拉卜楞寺为代表，其组织机构与

---

① 洲塔、乔高才让：《甘肃藏族通史》，青海人民出版社，2004，第 662~667 页；高士荣：《西北土司制度研究》，民族出版社，1999，第 200~203 页。

僧、俗土司各有不同，其组织由主持全寺事务的佛宫组织，负责属寺、属民民刑钱粮、涉外事务的教务会议组织，负责寺院宗教活动的座前会议组织构成，管理属 108 寺以及拉德、穆德、曲德、栓头部落。

（2）承袭方式。僧职土司：安多地区僧职土司与俗职土司一样，最基本的特征是家族世袭制。其承袭方式一为叔侄相传单一僧官体系，其以僧官为单一身份在家族内承袭，领有僧众、族民，行使一方政教之权力；另一为僧俗兼具的双重家族统治体系，亦即"兄为土司，弟为僧纲，如遇独子两职兼"。

俗职土司承袭方式一为家族内部子嫡传承，二为子侄传承，三为兄终弟及，四为借职承袭（杨复兴之母杨守贞、庄浪特氏等）中央册封。

政教合一家族血缘传承的土司制度，随着教派力量的整合与宗教力量的膨胀，远远无法适应宗教势力的发展，于是就产生了有利于宗教首领集团稳定的新的传承方式——活佛转世制度。但无论是僧职土司、俗职土司或是政教合一的寺院，其传承的法理性根源均为中央政府的承认与册封。

（3）职份划分。僧职土司主要处理寺院及其宗教事务（如禅定寺四大行政管理机构：显宗哲学管理机构、密宗续部学院管理机构、天文历算学院管理机构、法舞学院管理机构以及密宗、显宗和天文历算三大学院），征收寺院属地租赋，处理辖区教民民事纠纷。

俗职土司的国家职能，作为民族地方行政体制的补充，土司充当着国家行政功能，随时听国家"征调、守卫、朝贡、保塞之令"[1]，具有国家与民族担当；地方职能，管理属民、处理民刑、征收钱粮、分派徭役；宗教职能，作为甘肃地区俗职土司，其与宗教有着紧密的联系，他们希图利用宗教的神灵，来为土司家族世代承袭的特权服务。其中最甚者，莫过于控制寺院，将自己家族的世袭渗入寺院住持的传

---

① 张廷玉等撰《明史》卷 72《职官一》，中华书局，1974，第 1753 页。

授中去，使这一家族因这双重职能分为两个系统。[1] 但此类土司中有时亦有"土司得兼僧纲，政教合二为一"的特殊情况。[2]

政教合一型宗教功能，其宗教功能与僧职土司相当，但其同时具有政治功能（非政权功能），拥有自己的教区属地、教民，并在其内发挥着地方政权的职能，但其政权的职能源自宗教的背景，为地方约定俗成而被默认，但于现代政治体制内缺乏存在的法理性。

2. 经济构成

僧职土司存在的经济基础与其所处的时代背景、地域环境有着紧密的联系，首先其产生于元明时期的农奴制经济，与其所处的游牧抑或半游牧经济形态相适应，其经济支撑主要来自政府衣单口粮供给，信徒布施不纳正供钱粮的香田、纳马地以及依托寺院进行的经济活动。

俗职土司：甘肃俗职土司主要集中于农耕区或半农半牧地区，经济形态以封建制为主，但同时存在一定的人身依附关系，其土地主要有土司领地（衙门田）、头人封地（户世田）、属民份地（兵马田），其主要经济支撑一部分来自政府"岁俸"，大部分来自对具有人身依附关系属民的盘剥。

政教合一：拉卜楞寺寺院经济主要有，地产以及嘉木样、学院大小活佛、僧侣布施与寺属商业、放贷经济。[3] 其地产来源主要渠道是地方政府封赏赐额、信徒供奉（河南亲王），教区土地悉为寺院所有，只准农民租种，若以地权论，是为寺院所有，若以制度论，实为永佃田。[4] 其经济来源主要通过对具有典型的农奴制、封建制以及半农半封

---

① 〔意〕图齐：《西藏中世纪史》，李有义、邓锐龄译，中国社会科学院民族研究所民族史室、民族学室，1980，第32页。

② 杨复兴：《安多藏区卓尼四十八旗概况》，甘肃省档案馆，资民政216。

③ 李式金：《拉卜楞之商业》，《边政公论》第4卷第9~12期，1945，第44~47页载：年拉卜楞寺输出货物总量1607650元，输入840102元。

④ 陈圣哲：《拉卜楞经济概况》，《甘肃贸易》第3、4期，1943。

的经济关系的拉德（与寺院存在依附关系）与穆德（与土官、头人存有依附关系而与寺院无人身依附关系）的盘剥获得。

### 3. 文化构成

宗教文化，宗教是僧职土司、政教合一制度存在的根本，故而此类土司尤重宗教之宣化控制，相对俗职土司，其亦需要宗教来麻醉属民，巩固统治，故而在甘肃涉藏地区土司，均通过各种途径强化宗教意识形态作用，以维护其统治。

民族文化，是各民族在其历史发展过程中创造和发展起来的具有本民族特点的文化，包括饮食、衣着、住宅以及语言文字、科学艺术、哲学宗教、风俗节日等物质文化和精神文化。作为民族文化一部之甘肃土司制度，分隶藏、土、回、汉等不同民族，并以各自民族背景为依存。

国民文化，无论是僧职土司、俗职土司制，还是政教合一体制，均为国家政治制度的有效补充，其在维护自身利益的同时，亦须置身国民环境，完成国家民族的历史担当。因此甘肃土司在保有自身宗教文化、民族文化的同时，亦融入国家文化调适之中，他们读书应试登科，逐步适应大国家文化之需要。

### （二）民国政府之改革

民国政府甘肃"改土归流"，切合甘肃民族地区社会环境及历史传统，于僧职土司、俗职土司、政教合一体制中各有不同，同时又依不同地域、民族族别呈现自行改流、地方政府强制改流、省政府羁縻改流三种形式，其改土归流主要集中于政治、经济、文化层面，于不同时空环境下呈现不同的特点。

### 1. 政治领域

民国甘肃"改土归流"政治领域改革主要表现为政策制定、政体变更、事权划分、承袭方式及区划厘定等方面。

（1）政策制定。宣统三年（1911）民政部曾经提出"改土归流"，但以"从未变革，似须审慎办理，由该省督抚及边务大臣，酌拟改流办法，核议施行"①，北京政府初期，袁世凯与赵秉钧商议边疆"改土归流"事宜，但最终以袁世凯对于改流异常慎重，故俟日后条件、办法成熟再交部议。② 1929 年 7 月蒙藏委员会在《蒙藏委员会施政纲领》中就蒙藏地区施政中提出：改革各盟公署旗札萨克府及土司，废除奴隶制度，实施全民政治。③ 国民政府成立后，提出"改土归流"动议：现行制度，各省政府以下，仅有县市政府，及预备设县之设治局，此外一切特殊制度，均应渐次废除，以期政令统一。④ 并规定嗣后如有呈报土司补官袭职之事，勿遽核准。行政院指令甘肃省政府实行"改土归流"以符现制而杜后患，饬令甘肃省政府绘具图册，填表呈报，制定"改土归流"计划。

1912 年 8 月，甘肃省议会以封建制度非民国所宜，拟请仿照云南、四川成案一律改土归流。⑤ 但遭到土司强烈反对，加以外部环境动荡，省政府以滞碍难行，置诸高阁。1912 年 11 月，甘省议会拟请暂行停止喇嘛寺院衣单口粮，倘番僧有愿习汉文者，以衣单口粮作为奖品。⑥ 1913 年 10 月，省议会正式议会根据前案请先停发各土司岁俸。⑦ 自 1913 年起，政府停止了土司"岁俸支银"制度，实际上是否认了土司制度及土司任职的合法性。国民政府"改土归流"动议提出后，甘肃省民政厅指令地方就辖境内土司事务进行调查，具呈内政部，拟订组织规程、建设市镇、广立民众学校、厉行强迫教育、编户升科，全面展开甘肃民族地区"改土归流"政治进程。

---

① 《民政部奏准改土归流官折》，《地学杂志》第 2 卷第 15 期，1911。
② 《袁总统拟改土归流》，《民谊》第 5 期，1913。
③ 《蒙藏委员会施政纲领》，载中国第二历史档案馆编《国民党政府政治制度档案史料选编》下册，安徽教育出版社，1994，第 411~412 页。
④ 《撤销青海省土司改土归流》，《江苏省政府公报》第 843 期，1931 年 9 月 12 日。
⑤ 《省议会提议改土归流案》，载慕寿祺《甘宁青史略》正编卷 27，兰州古籍出版社，1990，第 19 页。
⑥ 《马安良请愿省议会拟停甘青各寺院喇嘛口粮衣单》，载慕寿祺《甘宁青史略》正编卷 27，兰州古籍出版社，1990，第 33 页。
⑦ 《冬十月议会请停各土司职俸》，载慕寿祺《甘宁青史略》正编卷 28，兰州古籍出版社，1990，第 9 页。

（2）政体变更。行政体制方面，自行改土归流与强制改土归流者，民归国家，权隶政府，纳粮应差，并受县长领导监督，自于现政一同。僧纲虽有香火土地，但为少数，皆向县政府纳有一定粮赋，故其自动向县政府改请归流。此类僧俗土司地面狭小、人数无多，且多杂处，即行改革，自无困难之点。但于羁縻改土归流地方，其僧俗土司户口较众，辖境辽阔，所属不仅土民，语言习俗，多与内地相殊，且又有一定军事实力，故而其改土归流于体制上却呈现不同。夏河县政府直属甘肃省政府，属员 14 名，经费 121500 元，拉卜楞保安司令部直属甘肃省政府，属员 36 名，经费 400000 元，编制经费均远远高于夏河县政府。"拉卜楞保安司令部，名义上直辖于甘肃省政府，然而事实上该部军官位多半是寺院里的僧官，谁也不能否认这是拉卜楞寺的武力组织"，"各番总办和保安司令，必须通过寺院里'列里瓦'僧官的关系，才能充分地指挥拉卜楞附近的部落的藏民及其武力"。① 卓尼改流后在行政组织上出现"洮岷路保安司令部→三团部→四十八旗→总管→头人→户"与"卓尼设治局→乡（镇）→保→甲→户"两个系统。

卓尼、拉卜楞改土归流的不彻底性，在于传统政治生存的社会基础并无大的更张，故而设治以后，甘肃省政府方面计划推行保甲制度，以期动摇此传统政治之根本。1936 年开始，将原有部落、村落分别改为乡和保，而乡长和保长按原来部落头人、土官或寺院内派驻的官员来担任，形成了在县管理下的乡、保、甲、户。对于甘肃民族地区传统政治而言，基层社会是为其存在的重要条件，传统政治改流与民族社会改造，需要经济、文化领域的跟进。

（3）事权划分。自行改流与强制改流者，改土后各地土官、寺僧、总管、头人等，事权职务与保甲制度相当，除声名恶劣者不予录用外，余则择优录任。1933 年甘省计划改流后，资堡拟将胥土司改为临潭县某区区长，着逊杨土司永隆为临潭县某区某乡乡长；1946 年，

① 明驼：《拉卜楞巡礼记》，载甘肃省图书馆编《西北民族宗教史料文摘》（甘肃分册），甘肃省图书馆，1984，第 348~352 页。

资堡土司昝振华和卓逊土司杨万青被任命为同仁乡正副乡长。① 永登县连城土司鲁承基，前经该县长安熙轩呈改为连城保卫团司令，仍受县长指挥监督。羁縻改流者，于事权上逐渐呈现军政教合一的趋势。博峪事变后，卓尼设治局局长由省政府委派与黄正清、鲁大昌无关人员充任，并兼代洮岷保安副司令，其团长等职，由该司令另案请委。设治局长"指挥部队之权。并酌予组织自卫武力，强化施政力量，即使驻军他调，亦可资以镇慑地方"②。同时任命杨积庆次子为禅定寺僧官，中央俾以护国禅师衔。拉卜楞寺方面，行政院 1937 年第八八九号任命黄正清叙授为都领。1934 年国民政府颁赐五世嘉木样"辅国阐化禅师嘉木样呼图克图"册印，1937 年，国民政府加赠嘉木样五世以"辅国阐化正觉禅师"称号。③ 与此同时，甘肃省政府聘请五世嘉木样为省政府顾问，黄正清、杨复兴为藏族国大代表。

（4）承袭方式。民国初年，对于那些承认共和，服从民国的王公贵族一律承认其原有的特权，"在地方制度未经划一规定之前，蒙藏回疆应办事宜，均各仍照向例办理"④，故而民初甘肃土司承袭一仍旧制，永登县长呈报红山堡土官指挥佥事鲁服西病故，省府援例所有佥事职务以鲁氏陈晓云暂行护理。⑤ 但 1930 年内政部指出"嗣后各省政府，如有呈报土司补官袭职之事，并请勿遽核准"⑥，逐步废除传统政治制度，以谋改革，而昭划一。虽则于（卓尼禅定寺）丹珠呼图克图，阐教护国，克绍宗传，着给予辅教普觉禅师名号，用示优隆，⑦但于实际中逐步把僧俗土司纳入政府管辖监督范围，使其丧失世袭传

---

① 陆泰安：《安多藏区的圣地——卓尼》，载甘肃省图书馆编《西北民族宗教史料文摘》（甘肃分册），甘肃省图书馆，1984，第 433~434 页。
② 《贺耀祖致蒋中正电》（1937 年 11 月 6 日），甘肃省档案馆藏：15-7-237。
③ 洲塔、乔高才让：《甘肃藏族通史》，青海人民出版社，2004，第 452 页。
④ 陆纯素：《袁大总统书牍汇编·政令》，广益书局，1914，第 9 页。
⑤ 《甘肃省政府秘书处办事报告》，《甘肃省政府公报》第 1 期，1928 年 1 月 6 日。
⑥ 《咨部撤销青海省土司改土归流》，《江苏省政府公报》第 843 期，1931 年 9 月 12 日。
⑦ 《蒙藏委员会关于授予丹珠呼图克图辅教普觉禅师名号致甘肃省政府咨》，甘肃省档案馆藏：4-1-360。

承的法理性，成为地方政府机构中的一部分。

（5）区划厘定。改土归流，编练保甲，以不变更各该县地域旧有之范围为原则。但于实际操作过程中难以拘于程式。自行、强行改流者，地归政府，印信收回，临洮卫赵土司（赵柱）改土归流后划归狄道县管辖①，抑或打破土司原有地域，分属周围各县。资堡昝土司、卓逊土司等处改土归流，土司所辖地区和马奴寺僧纲部落其他僧纲管辖地区合并，由临潭县政府设为同仁乡。羁縻改流者，情况不一，若卓尼杨土司，改流之后，由过去平均长度400里渐缩至百里以内，乃至三数十里不等；而拉卜楞寺原隶循化厅，改土设治后为甘省辖境，寺属宗教范围，扩展为3255方里。② 除原有十三庄地区外，将原属循化县的甘加、黑错和临潭的美武、嘉木关等地，还有欧拉、阿木去乎、沙沟、多哈尔等17个部落地方都划归拉卜楞，这些地区的部落和属民也由拉卜楞管辖，拉卜楞的面积比原来扩大了一倍。

2. 经济领域

1912年11月，马安良拟请暂行停止6320名喇嘛僧人岁支衣单口粮一万零五十三石四斗六升七合二勺，口粮衣单银652两3分9厘，香火银650两，青海各王台吉共喇嘛岁支俸银9300两。③ 1913年3月，甘肃省议会停发各土司岁俸常年应共支银852两8钱2分④，改由地方政府于土司私产内，拨给赡养粮地⑤，或省政府界以名义，给予月俸。⑥

土司制度改革在于根本之动摇，故而其经济基础改革尤为重要。

---

① 《呈省政府呈核议赵土司地亩仍归狄道县改土为流》，《甘肃财政旬刊》《公牍》第1期，1927，第17~23页。

② 张丁阳：《拉卜楞设治记》，《新西北》第1~2期，1941。

③ 《马安良请愿省议会拟停甘青各寺院喇嘛口粮衣单》，慕寿祺：《甘宁青史略》正编卷27，兰州古籍出版社，1990，第33页。

④ 《冬十月议会请停各土司职俸》，载慕寿祺《甘宁青史略》正编卷28，兰州古籍出版社，1990，第9页。

⑤ 《令民政厅据呈连城改土归流及设治办法着遵指示办理》，《甘肃省政府公报》第2卷第39~42期，1933。

⑥ 顾颉刚：《西北考察日记》，甘肃人民出版社，2002，第212页。

国民党在八中全会通过决议，"对于边疆各民族一切设施，应培养其自治能力，改善其生活，扶植其文化，以确立其自治之基础。对于边疆各民族一切设施，以为当地土著人民谋利益为前提"[1]，为此在《西北建设论》中建议在甘肃拉卜楞以及洮西地区设立企业公司，积极改良或推进藏区的农业、畜牧业、林业等的发展，利用当地原材料进行畜牧产品加工制造，鼓励民族间贸易发展，进一步开发农作物种植面积，尽可能地运用合作的方式发展当地的民族工业。[2] 通过经济产业建设，改变甘肃民族地区经济结构及社会分层。

表 9-1 甘肃南部各县农村社会阶层分布

| 县别 | 自耕农（%） | 半自耕农（%） | 租耕农（%） |
|---|---|---|---|
| 岷县 | 42 | 37.5 | 20.5 |
| 临潭 | 72.2 | 25.3 | 2.5 |
| 卓尼 | 57.3 | 32.9 | 9.8 |
| 夏河 | 2.7 | 3.1 | 94.2 * |

*夏河之地，多归拉卜楞寺所有，农民自力开垦土地，权归寺院。

资料来源：王志文《甘肃西南部边区考察日记》，甘肃省银行经济研究室，1942，第 54 页。

经济结构的改变及其所致农村社会阶层的分化，传统政治制度下人身依附关系的瓦解，从根本上动摇了传统政治体制存在的经济基础。

3. 文化领域

民族文化改造与国民文化建设。民族传统政治的存在根植于民族传统文化、民族传统经济、民族传统社会，传统民族文化领域，清朝时期，政府开始运用行政手段介入民族传统文化的国家化改造，乾隆十二年（1747），中央对甘肃僧职、寺院进行整理，逐渐把其纳入国家政治控制轨道。其"输粮供役，与民无异。俊秀读书，亦应文武试，登科目立功名，为国家大臣"，以致其"与民厝杂而居，联姻结社，并有不习土语者"[3]。

---

① 张廷休：《国防建设中之边疆教育》，《教育通讯（汉口）》第 4 卷第 22 期，1941。
② 徐旭：《西北建设论》，中华书局，1944，第 84~86 页。
③ 杨应琚：《西宁府新志》卷 24《官师志·土司附》，台北，文海出版社，1966，第 882 页。

民国以后，在甘青民族地区增设现代教育体制，设立职业学校，引入域外先进的畜牧技术，力图以现代的科学文化开发民智，根植现代国民意识。故甘肃省教育厅在夏河等县设藏民小学三所，夏河县政府规定：头目人有调查学龄儿童劝导入学之义务，藏民每家有儿童两个须送一个入校，有儿童四个须送两个入校，头目人调查不确切或劝导不力者，由教育局报请县政府告诫之，对于本办法推进倘有捣乱或阻挠者得由教育局呈请县政府严厉处分之。①

西北地区是多民族地区，宗教信仰比较普遍。在促进社会教育发展的同时，国民政府也注意到宗教教育的加强。1940 年 7 月，教育部公布《改进边疆寺庙教育暂行办法》，要求边疆民族地区各喇嘛庙或清真寺应视地方需要及寺庙经济能力，附设民众教育馆、阅报室、民众学校及各种补习学校，举办通俗讲演及识字活动等；还要求寺庙在举行盛大典礼或法会时，与当地教育行政部门配合，举行座谈会、文物展览会、放映电影或幻灯等。② 并在西北地区成立了宁夏阿訇教育国文讲习所、青海喇嘛教义国文讲习所、卓尼喇嘛教义国文讲习所。

国民政府于甘肃民族传统社会改造，根本上动摇了土司制度存在的基础，为了维护既有利益，民族地区传统政治力量开始谋求政治、经济、文化应对，并于一定层面上影响了民国甘肃民族地区传统政治"改土归流"的进程与民族社会发展。

## 第四节　传统力量政治应对及地方与中央调适

民国甘肃民族地区传统政治"改土归流"及传统民族社会改造，遭到来自地方政治、经济、文化领域内之反对，同时亦面临来自社会底层与各级政府的多重压力，但最终却迫使民族地区政治力量于传统

---

① 《甘肃夏河县实施强迫藏民教育办法》，《开发西北》第 4 卷第 5 期，1935。
② 中国第二历史档案馆编《中华民国史档案资料汇编》第 5 辑，第二编教育（二），江苏古籍出版社，1997，第 95 页。

与现代、民族与国家、地方与中央之间重新做出调适，一定程度上促进了甘肃民族地区社会现代化历史进程。

## （一）传统政治之应对

1. 对抗

（1）直接对抗。1912 年初甘肃省临时省议会议决改土归流案，但遭到土司强烈反对，省政府以窒碍难行，置诸高阁；1926 年西宁县农会会长蔡有渊等，以土汉人民义务不均，将土司李佩霖呈控于甘肃省政府，呈请改土归流，但遭到西宁土司反对，呈请中央政府，将土司制度易名号而不轻事改革。①

（2）间接反对。在政治方面，卓尼改流前，杨积庆不愿放弃卓尼及其附近地区的统治权，所以历年甘肃省当局虽经迭次计划在卓尼及其附属地区设治，他却表示自己愿意担任番区专员，他明知此路不通，却正面提出做不通的办法来，借以延缓设置计划的进行②；"博峪事变"后，黄正清建议："拟请令由四十八旗推举素有声望，于军、政、教三者足能措置、且为人民所信仰者一人，假以名义，使其暂为维持，以杜异念而固边防。"③ 实则亦为假地方以缓改流。

在经济方面，政府厉行改土归流政策的趋势使传统政治势力深感威胁，其赖以生存的"兵田制度"有朝一日必将废除，所收的土司兵粮，必将划归设治局经营，至于寺院租粮，也许还可以援着洮州圆成寺、阎家寺等处由"寺收租由县收粮"的成例，保有大部分租益，而这部分僧粮佃户，亦可借以规避政府兵役。因此杨复兴令经管名下的兵粮佃户，慢慢地都进行改领丹珠呼图克图经管名下的僧粮朵书④，以此保留土司衙门的经济利益。

---

① 《青海省土司李承襄等呈请将土司制度令易名号不轻事改革文》，载米海萍、乔生华辑《青海土族史料集》，青海人民出版社，2006，第 133 页。
② 明驼：《卓尼之过去与未来》（上），《边政公论》第 1 卷第 1 期，1941。
③ 《黄正清致贺耀祖电》（1937 年 9 月 14 日），甘肃省档案馆藏：15-7-233。
④ 明驼：《卓尼之过去与未来》（下），《边政公论》第 1 卷第 2 期，1941。

在军事文化方面,临洮卫世袭指挥使司赵柱,在张兆甲、孔繁锦等破坏革命扰乱后方时,从中附乱。[①] 新式学堂的设立及外部文化输入,传统文化面临着现代文化的挑战。(黑错)喇嘛深知新式教育发达则子弟出家者必日少,将危及寺院前途,故频施打击,学生之穿制服者恒夺而撕之。[②]

2. 输诚

(1)拥戴示忠。西安事变后,黄正清电南京蒙藏委员会委员长,今后如何设施,请示方针。[③] 当事态明朗之后表示,又表示要:"谨率僧三千,已于元日为委座祈祷,甚盼委座早日脱险。"[④] 除了"为蒋公祈祷外,愿率甘青川康边区数十万藏族民众,做中央后盾,誓诚拥护政府,营救蒋公早日脱难"。[⑤]

(2)国家担当。西北民族地区传统土司,于国家、民族事务中具有一定的使命担当,故而其通过积极参与地方及国家事务来向外界传输自己的国家属性。1926年10月,甘肃督军刘郁芬,命土司杨积庆修筑松潘至卓尼公路,他派500人参加,年底完工通车。1928年,马仲英河湟起事,刘郁芬以"临岷屏蔽于西南"为由,委卓尼土司杨积庆为洮岷游击司令,堵截马仲英。庄浪土官土军世袭掌印指挥使鲁承基亦率团御匪(马仲英),保全地方。[⑥] 抗日战争爆发后,拉卜楞寺到重庆献飞机30架献旗并拥戴"民族领袖",拉卜楞黄正清电请中央"率十余万藏民誓作后盾,并在中央指导下,愿效前驱"[⑦]。

3. 挟重

(1)借外力。西宁县民呈请改流,土司于中央呈文中提出,若取

---

① 《狄道县赵土司所辖境内事务调查表》,《内政公报》第2卷第8期,1929。

② 顾颉刚:《西北考察日记》,甘肃人民出版社,2002,第234页。

③ 《拉卜楞黄司令电》,《蒙藏月报》第6卷第6期,1937。

④ 《拉卜楞嘉木样呼图克图电》,《蒙藏月报》第6卷第6期,1937。

⑤ 《拉卜楞黄司令及果洛三族千户等电》,《蒙藏月报》第6卷第6期,1937。

⑥ 《令管束庄浪土官土军世袭掌印指挥使鲁承基呈为前因地方肃清呈请给奖励一案迄今未奉明令兹录前呈并姓名表请分别给奖由》(1930年5月26日),《甘肃省政府公报》第20~21期,1930。

⑦ 《甘省拉卜楞黄司令电请中央明令出师》,《边疆》第3卷第1~2期,1937。

消土司，则"不但虎视西北之英、俄帝国主义肆行无忌，即蒙藏各土司亦将有兔死狗悲之感"①。

（2）借地方。为了维护自己的统治，土司家族必然要借助于宗教的力量，收揽人心。于是他们迎像、度僧、立寺、建塔，广作佛事，希图利用宗教的神灵，来为土司家族世代承袭的特权服务。其中最甚者，莫过于控制寺院，将自己家族的世袭渗入寺院住持的传授中去。② 当 1940 年嘉木样五世从西藏返回后，进一步完善了寺院政教事务管理机构，其宗教势力反得到进一步扩充。在其向中央政府的呈文中，亦一再强调"谨率僧三千""谨率甘青川康边区数十万藏族民众""率十余万藏民誓作后盾"。其意无非挟地方自重，以期传统政教合一体制的延续。

### （二）地方与中央调适

#### 1. 传统与现代并存

（1）军事体制。永登县连城土司鲁承基，将该土司名义取消，改为连城保卫团司令，仍受县长指挥监督。"博峪事变"后，田昆山与卓尼各旗总管反复磋商，原则上就临潭县长暂代卓尼设治局局长一职，但同时亦不得不接受"洮岷路保安司令一职，因全番信仰所系，非以杨积庆次子杨复兴暂代不可"的事实。③ 最初为寺院所属的"拉卜楞番兵司令部"，到 1933 年 12 月 26 日改为"拉卜楞保安司令部"，直属甘肃省政府领导，其编制、规模、经费远远超出了同隶甘肃省政府的夏河县。

（2）政治体制。改土归流后，羁縻方式改流部分土司制度实际仍存，1941 年 6 月 26~29 日，黑错保安行政会议召开，与会人员有"监察使高一涵，省委赵龙文，专员胡公冕，保安司令黄正清，以及夏河、卓尼、临潭三县局长与县党部书记长等。藏民方面，寺院由活佛，襄

---

① 《青海省土司李承襄等呈请将土司制度令易名号不轻事改革文》，载米海萍、乔生华辑《青海土族史料集》，青海人民出版社，2006，第 134 页。
② 王继光：《安多藏区僧职土司初探》，《西北民族研究》1994 年第 1 期。
③ 《田昆山致贺耀祖电》（1937 年 9 月 16 日），甘肃档案馆藏：15-7-2351。

左等，部落有土官、土司、谷曹、温布、更查保、当哇、总管、头人、压床、郭哇、头目、僧正、业力哇、都刚司等一共有二百余人”①。改土后的甘肃民族地区，一方面存在省—县—设治局—保—甲，另一方面亦同时存在省—保安司令部—部落、寺院头人—户的局面。改土归流中甘肃省政府试图建构省—县—保—甲制度，以之消化吸收传统部落头人—户结构，但于实际建设中遭到民族地区上、下层抵制，在基层政权改造建设过程中面临层层阻力，在实际运行中却处处受到传统体制的掣肘，形成了如下所述局面。

> ……因循守旧的观念相当严重……因为卓尼杨土司世袭统制了数百年，藏民也习惯了他们的土司制度，但杨土司也受上级管辖……把杨复兴比作藏民的父亲，您管着杨复兴就如同藏民的阿爷一样。②

### 2. 民族与国家取舍

改土归流之后，传统政治面临着政权危机。改流后北山的“竹娃”们，曾经几次和催缴粮草的班役发生冲突……后来决定小事由各旗部落会议来解决，大事却推洪布麻周作首领来主持，他们的政治中心，似乎慢慢地由卓尼而移向北山的恰盖寺去了。洮河上游出布、车巴沟、他咱各旗地方，亦各自凭自己的多则一二千、少则三五百的人枪马匹很想自己站起来。③

杨土司的势力圈的半径平均长度已由 400 里缩至百里以内，乃至三数十里以内。一切诉讼案，小事各旗自行调解，大事就向洮州、岷州、兰州以至西安、重庆，司令部的门庭冷落了许多。故而在卓尼、

---

① 马无忌：《甘肃夏河县藏民调查记》，夏河县档案馆馆藏油印本。
② 李宗宪：《也谈国民党的保甲制度在插岗的破产经过》，载中国人民政治协商会议甘南藏族自治州委员会文史资料委员会编《甘南文史资料》第 8 辑，1991 年印，第 134～135 页。
③ 明驼：《卓尼之过去与未来》（上），《边政公论》第 1 卷第 1 期，1941。

拉卜楞传统政治面临权力丧失的局面，不得不在民族与国家之间做出选择，以谋求统治延续。

（1）增加传统政治的现代国家属性。杨复兴向蒋介石提出上陆军大学深造的要求，得到了蒋介石的首肯。这一举动的目的是很明显的，他虽然冠有洮岷路保安司令的头衔，但从他的实力来看，在国民党政界、军界和官场中只是一个徒有虚名的"流外"官，处处受到歧视和限制。[1] 因此转变传统身份，增加国家属性成为改革后传统政治力量的普遍选择。

（2）融入现代民族文化之观念。在民族大局之前，黄正清云，"我中华民族乃以五族合为一族，尚望内地研究等边区宗教文化建设致力于文化沟通之工作者，能够对我人多予帮助。嘉木样活佛对寺院宗教之改进，于僧俗研读佛学之外，复注重一般新的知识，设立学校，增设国文国语"[2]，创办国立拉卜楞喇嘛职校，开设纺织科、印刷、兽药等学科[3]，开设公民、国文、藏文、算术、常识、音乐、图画、体育、习字等，职业科目有纺织学、整理学、漂染学、理化及工厂实习等。[4] 卓尼亦设有喇嘛学校，寺中的喇嘛，8～15岁的，一律半日读经，半日读国语。有人到寺上参观时，许多小喇嘛都手里拿着一本国语书，在墙角屋檐下低头诵读。[5]

传统政治体制与现代政治体制的并存，传统民族观念与现代国家观念的调适，虽则于效果上制约着甘肃民族传统社会"改土归流"的进程，但最终在甘肃民族地区融入了现代政治气息，推动了甘肃民族地区现代化的历史进程。

---

① 杨士宏：《卓尼杨土司传略》，四川民族出版社，1990，第125页。

② 《拉卜楞代表觐见蒋主席》，《新中华》第3期，1944。

③ 《国立拉卜楞喇嘛职校近况》，《觉群周报》第32～33期，1947。

④ 阴景元：《国立拉卜楞寺青年喇嘛职业学校之展望》，《边疆通讯》第4卷第10～11期，1947。

⑤ 于式玉：《于式玉藏区考察文集》，中国藏学出版社，1990，第149～150页。

民国政府甘肃传统政治"改土归流"及民族社会的改造,逐渐打破了僧俗传统政治狭隘的民族、文化观念,现代政治体制下的民族、国家观念慢慢渗入西北民族社会,于传统民族观念、现代国家意识中形成了新的统一体,于甘肃民族地区形成了"读的中国书,说的中国话,我们不分任何界限。我们不讲狭义的民族。过去的畛域要它完全化除"局面。① 以至于范长江在宕昌看到"镇长为一完全汉化之藏人土司,他现已不自认为藏人,虽知其历史者,与之谈其过去统辖藏人情形,他亦作不乐意之回答"②。

虽然其于政教合一体制改革中存在一定的不彻底性,但通过"改土归流"对民族地区政治改造、社会建构、文化重塑,最终把现代民族、国家观念注入传统民族政治地区下层民众之中,使现代化洪流浸入西北民族社会各个角落,为之后西北政治、经济、文化现代化改造奠定了基础。

---

① 于式玉:《于式玉藏区考察文集》,中国藏学出版社,1990,第144页。
② 范长江:《中国的西北角》,新华出版社,1980,第40页。

# 第十章　盛世才新疆改土归流

新疆蒙古的札萨克制度是从清朝沿袭下来的，近代新疆北部游牧民族社会中，氏族组织仍然起到了十分重要作用①，经过杨增新时期和金树仁时期没有本质的变化，最终在盛世才时期被县制所取代。②盛世才时期通过"改土归流"，使新疆基层政权组织首次健全起来，基层行政建设与管理逐渐迈向现代化轨道。③民国时期新疆盟旗制度的废除，有利于边疆的行政统一，促进各民族经济、文化的交流和交融，是符合历史发展的潮流的，是进步的举措。然而，盟旗制度的废除也给当时的边疆稳定带来了一定的负面影响，尤其是在一个时期内导致了边防力量的空虚。④

对于盛世才新疆"改土归流"，学界多从近现代新疆政治角逐视野观察，由此所得结论亦见仁见智，褒贬不一。在此通过相关史料梳理，于前人研究基础上，从政治学、社会学、民族学等学科角度对盛世才新疆"改土归流"的缘起、过程、问题与本质以及历史走向等四个主要方面进行系统考察，揭示近代新疆民族地区现代化进程的内在规律及其与当代政治体制演变之间的关系。

---

① 吐娜：《论近现代新疆蒙古族社会组织》，《内蒙古社会科学》（汉文版）2012 年第 4 期。
② 《卫拉特蒙古简史》编写组：《卫拉特蒙古简史》，新疆人民出版社，1996，第 228 页。
③ 陈芸、张皓：《盛世才执政时期新疆区村制探析》，《西域研究》2011 年第 4 期。
④ 刘国俊：《民国时期新疆盟旗制度的废除》，《新疆地方志》2014 年第 1 期。

# 第一节 民初新疆社会变化与第三次
## 改土归流缘起

1932 年 1 月 26 日,金树仁以新疆省政府主席兼督办名义发布公告,哈密"改土归流"实际陷于停顿状态。之后新疆社会进入大动荡期,民族构成、政治组织、生产关系、社会关系亦随之而变,旧有的社会结构及其关系格局受到严重冲击。

20 世纪 20 年代初,全疆合计俄民之逃者其数不下 30 万人,俄罗斯人约有 2.5 万名①,哈萨克人总计不下 20 万人②,后经新疆地方政府与苏俄交涉,塔城方面留下俄罗斯人 5716 人,伊犁方面留下 1170 人。③ 1934 年,联共(布)中央政治局与新疆方面协商,把参加同马仲英战斗的白卫军移民到匹羌—齐克腾尔、兰乡斯克、喀喇沙尔—库尔勒等地区,而其家庭成员则定居在塔城和伊犁地区。④ 民国初期,新土尔扈特管家密亲王于 1913 年率领全部蒙民离弃布尔根河,投诚新疆。1934 年 6 月,察亲王奉新政府命令,将全部蒙民带赴焉耆,在满汗王地面居住,但尚有 160 家散流奇台、孚远、阜康、迪化各县,飘零寄活。⑤ 与此同时,新疆内部一批蒙古、哈萨克牧民于 1933 年至 1944 年因避乱及被迫先后逃亡甘肃安西、玉门、敦煌各县境留居。⑥ 伴随难民数量变化,民国新疆的人口结构亦为之而变。

---

① 〔英〕林达·本森、英格瓦·斯万博格著,陈海译、胡锦洲校《新疆的俄罗斯人是如何从移民成为少数民族的》,《新疆社会科学情报》1990 年第 10 期。

② 洪涤尘:《新疆史地大纲》,台北,正中书局,1935,第 204 页。

③ 杨增新:《补过斋文牍》癸集三,台北,文海出版社,1965,第 324 页。

④ 《联共(布)中央政治局会议第 8 号记录:新疆问题》(1934 年 6 月 9 日),载沈志华编译《俄国解密档案:新疆问题》,新疆人民出版社,2013,第 32 页。

⑤ 《督办公署就新土尔扈特部代表呈报该部蒙民生计困难事给省政府的咨》(1936 年 4 月),载新疆维吾尔自治区档案局、中国社会科学院边疆史地研究中心编《近代新疆蒙古历史档案》,新疆人民出版社,2008,第 364 页。

⑥ 《达瓦等为请接返避乱逃亡甘肃安西等地蒙民事致省政府的代电》(1948 年 3 月 9 日),载新疆维吾尔自治区档案局、中国社会科学院边疆史地研究中心编《近代新疆蒙古历史档案》,新疆人民出版社,2008,第 389 页。

　　1920 年前后，由于地震频发，水旱连年，再加上兵事不断，导致河西、青海农业区大量难民背井离乡。新疆七七政变之后，国民政府开始注意西北边疆问题。1930 年 8 月 20 日，行政院就加大西北移民实边"令新疆省政府遵照办理"①，1930 年 10 月 24 日，新疆省政府第五十八次省务会议决议接收一部分甘肃逃来难民安插垦辟荒地。② 1931 年 5 月 16 日，国民会议第八次会议通过"厉行移民政策"，移民新疆进一步加快。20 世纪初期，苏联远东中国侨民 111466 人③，1931 年九一八事变后，苏联政府认为在与伪满交界地区存在的大量中国人是不可控因素，将对国家安全构成威胁④，1936 年 4 月 7 日，联共（布）中央政治局通过清理中国人的相关决议。⑤ 后经国民政府交涉，1938 年 6 月 10 日，联共（布）中央政治局形成《关于迁移远东中国人》的新文件，准许中国人自愿迁往新疆。⑥ 新疆政府相关资料显示，经伊犁被遣返归国华侨 9000 余人，经塔城遣返归国人员 10000 余人，被政府就地安插在霍尔果斯、伊宁、察布查尔、精河及塔城地区。

　　国内外难民的进入，改变了新疆人口与社会的旧有结构，战争又从内部进一步加剧了此一结构变化。在哈密，农民或是被招募到争战者的双方军队里，或是遭到枪杀，或是逃跑在外，道路两旁出现了更多的农舍废墟和荒芜了的果园。⑦ 1933 年焉耆失守，右旗辅国公部属蒙民旧有积蓄、孳牲被匪全行抢劫，犹如席卷。不但牲畜受损，而全

---

① 《行政院公报·训令》第 180 期，1930。
② 《新疆省政府公报》第 7 期，1930。
③ Гравс В. В, Китайцы, корейцы и японцыв Приамурье//Трубы Амурской зкспебцчцц（Санкт-Петербург. 1912），с. 349-351.
④ Маленкова А.，"Политнка советских властей в отношении китайской диаспоы на Даильнем Востоке СССР в1920-1930-е гг,"Проблемы Дальнего Восмока，И4（2014），с. 129.
⑤ РГАСПИ，ф. 17，оп. 162，л. 19，л. 136.
⑥ АП РФ，Ф. 3. Оп. 58. д. 139. л. 106-107//Хаустов В. Н. и др，Россця ХХ еек Докуменмы：Лубянка Смалцн ц Глабное управленце еосбезопасносмц НКВД. 1937-1938，с. 539-540.
⑦ 〔瑞典〕斯文·赫定：《马仲英逃亡记》，凌颂纯、王嘉琳译，宁夏人民出版社，1987，第 27 页。

家数口被杀者有之。① 镇西蒙民自遭军事后，流离失所，避难远方，余者均疲衣枵腹，不能回庄。人口结构的变化，基层社会的破坏，都使 1930 年以后的新疆社会处于一个政治、经济动荡期。

1917 年 1 月 26 日，旧土尔扈特南部落札萨克盟长卓里克图汗布彦蒙库病逝，1923 年 1 月多布栋策棱车敏暂护札萨克印务。但多布栋策棱车敏把持札萨克盟长大政迟迟不予归还，与西里克和满汗王矛盾重重。为了制约多布栋策棱车敏，使其早日归还王政，西里克选择与多相背道路，力促南部落现代政治改革之推进。

旧势力之间的矛盾从内部削弱了传统政治的力量，而战争对经济的冲击，进一步动摇了札萨克王公制度的基础。堆牛旗郡王姜巴道尔吉、辅国公恭巴家境败落，一家十数口三餐不继，几成饿殍，情实可怜。② 在哈密，斯文·赫定看到聂滋尔的儿子像个普通平民一样生活，王宫的墙大部分已经倒塌，大火的痕迹遍布每一个角落，后宫除了几根被烧焦的木头之外，一切荡然无存，连果树都被连根拔掉。③

伴随着传统政治力量的衰落，新生政治力量开始在新疆民族地区崛起。1933 年初，尧乐博斯和马仲英翻脸，放弃吐鲁番跑回哈密，趁机强夺了白锡尔王的全部武器弹药。④ 对于白锡尔，尧乐博斯并不欢迎，千方百计加以排挤。白锡尔无奈，只好投奔鄯善苏把什的亲戚。这段时间，白锡尔一直在民间厮混。尧乐博斯服务哈密王府 20 多年，善汉语，曾两渡北平，充王翻译，在王府数掌兵符，故深山僻路，率

---

① 《和硕特右旗为请豁免三年牧税事致省政府的公禀》（1936 年 2 月 29 日），载新疆维吾尔自治区档案局、中国社会科学院边疆史地研究中心编《近代新疆蒙古历史档案》，新疆人民出版社，2008，第 361 页。

② 《恭盟长就救济王公事宜致省包主席的呈文》（1949 年 3 月 24 日），载吐娜主编《民国新疆焉耆地区蒙古族档案选编》，新疆人民出版社，2013，第 185 页。

③ 〔瑞典〕斯文·赫定：《亚洲腹地探险八年（1927-1935）》，徐十周、王安洪、王安江译，新疆人民出版社，1992，第 495 页。

④ 伊敏诺夫·伊拉洪：《尧乐博斯何许人也》，载中国人民政治协商会议新疆维吾尔自治区委员会文史资料研究委员会编《新疆文史资料选辑》第 13 辑，新疆人民出版社，1986，第 74 页。

皆熟悉，而且财富冠侪辈，故得当地民心。① 陈赓雅视察哈密时亦发现，其传统封建势力，仅存一息而已。缠族新兴统治力，已转向他一方面，王族一脉之专制，亦将"寿终正寝"。② 镇西遭军事后，大红山只剩有蒙民 20 余家，镇西老毛湖 10 余家。③ 后此 40 余家，该牧民众一切事务渐由二混子（汉人娶蒙古妇人者）阿由希办理，新土尔扈特堪布罗布桑巴拉丹、亲王察克得尔车林后一同致电省政府请委阿由士（希）为稽查，在蒙古王公的极力推荐下，1937 年 5 月，阿有喜（希）被委为新疆蒙古勒文化促进会镇西蒙古监察委员长。④ 新兴力量的崛起与旧制度的衰落，导致传统体制内部矛盾重重，旧有王公、札萨克制度已无力应对，怎样处理这些方面的矛盾与冲突，稳定地方，改善民生成为当时新疆省政府方面难以避开的现实。

进入新疆的哈萨克人，"治理地方，缉捕盗贼，殊多不便"⑤。精河县所属博罗塔拉地方，"汉缠回民往该处垦牧者年渐加多，伊宁县属东南托古斯塔柳一带地方，物产丰富，人口日繁，各种民族杂居，控制不易"⑥，扎克沁一部分蒙古族民原系来自他县，并无游牧范围，故而不能另设区。但随着户口生齿日增，垦牧渐繁，人类庞杂，治理难周，原有制度规模狭隘，不足以招致户门，抚辑边民，镇抚地方，巩固边围，处理外事。且旧日所设多为守土之官，非生财之官，每岁由公家筹拨数千金之经费。此种状况之下地方制度及时改进以资发展就提上了议事日程。

---

① 边惜：《关于哈密尧乐巴士消息琐谈》，《边疆》第 2 卷第 11 期，1937。
② 陈赓雅：《西北视察记》，甘肃人民出版社，2002，第 231 页。
③ 《哈密行署为请解决流离失所之蒙民回原地生息事致督办公署及省政府的快邮代电》（1937 年 3 月 21 日），载新疆维吾尔自治区档案局、中国社会科学院边疆史地研究中心编《近代新疆蒙古历史档案》，新疆人民出版社，2008，第 368 页。
④ 《罗布桑巴拉丹等为请委阿由士为稽查事致省政府的呈》（1939 年 9 月 28 日），载新疆维吾尔自治区档案局、中国社会科学院边疆史地研究中心编《近代新疆蒙古历史档案》，新疆人民出版社，2008，第 98 页。
⑤ 《内务部财政部会呈大总统会核新疆省布尔根河设治局改设县佐及托克逊地方添设县佐一案拟请照准文》（11 月 19 日），《财政月刊》第 8 卷第 85 期，1921，第 3~4 页。
⑥ 《军政部训令》总字第 201 号，1932 年 5 月 19 日，第 42~43 页。

新疆行政系统，省之下分为二：其一是道县制，其二是札萨克制，其札萨克各有封爵，世袭其位，对于所属人民有完全管理之权，其人民对于省政府不负纳税服役之义务。[①] 清末，政府逐渐把"命盗、钱债、田土、户婚、事故各案件"收归"局员察律办理"[②]，"一切词讼案件，概由官断审报"，对西、北边疆各部之传统体制，开始进行"变通"，逐步收回王府的司法、民事、税收等权力，加强中央政府的直接管辖，"以一事权"[③]。省县制之下新旧政治制度的冲突，伴随着民国新疆现代化进程的推进业已矛盾表面化，鲜有调和余地。而民国之后开始的难民安置与地方开发，更进一步加深了新旧政治制度之间的冲突。

入新哈萨克难民无地安插，新省方面以新疆旧土尔扈特北部落赛里山阴一带地方租为游牧[④]，但此批哈萨克难民"一直未能得到平等的国民待遇，他们在中国只能借地而没有真正属于自己的牧场"[⑤]，由外蒙古辗转到焉耆区的查亲王所部所拨之地，"惟游牧牲畜尚不敷用，而欲耕种却无余地可耕，是以民众日用生活实感困难。当时民众均皆饿腹，十家九贫……束手待毙之忧已达极点"[⑥]。大量外来人口进入，开荒安户一事尤为刻不容缓之图。为使蒙、哈、柯游牧民族生活日趋安定，并促进农牧业发展，增加生产，筹拨大量土地，并援助解决草场问题，已成当务之急。

新疆地处脊边，自协饷停止，各项实业亦未发达，历年开支巨万，尚能勉强支持者，除税课收入外，得田赋之力居多。[⑦] 1930 年，新疆

① 曾问吾：《中国经营西域史》下，商务印书馆，1936，第58页。
② 左宗棠：《左宗棠全集·奏稿七》，刘泱泱等校点，岳麓书社，2014，第523页。
③ 四川省民族研究所《清末川滇边务档案史料》编辑组：《清末川滇边务档案史料》下卷，中华书局，1989，第921~926页。
④ 《呈覆将阿尔泰归并新疆改区为道情形文》，载杨增新《补过斋文牍》丙集上，台北，文海出版社，1965，第762~770页。
⑤ 王希隆、汪金国：《哈萨克跨国民族社会文化比较研究》，民族出版社，2004，第142页。
⑥ 《蒙族代表孟库吉日格拉为请准借款以维生计事致省政府的呈》（1935年4月30日），载新疆维吾尔自治区档案局、中国社会科学院边疆史地研究中心编《近代新疆蒙古历史档案》，新疆人民出版社，2008，第359页。
⑦ 《呈请添设七角井县佐文》（1918年2月23日），载杨增新《补过斋文牍》丙集下，台北，文海出版社，1965，第884~887页。

省政府改治委员会对哈密地区土地情况进行调查，回王和礼拜寺占有哈密全部熟地的百分之六十以上，王府大小头目占地约百分之二十五，而占人口百分之八十五的农民仅有不足百分之十五的耕地。① 库尔勒地方为焉耆最繁富之地，其附近村庄粮赋居县之大半。但地亩向归蒙王所属。② 大量耕地集中于札萨克王公之手，由此所致地方官员对于已垦、未垦之地应如何丈量调查及年度额粮如何规定、征收无法推进。1930年底，新疆财政厅制定惩罚措施：（田赋征收）逾限期半月者记大过一次，一月者记大过两次，一月以上至二月者记大过三次，照章扣俸。③ 怎样在旧有体制制约之下以增国赋成为新疆省政府地方官员绕不开的棘手问题。

新疆蒙古部落以游牧为主，但20世纪30年代以后，此种状况开始变化。1934年2月21日，北部落夏律瓦到塔城购买耕牛，1936年7月27日新土尔扈特部因生活没有着落，恳请督办公署回阿山原牧地耕种度日。④ 焉耆、和靖、和硕三县、局现有之蒙古族民众实行开垦从事农业者约占整体蒙古族百分之三十。⑤ 在新政府发展农业、扩大春耕口号下，一般蒙民渐知农业需要，多开渠耕种，也有召集他族人民开垦伙种及租种，分劈收获者。⑥ 同时·部分蒙古牧民由于债务、天灾或其他原因丧失了牲畜，以游牧再不能维持全家生活，逼使自己耕种；其他有羊群的牧民，将自己大块土地伙种给佃户，抽其中一

① 聂一鸣：《哈密回王府兴衰》，《哈密市文史资料》第2辑，1988，第163页。
② 《和靖县政府为已垦、未垦地亩如何丈量致于行政长的呈》（1939年12月31日），载吐娜主编《民国新疆焉耆地区蒙古族档案选编》，新疆人民出版社，2013，第114页。
③ 《呈请勒限令催各县造赍十九年厘正地亩简明表一案由》，《新疆省政府公报》1930年第11期。
④ 《尼玛等为请将该部落蒙民迁回阿山原牧耕种事致督办公署等的呈》（1936年7月27日），载新疆维吾尔自治区档案局、中国社会科学院边疆史地研究中心编《近代新疆蒙古历史档案》，新疆人民出版社，2008，第249页。
⑤ 《省政府就焉耆行署复报蒙族区、村公所经费及区、村长待遇等事给财政厅的训令》（1942年5月10日），载新疆维吾尔自治区档案局、中国社会科学院边疆史地研究中心编《近代新疆蒙古历史档案》，新疆人民出版社，2008，第268页。
⑥ 《和通县政府就蒙古族占有土地情况致于行政长的代电》（1939年7月3日），载吐娜主编《民国新疆焉耆地区蒙古族档案选编》，新疆人民出版社，2013，第106~107页。

部分土地自耕。① 在耕作观念冲击之下，焉耆区和硕特全牧头目及民众等意欲耕种地亩，以求生计。② 随着生产方式的逐渐改变，蒙古族民众对土地之所属、认识亦日渐觉醒，和靖由山里来到七棵星、赛布湖地方200多人，声言划分地亩，请派员前往分给，以便耕种。③ 下层蒙古族民众中土地私相收售开始出现，民间租地纠纷日渐增加。新疆省政府方面不得不于1943年5月15日出台《新疆省蒙族采地租佃办法》，对日益增多的土地买卖、租地事宜进行政策性规范。

从人口结构到政治构成，从生产方式到生产观念，无不从根本上动摇着传统政治体制，标志着一个体制变革的到来。为了应对此一日益严重的边疆危机，新疆方面加快了地方民族社会整合的历史进程。围绕着新县制为核心的"改土归流"已是迫在眉睫。

## 第二节　盛世才新疆改土归流工作的过程

盛世才时期全省人口400余万。④ 据1942年统计，新疆全省耕地内的人口密度每平方千米为283人，新疆耕地内人满为患的情形和四川相仿。⑤ 故此盛世才"改土归流"首要处理难民、部民之民生问题，彼时之新疆，民之生存，概以土地为中心。

因此怎样筹拨大量土地，援助解决草场问题，使蒙、哈、柯游牧民族生活日趋安定，并促进农牧业发展，其核心涉及旧有土地制度及其物权关系的划分。哈密方面，刘应麟、尧乐博斯组成清查田赋委员会，不

---

① 《和靖全县情况》，载吐娜主编《民国新疆焉耆地区蒙古族档案选编》，新疆人民出版社，2013，第345页。
② 《和硕特右旗为请豁免三年牧税事致省政府的公禀》（1936年2月29日），载新疆维吾尔自治区档案局、中国社会科学院边疆史地研究中心《近代新疆蒙古历史档案》，新疆人民出版社，2008，第361页。
③ 《和靖县政府将牧民要求划分地亩的文转呈焉耆蒙牧会》（1940年3月12日），载吐娜主编《民国新疆焉耆地区蒙古族档案选编》，新疆人民出版社，2013，第118页。
④ 张大军：《新疆风暴七十年》第10册，台北，兰溪出版社，1980，第3737页。
⑤ 王成敬：《西北的农田水利》，许治胜编《中国西部开发文献》卷6，全国图书馆文献缩微复制中心，2004，第113页。

分哈密县所属或回王所属农业土地，普遍清丈，按照土地等级，定出科则，全体哈密农民统归县府管辖，减轻农民的一切负担。① 伊犁方面，当局设专门的拨地委员会，负责处理归化族的屯田、居地等事宜。1935年12月，伊犁屯垦使署根据盛世才批准的波里诺夫的建议，制定了伊犁入籍归化族耕地使用办法十七条。② 1937年1月4日，邱宗浚亲自赴特克斯阿克达拉为归化族划拨屯地，划界建屯。塔城方面，对于草场、田地，按照命令，原有范围内总管等自行分配办理。③ 焉耆方面，令各区行政长、县局长等将境内官有已垦地亩及草场共有若干亩数，未经开垦者若干亩数，调查清楚呈报。于游牧地段内之荒地，在不妨碍牧畜业利益之下，应尽量拨给蒙、哈、柯游牧民族开垦，并按每户实有人口多寡分配拨给，俾承垦人充裕其生活需要，以期家给人足。④

新疆建省后南路盟亦受省政府、焉耆府（区）兼辖，由汗王兼任盟长，为旧土尔扈特南路四旗之最高行政组织，履行朝廷或中央政府委任的职责，掌握全盟政治、军事、司法大权。1912年8月，袁世凯政府公布了《蒙古待遇条例》规定："各蒙古王公原有之管辖治理权，一律照旧。"杨增新对新疆少数民族封建王公的爵位全部予以承认，并报请北洋政府重新册封。盛世才勘定新疆以后，提出在封建势力不妨碍社会发展和不影响建设新疆前途的情势之下，新政府就应当绝对地保护各族王公、阿訇、贝子、贝勒、佛爷、喇嘛等的地位和权力，⑤基本确定了改土归流的初步原则：拟依照国民政府公布之县组织法逐

① 刘应麟：《二次"改土归流"概况》，载中国人民政治协商会议新疆维吾尔自治区委员会文史资料研究委员会编《新疆文史资料选辑》第6辑，新疆人民出版社，1980，第172~173页。

② 中国人民政治协商会议伊犁哈萨克自治州委员会、中国人民政治协商会议文史资料委员会编《伊犁文史资料合订本》第11~16辑，内部资料，2011，第290页。

③ 《塔城行署为报塔城厄鲁特十苏木改设区、村制事致省政府的呈》（1940年6月27日），载新疆维吾尔自治区档案局、中国社会科学院边疆史地研究中心编《近代新疆蒙古历史档案》，新疆人民出版社，2008，第102页。

④ 《于行政长就拨给牧民土地事宜致焉耆等县的代电》（1939年7月19日），载吐娜主编《民国新疆焉耆地区蒙古族档案选编》，新疆人民出版社，2013，第108页。

⑤ 张大军：《新疆风暴七十年》第7册，台北，兰溪出版社，1958，第3496页。

渐推行县以下之自治制度，在第一个三年计划中，新疆在地方自治中仍实行区庄制、乡约制、札萨克制。对于蒙哈游牧区域还没有划定区域或是设置区村的，省政府决定哈萨克族仍称千户长等于区长副区长，百户长副百户长等于村长副村长，蒙古族之固子达札楞藏根名称亦仍旧，以下设十家长。

随着第一个三年计划完成，1940年7月，焉耆行政区组成以上层人士巴拉登大喇嘛为委员长的"清理盟长公署委员会"①，开始着手对盟旗制度进行行政改革，取消焉耆土尔扈特部汗王、和硕特部郡王等王公札萨克称号，只保留其爵位，实行政爵分开的行政体制。盟旗行政事务由此发归地方政府管辖。

民国初期，满蒙人民一切赋税，悉如旧制，不入国家。② 1929年11月22日蒙藏委员会就此于《蒙藏会议提案标准》第十一条中提到："土地之岁收，地价之增益，公地之生产，山林川泽之息，矿产水力之利，皆为地方政府之所有。"③ 哈密二次"改土归流"之后，土地、赋税、人民皆收归地方政府管理。焉耆附近汗王封地，历来由汗王租给农民耕种，农民只向王府交租，不再给政府纳税。为了加强对地方管理，焉耆县长韩熊呈报新疆省政府，逐步将蒙王封地收归国有，由政府统一管理征收农业税。④ 盟旗田赋收归地方政府之后，新疆省政府组织牧税委员会，由地方有关机关，各派委员共同管理，聘各村长头目，为帮征人员，并负责帮同考察，由省政府临时派员，帮同办理。⑤ 从而完成了对盟旗农牧业赋税权力调整。

---

① 洪永祥主编《和静县志》，新疆人民出版社，1995，第496页。
② 王应榆：《伊犁视察记》，《西北问题（季刊）》第1卷第4期，1935，第82页。
③ 《蒙藏委员会为蒙族会议代表名额产生标准及选派办法等事给新疆省政府的咨》（1929年11月22日），载新疆维吾尔自治区档案局、中国社会科学院边疆史地研究中心编《近代新疆蒙古历史档案》，新疆人民出版社，2008，第402页。
④ 中国人民政治协商会议新疆维吾尔自治区委员会文史资料研究委员会编《新疆文史资料选辑》第2辑，新疆人民出版社，1979，第107页。
⑤ 张大军：《新疆风暴七十年》第7册，台北，兰溪出版社，1980，第3820~3821页。

赋税权力的收回，业已使蒙部王公生活大非昨日，而战乱匪患与外部政治变化，使此一状况雪上加霜，不得不在经济上更多地依赖于地方政府救济。阿山乌梁海右翼正大喇嘛扎木彦绰木皮勒屡遭匪患，牲畜、财物均被抢掠一空，生计异常困难。最后由新疆省政府决议准委该喇嘛为本府咨议，月支薪俸洋 20 元。① 同样情形在焉耆地区也有发生，1937 年 3 月 16 日，乌静彬为请给予焉耆区各蒙古王公虚职以为救济事致省政府，1937 年 3 月 25 日，新疆省政府方面聘请江布尔道等王公为顾问，月给国币 25 万元，帕吾克等台吉为参议，月给国币 20 万元。② 1938 年 11 月 17 日，焉耆区蒙古部王公、固子达、喇嘛等 60 余人召开临时会议，巴力登大喇嘛提议，请将政府豁免各僧房羊税 500 只增至 2000 只，以资维持每年经费。对于王公俸禄，理堪加增，但不再由民众担负之。双方协调最终结果由公家酌予增加或另行设法筹划，以资维持。③

"四·一二"政变后，盛世才宣称：政府宣言改良司法，并且通令全省文武官吏和各王公头目领袖，凡应死罪者，均应将该犯人依法审判，呈请省政府核准后方能执行死刑。④ 但因蒙古习惯的关系，唯有县政府仍然以蒙古族旧习惯。凡婚姻、丧葬等事以及斗殴债务纠纷等，例仍归自己的王公头目、固子达、札楞等处解决。但若事涉民族之间民众纠纷、王公事情等一些较大问题处理上，省政府方面还是把司法之裁定收归政府，逐步削减王府对民族地区司法的影响。扎布素区蒙古族牧民帕吾苟，被汗王之叔多盟长依王公之势力压迫，将其地

① 《省政府就委扎木彦绰木皮勒为咨议事给楚勒吐玛的照复》（1935 年 1 月 24 日），载新疆维吾尔自治区档案局、中国社会科学院边疆史地研究中心编《近代新疆蒙古历史档案》，新疆人民出版社，2008，第 33 页。
② 《省政府就给予焉耆区各蒙古王公虚职事的拟办登》（1937 年 3 月 25 日），载新疆维吾尔自治区档案局、中国社会科学院边疆史地研究中心编《近代新疆蒙古历史档案》，新疆人民出版社，2008，第 52 页。
③ 《财政厅等为南部落撤盟改县事致省政府的呈》（1939 年 1 月 7 日），载新疆维吾尔自治区档案局、中国社会科学院边疆史地研究中心编《近代新疆蒙古历史档案》，新疆人民出版社，2008，第 83 页。
④ 张大军：《新疆风暴七十年》第 6 册，台北，兰溪出版社，1980，第 3482 页。

侵占，归王府耕种，1940 年 3 月，帕吾苟请求县长将其地断归原主耕种[①]，后经和靖县建设委员会查明属实，多盟长侵占蒙古族牧民帕吾苟祖遗地亩一案，将王府侵夺耕地准予返发，使其得以耕种。伊犁哈萨克千户长哈那伯克占据阿拉善沟，对于蒙古族牧民有蛮横行为，最终亦经省府介入，解决争端。[②] 1942 年 9 月 19 日，和靖县扎布素区蒙古族牧民巴杜满家被盗，由于事涉回族、维吾尔族、汉族民众，此事由巴杜满上呈县政府审理。[③] 1944 年 1 月 6 日，蒙古族士兵江布立对象被区村长秀那拐娶，和靖县政府几经波折，最终裁定秀那赔偿江布立大洋 250 元。

政治、经济、司法权力的收回，从根本上廓清了盟旗札萨克王公制度的基础，而紧随其后的人事制度改革，则最终把新疆民族地区政治融入现代化的行政体系之中。

盟长、领队、总管等为清代编制，注重边防而不注重理民。后各部落户口渐繁，民事渐增，对此王应榆提出："改其官制，统一名称，仍以原有官长改充现职"，[④] 所有一切旧名义官佐一并取消，分别改充局长、区长、村长等职，各区、村公所内部组织即照旧由组织人员办理，再不更动。但汗王、郡王系属封爵，在政府保护王公口号下，取消其盟长，保留其王爵尊号[⑤]，其年俸由省财政厅核拨至和靖县政府支付。1934 年，盛世才成立"新疆民众反帝联合会"，委任满楚克扎布为副委员长，后又委以焉耆区警备司令之职。1936 年 11 月 13 日，新土尔

① 《蒙民帕吾苟请求县长将其地断归原主耕种的呈文》（1940 年 3 月 11 日），载吐娜主编《民国新疆焉耆地区蒙古族档案选编》，新疆人民出版社，2013，第 118 页。

② 《盛督办就哈萨克占据焉耆蒙民草场案已查勘致满汗王的电》，载吐娜主编《民国新疆焉耆地区蒙古族档案选编》，新疆人民出版社，2013，第 261 页。

③ 《一蒙民就家内被盗致和靖县政府的报告》（1942 年 9 月 19 日），载吐娜主编《民国新疆焉耆地区蒙古族档案选编》，新疆人民出版社，2013，第 194 页。

④ 王应榆：《伊犁视察记》，载《西北问题（季刊）》第 4 期，1935，第 83 页。

⑤ 《民政厅为土尔扈特、和硕特二部改设治局事致省政府的呈》（1938 年 7 月 25 日），载新疆维吾尔自治区档案局、中国社会科学院边疆史地研究中心编《近代新疆蒙古历史档案》，新疆人民出版社，2008，第 72 页。

崀特部落副都统苏尔崀巴雅尔由督办公署请升正都统。① 1937 年后，新疆省政府方面委任伊犁所属之精河蒙部郡王达喜充精河县副县长，其郡王封爵仍旧保留。1938 年 2 月 1 日，察哈尔营奉命改为温泉设治局，由最后一任领队布鲁根、副领队李万臣分别担任设治局长、副局长。②

对于改土归流之后王府及地方人事变动，新疆省政府方面本着就地安排原则，1939 年 4 月，盛世才指令撤销旧土尔崀特南路盟长公署，同年 6 月正式成立和通县，8 月改称和靖县。原盟长尔德尼调任新疆省建设厅副厅长，委任原盟长公署印务处官员殷英为和靖县首任县长。1939 年 7 月 28 日，伊犁行政长兼伊犁警备司令姚雄发布 1663 号政令，废除千百户长制，将各千户长改设为区长，百户长改为庄长。③ 1940 年，塔城行署通过塔城厄鲁特区、村制改革，总管巴图被任命为区长，副总管二人为助理员，佐领十人均为村长，骁骑校十人为村副，委官十人为间长，领催四十人、委领催五十人均为邻长；总管办公室班长改为区目，差役改为区丁，书记名目仍保留。④

通过上述各方面的改革，新疆省政府初步完成了地方民族社会的政治改造，但随着时间推移，其问题及弊端逐渐在实践过程中暴露出来。

## 第三节　改土归流中存在的问题及其本质

盛世才意图通过"改土归流"建立省县制度，替代传统封建王公

① 《督办公署就苏尔崀巴雅尔请升为正都统事给省政府的咨》（1936 年 11 月 13 日），载新疆维吾尔自治区档案局、中国社会科学院边疆史地研究中心编《近代新疆蒙古历史档案》，新疆人民出版社，2008，第 49 页。
② 《新疆伊犁屯垦使公署训令：为将四领队区域添设治局分别选员充任由》，载宋克强、王萍主编《温泉县志》，新疆人民出版社，2003，第 860 页。
③ 中国人民政治协商会议伊犁哈萨克自治州委员会、中国人民政治协商会议文史资料委员会编《伊犁文史资料合订本》第 11～16 辑，2011，第 287 页。
④ 《塔城行署为报塔城厄鲁特十苏木改设区、村制事致省政府的呈》（1940 年 6 月 27 日），载新疆维吾尔自治区档案局、中国社会科学院边疆史地研究中心编《近代新疆蒙古历史档案》，新疆人民出版社，2008，第 102～103 页。

札萨克体制，加强地方控制，维持自身在新疆的统治。但囿于内外部环境变化，造成其在制度设计、配套措施、操作实践过程中表现出种种纰漏缺失，最终影响到民国新疆“改土归流”的进程。

首先在制度设计层面，制度是解决社会资源分配的行政手段，是制度之下人们选择交易的结果，不同的制度安排，就会形成与之相应的社会文化。其可行性和有效性有赖于其嵌入的政治、经济和社会背景。盛世才新疆“改土归流”只是近代新疆现代化政治进程的一部分，在“行政一体化”背景之下，其改革只是把所有区名即以旗名定之，各苏木改为乡，乡名即沿用旧日各苏木名称。①“并非于旧制外增设新制”，亦即盟长公署改组县府，所有盟长、固子达、藏根、总管、佐领、千百户等一切旧名义官佐一并取消，分别改充县长、局长、区长、村长、庄长等职。汗王、郡王系属封爵，仍旧保留其王爵尊号。②

盛世才通过其一体化之下的“改土归流”，逐渐打破过去西北民族地区传统“二元体制”，但其在由二元体制向一体化转化过程中只是完成制度层面的设计，且于国家层面缺乏一定的政策与舆论支撑。

1929年7月，蒙藏委员会在《蒙藏委员会施政纲领》中，就蒙藏地区革新蒙藏旧行政制度，改组各盟公署旗札萨克府及土司。促成全民政治，废除奴隶制度，规定王公待遇。③1930年1月，蒙藏委员会会议决定，将爵号与职官分开，前者遇有死亡或出生、请袭、请封等事情，概予搁置，不予理睬，使其无形消灭。盟长、副盟长历由中央简任，废止札萨克世袭制，一律改用任命方式。1931年9月，国民政府在“改土归流”动议中提出现行制度外一切特殊制度，均应渐次废除，以

---

① 《焉耆行署为报南部落及和硕特部改县、局致省政府的呈》（1939年2月7日），载新疆维吾尔自治区档案局、中国社会科学院边疆史地研究中心编《近代新疆蒙古历史档案》，新疆人民出版社，2008，第85页。

② 《民政厅为土尔扈特、和硕特二部改设设治局事致省政府的呈》（1938年7月25日），载新疆维吾尔自治区档案局、中国社会科学院边疆史地研究中心编《近代新疆蒙古历史档案》，新疆人民出版社，2008，第72页。

③ 《蒙藏委员会施政纲领》，载中国第二历史档案馆编《国民党政府政治制度档案史料选编》下册，安徽教育出版社，1994，第411~412页。

期政令统一。但"现有各省土司，与蒙古各盟旗、藏族各千百户之各自有土地、人民、宗教、言语、文字、风俗习惯者，截然不同，未可一概而论"①。但于必要时，得以法律变更之。② 盟部旗组织治理蒙古人，在同一区域内实行蒙汉分治，盟旗涉省、县事件，应商承省、县政府办理③；1934 年 3 月 14 日，国民政府颁布《解决蒙古地方自治问题办法原则》，承认盟旗地方之组织不予变更，管辖治理权一律照旧。

国民政府盟旗改革方案，其在盟旗与省县职权方面的划分有悖于近代以来西北民族地区行政一体化的历史趋势，西北民族地方势力据此屡向地方政府力争保留其传统权力，地方政府对其多有抵触。新疆省政府方面以地方形势特殊陈述原由，请求暂缓中央盟旗改革方案实施。1932 年 9 月 1 日，行政院就新疆特殊情形暂缓实行蒙古盟部旗组织法事与蒙藏委员会协商，最终就新疆暂缓施行一事指令蒙藏委员会会知新疆省政府，此案拟请留备参考。④

之所以会出现此种反复局面，除却政策理论冲突外，亦与其相关配套措施跟进不力有很大关系。盛世才时期，其建立新县治之后同样亦面临着人才短缺问题，为了解决地方政府人才短缺的窘境，自 1934 年 11 月开始招考保送新疆学生到苏联在塔什干专为新疆学生设立的"苏联中亚国立大学行政法律系"学习，但此批保送人才很少能够充实到县局以下政权机构。但新疆地方政权机构始终存在的现实尴尬处境却是：一县设置，县长之下，设管狱员一员，科长一员，科员二员，一管赋税一管词讼；雇员 4 员，公役准用 20 名，警察暂准 20 名。在

---

① 《如有呈报土司补官袭职勿遽核准》（1931 年 9 月 12 日），《江苏省政府公报》第 843 期，1931。

② 《蒙古盟部旗组织法》，载中国第二历史档案馆编《国民党政府政治制度档案史料选编》下册，安徽教育出版社，1994，第 425 页。

③ 《蒙古盟部旗组织法》，载中国第二历史档案馆编《国民党政府政治制度档案史料选编》下册，安徽教育出版社，1994，第 425 页。

④ 《行政院致蒙藏委员会训令》（1932 年 9 月 21 日），载中国第二历史档案馆《民国时期新疆档案汇编》，凤凰出版社，2015，第 436 页。

处理边境民族事务时，还需添设译员通事。① 以至于新县治下，沿用多为旧习，模范新规难以落实。虽尤为刻不容缓之图，但亦因陈议太高，实难办到。② 故而在其盟旗制度改革过程中，不得不于县局及其以下起用旧员，沿袭封建时代的人事格局。

改土设治之时，为了使各头目对政府机关有深刻认识，更加鼓励各头目工作，以便发展县政事务，焉耆地区召集各头目开会，依照过去盟署发给工资标准，编造预算表决定各头目应领薪资数目。③ 但因政府财政困难，区村经费一再拖延，难以落实。地方政府试图通过养廉地解决经费问题，但蒙古族民众大部从事畜牧业，一些已垦熟地均系半农半牧，且多与他族伙耕，在土地所属关系尚未明确情况之下，于蒙古部民众内实行养廉地确有困难。如若折收羊只，其中不但多费手续且易于流弊，同时各县辖境辽阔，民众居住星散，每项工作往返颇费时日。面对各区、村长屡催经费，政府方面着实无法办理。

为了解决区村公所人员经济问题，激励其对新县政的积极性，新疆省政府方面规定：凡能将田赋全数遵章如期扫数征收者：正副县长得田赋 2% 奖励，税局正副局长得 0.5% 之奖励，由县长分配拨给县府内办理征粮得力人员 1% 奖励，由税局局长分配办理征粮得力人员 1% 奖励，农约应得 1% 奖励。④ 但实际情况却是各地耕地数目无从详查，厘清地亩，征赋升科难以实行。在一些地区，甚而遭遇民众抵制。巩留县新满营原屯区不准他人插入，因而常常引起纠纷。为了完成田赋任务，一些地方县局强行起征。1935 年 10 月 24 日，新满营呈文给伊犁行政长状告巩留县政府："设县以来，前任丁、何、李、汪四个县

---

① 《指令筹设额敏县知事吴业芳呈请添设蒙哈译员通事文》（1918 年 11 月 20 日），载杨增新《补过斋文牍》丙集下，台北，文海出版社，1965，第 840 页。

② 《指令且末县知事龙协麟详赍水利意见书文》（1915 年 11 月 4 日），载杨增新《补过斋文牍》丁集上，台北，文海出版社，1965，第 966~982 页。

③ 《省政府就焉耆行署呈报蒙族区、村公所经费及区、村长待遇等事给财政厅的训令》（1942 年 5 月 10 日），载新疆维吾尔自治区档案局、中国社会科学院边疆史地研究中心编《近代新疆蒙古历史档案》，新疆人民出版社，2008，第 268 页。

④ 张大军：《新疆风暴七十年》第 7 册，台北，兰溪出版社，1980，第 3819 页。

长任意完粮，负担过重，以致民生困难，（且）不遵章程，任意征收，今年一份地完粮五石，明年一份地完粮四石不等，又摊派草料，负担加重。"[1] 哈密"改土归流"过程中，地方官员罔顾民情，依然起征田赋，结果为王府方面利用，导致改土归流工作功败垂成。前车之鉴，当事纠纷，使新设县局运行经费捉襟见肘，日益艰难。其日常运转已是勉为其难，更何况民族社会改造工作推进。

源于体制设置与经济基础缺陷，新增县局难以发挥其应有作用，在事涉改革关键问题——土地问题上延迟难决，蒙古族民众面临着物权上的重新分割，蒙、哈、柯、汉、归化等难民亦迟迟得不到草场耕地，颠沛流离，濒临破产的边缘。因此盛世才的"改土归流"，暗藏着严重的社会危机，而此一切，均与土地问题有着密切关系。

民国新疆"改土归流"形式上为改革传统政治体制建立现代行政管理模式，实质为一场持续的社会变革。商君亡而秦法不废，源于民众对新法的支持。对于政府与王公之间政治博弈的"改土归流"，其成功与否和民众支持关系大焉。而民众支持又离不开以草场、耕地为基础的生产资料及其衍生的生产关系。故从生产资料所属物权关系分析，产权关系未明，隶属关系不清，导致盛世才"改土归流"舍本而逐末，未能从根本上动摇封建政治的基础。

在新疆农牧民草场划分中政府可控官地问题。官地又称官田，是由政府控制、征收地租的田地，包括大部分的生荒地、森林、河流以及源自"逆产"的草场、耕地，除却寺院、札萨克、伯克、自耕农所属土地之外。在改土归流过程中，厘清官产数目，明确草场、耕地所属关系首当其冲，但在清查官地过程中遇到诸多问题。

焉耆地区所属山林、草场、土地，早经封建制度时代划分给县所属山林、草场、土地，早经封建制度时代划分给所属蒙民（系当时口头划分，并无执照及地图），亦即所有土地，完全为蒙民所私有，殆

---

[1]　赖洪波：载《伊犁屯垦史述略》，载伊犁哈萨克自治州文史资料委员会《伊犁文史资料》第 11~16 辑，2011，第 287 页。

无官有之土地可言。① 已分之土地，绝无再分割之情事。山内外草场，虽各有专主，凡系本族人民之牲畜，均准其自由放牧，概不争执。如非本族人民牲畜，亦不准其放牧。至盟长公署直接是否尚有土地与草场，因未准盟署咨明，不得而知。蒙古族民众对于县府尚无深刻认识，尤以一般蒙古族民众封建思想甚深，在土地未经政府详细规定以前，若骤加划分土地、草场，安置蒙、哈、柯人民，势必引起误会及不良影响。虽然地方政府一再申明，系为解决蒙、哈、柯各民族无耕地及无牧场之民众生活，故拟将官有土地、草场查明分拨，俾资耕牧，并非以私人固有之耕地、草场分拨他人。② 但此举还是引起蒙古族民众担忧，蒙、哈、柯民族无耕无牧人民安插问题始终得不到妥善解决，且因土地、牧场划分导致原各盟旗人心浮动，部分蒙古族民众开始出卖自己手中的土地。③ 焉耆区行政长于德一不得不将上项问题暂缓实行④，1940 年 10 月焉耆区程行政长就成立划地委员会给和靖县政府的令，以事关蒙古族封地，不宜操之过急。应邀请当地王公、喇嘛参加意见，妥慎处理以免误会。⑤ 除巴伦区代区长艾仁才等将荒地划分给150 余人外⑥，焉耆其他各县均未进行土地划拨工作。

在伊犁地区改土归流与难民安置过程中亦遇到同样问题。新满营巩留县旗屯内似仍有某些特权，原屯区不准他人插入，因而常常引起纠纷。巩留县县长那孜和加给伊犁行政长呈文称：新满营区所有之土

---

① 《和通县政府就蒙古族占有土地情况致于行政长的代电》（1939 年 7 月 3 日），载吐娜主编《民国新疆焉耆地区蒙古族档案选编》，新疆人民出版社，2013，第 106~107 页。
② 《于行政长就如何划分土地草场一事致和靖县政府的训令》（1939 年 9 月 22 日），载吐娜主编《民国新疆焉耆地区蒙古族档案选编》，新疆人民出版社，2013，第 112 页。
③ 《焉耆公署就蒙民土地界限划定事宜致和靖县政府的令》（1943 年 5 月 27 日），载吐娜主编《民国新疆焉耆地区蒙古族档案选编》，新疆人民出版社，2013，第 144 页。
④ 《于行政长就暂缓丈量已垦、未垦地亩给李副县长的电》（1940 年 5 月 17 日），载吐娜主编《民国新疆焉耆地区蒙古族档案选编》，新疆人民出版社，2013，第 132 页。
⑤ 《程行政长就成立划地委员会给和靖县政府的令》（1940 年 10 月 23 日），载吐娜主编《民国新疆焉耆地区蒙古族档案选编》，新疆人民出版社，2013，第 144 页。
⑥ 《和靖县政府就某区民众已划分地亩给焉耆蒙牧会的文》（1940 年 4 月 20 日），载吐娜主编《民国新疆焉耆地区蒙古族档案选编》，新疆人民出版社，2013，第 132 页。

地仍由该营人民把持种地，他族人民不得插入。为了安置归化族居民，伊犁当局设有一个专门的拨地委员会，负责处理归化族的屯田、居地等事宜。1937 年 1 月 4 日，邱宗浚亲自赴特克斯阿克达拉为归化族划拨屯地，划界建屯。但却将维吾尔族民众数载血汗经营垦成之熟地拨租与归化民为业。[①] 同时一些传闻在新疆传播：从蒙古来了一支队伍帮助起义者，从甘肃过来了大批共产党人。在伊犁的资产阶级和封建上层对运动十分担心，害怕运动的发展会使农民夺取他们的土地，并没收他们的财产。[②]

　　之所以在土地等关键问题上出现偏差，与当时政府在改土归流中的指导思想与方法息息相关。作为新疆改土归流的主体，新疆省政府以及其领导人盛世才，一切措施均以巩固其在新疆统治为核心，作为一个具有国家主义、民族主义色彩的地方军阀，域内所有可能危及其统治的政治力量均为其打击的目标。中央政府制约机制的缺失，依靠军事起家的盛世才，其所主导的现代政治体制改造背景之下的改土归流，难免表现出过分注重于行政体制上的整齐划一等弊端，地方各级政府为在短时期内完成政治任务，手段简单、罔顾民众等问题纷纷呈现。

　　马仲英事件之后，新疆东部为尧乐博斯所占有，南疆麻木提、马虎山势力依然存在，迪化内部和加尼牙孜亦是貌合神离，盛世才通过一系列所谓"阴谋暴动案"把此批政治对手罗织殆尽，迅速对各封建势力进行整合，初步稳定了其在新疆的统治。随着其第一个三年计划的完成，地方民族主义逐渐成为潜在的危险因素，特别是盛、苏关系紧张，盛世才转而强化内部力量整肃，通过 1940 年、1941 年、1942 年的大阴谋暴动案、大清除运动，一大批蒙哈王公、宗教人士被投入监狱。1942 年 4 月，据警务处统计股案卷一次处死 366 人，被羁押或

---

① 中国人民政治协商会议伊犁哈萨克自治州委员会、中国人民政治协商会议文史资料委员会编《伊犁文史资料合订本》第 11~16 辑，2011，第 287~291 页。

② 《多尔夫关于新疆农民运动情况给马季亚尔的报告》，载沈志华编译《俄国解密档案：新疆问题》，新疆人民出版社，2013，第 3 页。

惨杀之一部亦有 895 人，其中不乏一批蒙哈王公及地方宗教上层人士。[①] 地方政府在新县治建设过程中急功近利，在改土归流中衍生出许多短期行为，哈密行政长刘应麟、焉耆县长韩熊、塔城行政长赵剑锋以及巩留县的丁、何、李、汪四个县长等区县官员，为了按时完成计划任务，在新县政建设中罔顾民间疾苦。有的县长任意完粮，致使民生困难，（且）不遵章程，任意征收，又摊派草料，负担加重。原本是兴利除弊的"改土归流"，结果却大失民望，而从旧制度下转任的一些地方官员，任职以来对于政府及本牧一切任务毫无忠诚之意，遇事推诿敷衍，漫不经心，进行消极抵抗，使民国新疆的"改土归流"工作一波三折，多生反复。

## 第四节　民国新疆改土归流的历史走向

民国时期新疆"改土归流"过程中的县治改革，完成了从传统多元政区到现代省县政区的转变，对于现代新疆城市发展和全疆城市体系的建立打下了基础。通过盛世才的"改土归流"，新疆省政府逐步在民族地方确立了现代省县区村体制，最终把新疆民族地区社会纳入现代化改造的历史进程，其积极意义不言而喻。

1928 年 12 月，蒙古王公代表条陈革新盟旗制各项办法，国民政府方面指出否定省治之下仍令旗县分治，不宜对省县制度有所变更，于县政府外复设旗政府，省政府之下复设盟政府。1933 年 4 月 12 日政变后，盛世才在其施政纲领《八大宣言》中提出"实行地方自治，将来拟依照国民政府公布之县组织法逐渐推行县以下之自治制度"。经过改土归流后行政体制改革，盛世才时期新疆民族地区的行政体制先后整理为以下四种形式。

县局区乡制。设治局初设正、副局长各 1 人，佐理员 1 人，内设

---

① 张大军：《新疆风暴七十年》第 9 册，台北，兰溪出版社，1980，第 4857~4879 页。

秘书、财务股和负责民政、财政、教育等事务的科室。外设公安局、税卡。县局之下是区、乡组织，区公所组织系统由区长—传事员、办事员—公役、警士或正副乡长—公役、警士组成。区长由前固子达充任，办事员由前梅仁充任，传事员由前札楞充任；乡长由前藏根充任，副乡长由前昆都充任。①

县局区、庄制。1939 年 7 月 28 日，伊犁行政长兼伊犁警备司令姚雄发布 1663 号政令，宣布废除千百户长制，改千户长为区长、百户长为庄长。把哈萨克牧民事务完全融入民户之中，纳入地方政府管理。原察哈尔左右两翼分别改设温泉设治局第一区和第二区，每区各设 8 个庄，以原 16 个佐领改设 16 个庄。察哈尔营的军事编制全部撤销，均纳入地方行政编制。

县局区村制。1940 年，塔城行署为报塔城厄鲁特十苏木改设区、村制，总管、副总管改为正、副区长，佐领、骁骑校等改为村长。其区长、村长待遇，仿照其他游牧区域改设区、村制办法办理。②

县局乡保制。1941 年，新疆的盟旗制度已被完全废除，县制得到确立并开始普及。到盛世才统治后期，又把国民政府在内地实行的基层制度——保甲制实施于新疆，取代了原来的区村庄长制，区长改为乡长、村长改为保长。这样，新疆盟旗制度中的旗以下组织在行政方面又被保甲制代替。

北疆设置，原为俄防，在清朝时期本系武营编制，均系武职，注重带兵而不注重理民。随着由军政到民政功能的转化，虽则于行政上做到了划一管理，但其边防作用却极大削弱。随着 1942 年后新疆内外部政治形势的变化，新疆地方面临着严重内忧外患，不得不改变其

---

① 《焉耆行署为报和通、和硕县、局区、乡组织设置表等致省政府的呈》（1939 年 7 月 3 日），载新疆维吾尔自治区档案局、中国社会科学院边疆史地研究中心编《近代新疆蒙古历史档案》，新疆人民出版社，2008，第 91 页。

② 《塔城行署为报塔城厄鲁特十苏木改设区、村制事致省政府的呈》（1940 年 6 月 27 日），载新疆维吾尔自治区档案局、中国社会科学院边疆史地研究中心编《近代新疆蒙古历史档案》，新疆人民出版社，2008，第 102 页。

“改土归流”的历史方向。

由流到土的反复与土流共生局面的形成。1945 年 10 月 6 日，麦斯武德等在致蒙藏委员会函中提出：新疆高度自治，“则于国父遗教、国民革命之目的、建国大纲及第一次代表大会宣言及钧座训示国内民族一律平等之原则，均符合无间……民族间彼此之隔阂仇恨亦可泯灭于无形”①。1945 年 10 月 16 日，国民政府内政部在会商之后认为：新省为西北国防之重要基地，不应实行高度自治。省府除重要单位外，余可酌用该省人士。② 1945 年，内政部政务次长张维翰视察新疆后提出解决方案，内政部 1946 年 3 月 5 日会商后形成新疆问题之建议：对新疆各民族予以适度自治。尽量选拔该地各族人才参与地方行政或自治机构。慎选派往新省官吏，并切实提高其待遇。③ 1946 年 3 月 1~17 日，国民党六届二中全会通过《关于边疆问题报告之决议案》：关于新疆部分，应按照解决新疆省局部事变所定之办法实行保障边疆民族之自治权利。④ 1946 年 3 月 23 日，蒋介石在《为汇核修正边疆各盟旗地方自治方案致国防最高委员会代电》重申边疆各盟旗地方自治方案中指出，旗为地方自治单位，旗以下之参佐制度仍旧。盟设盟政府，盟政府主席由国民政府任命之。盟政府直辖于行政院，不属于盟政府之旗隶属于所在地方之省政府。盟、旗有关涉及省县事宜应与省县政府协商之。⑤

---

① 《内政部为会商麦斯武德等筹建议新疆高度自治致蒙藏委员会函》，载中国第二历史档案馆编《中华民国史档案资料汇编》第 5 辑，第三编政治（五），江苏古籍出版社，1999，第 480~481 页。

② 《内政部抄送会商新疆高度自治案之纪录致蒙藏委员会函》，载中国第二历史档案馆编《中华民国史档案资料汇编》第 5 辑，第三编政治（五），江苏古籍出版社，1999，第 483 页。

③ 《内政部关于新疆民族同化问题意见及建议等情函》，载中国第二历史档案馆编《中华民国史档案资料汇编》第 5 辑，第三编政治（五），江苏古籍出版社，1999，第 485~488 页。

④ 《关于边疆问题报告之决议案》，载中国第二历史档案馆编《中华民国史档案资料汇编》第 5 辑，第三编政治（一），江苏古籍出版社，1999，第 475 页。

⑤ 《蒋介石为汇核修正边疆各盟旗地方自治方案致国防最高委员会代电》，载中国第二历史档案馆编《中华民国史档案资料汇编》第 5 辑，第三编政治（五），江苏古籍出版社，1999，第 7 页。

盛世才离开新疆，省内的叛乱并未因他的离去而终止。吴忠信主新提出抚新三项当务之急：释放盛世才滥押人士，宣抚地方，敦睦邦交。但其并未在根本上扭转新疆局面，相反全疆局势有进一步糜烂危险，同时又面临着地方民族主义反弹的趋势。张治中莅新以后，北疆局势一发不可收拾，迪化岌岌可危。情势之变，已远非1944年初，为此国民政府与新疆地方不得不调整其治疆理念，暂缓新疆"改土归流"的进程，并改变盛世才时期的一些措施，意图缓和局势，安定地方。

1944年乌静彬组织和靖县代表团赴迪化向吴忠信保释满汗王出狱，并于1945年3次上书蒋介石，要求恢复王室，重组旧土尔扈特南路盟，同年年底，第三份报告送交蒋介石后，蒋批示由新疆省地方处理。为此第八区行署就蒙民请求恢复盟长公署案进行研讨，认为恢复盟旗制度与恢复王公制度系截然两事，盟长亦并非一定由王公充任。新疆盟旗制度应适应本省地理环境，盟应隶属于省政府。由省政府订颁办事规程，对盟长之职权范围及办事程序予以详细规定，使之与时代精神及本省现行政策完全符合。[①] 左曙萍呈文由新疆省政府呈报国民党中央政府，破格批准恢复旧土尔扈特南路盟及盟长公署，与和靖县治并存。之后巴图塞特奇勒图和硕特部洛于1946年恢复盟长公署，班弟的叔叔乌日吉克高恩其克任盟长。

哈密地区虽无恢复王制可能，但白锡尔亦于1946年当选为哈密县长。1946年10月，旧土尔扈特北部落亲王就该盟之归属等问题致张治中，提请按照盟旗政府组织法，仍予直属新疆省政府，受中央支配。蒙准隶属省政府统辖后，并请委乔亲王以塔城区相当之行政长官，冀便抚绥蒙胞，而期推行政府政令。恢复自卫队、原有边卡队一团，团

---

① 《贾焕臣、刘孟纯、尔德尼等提交和靖县蒙民请求恢复盟长公署议案》，载新疆维吾尔自治区档案局、中国社会科学院边疆史地研究中心编《近代新疆蒙古历史档案》，新疆人民出版社，2008，第139页。

长由亲王兼。① 1947 年 12 月 10 日，旧土尔扈特东部盟长敏珠策旺多尔济、北部盟长乔嘉甫、新土尔扈特盟长宫世臣致电省政府，称旧土尔扈特南部盟署之权业经恢复，和硕特巴图塞特奇勒图盟已在着手进行。而东部盟、北部盟及青赛特奇勒图新土尔扈特盟署，由于处在伊、塔、阿三区以内，俟有机会当亦恢复。②

1947 年 7 月 9 日，乌静彬召集原旧土尔扈特南路各旗首领、苏木头目、喇嘛等上层人士及民众代表 170 余人开会，正式宣布恢复南路盟，恢复后的盟长公署仍设在汗王府，汗王满楚克扎布任盟长，乌静彬任副盟长。其时乌静彬是国民党和靖县政府第七任县长、国民党和靖县党部书记长，集王权、政权、党权于一身。恢复盟长公署后，县治仍然存在。关于自卫团一节，蒋介石在回复乌静彬电文中：责令焉耆区行政督察专员及各县县长妥为办理。③ 1948 年 3 月 11 日，和硕特盟长公署成立，达瓦等为正、副盟长。同一时期的伊、塔、阿三区政治仍为县建制，但同时县下总管、千户长、百户长共存。④ 此种政治体制之下，一批亲王、汗王、护国公、贝勒、总管同时在现政治体制中担任国大代表选举监督员、妇女协会副主任、副专员、县长、副县长等职。

从双轨制到属地管辖格局的形成。1928 年，国民政府下令在内蒙古及青海改设行省，将蒙古盟旗地域划入省政府的管辖之下，遭到盟旗反对，1931 年 10 月 12 日，国民政府通过《蒙古盟部旗组织法》，改变了过去二元政治格局，原则上确定了省县体制与盟旗制度并存的

① 《北部落代表就该盟之归属等问题致张治中的函》（1946 年 10 月），载新疆维吾尔自治区档案局、中国社会科学院边疆史地研究中心编《近代新疆蒙古历史档案》，新疆人民出版社，2008，第 126 页。

② 《敏珠策旺多尔济等为报各部盟长公署情况事致省政府的咨》（1947 年 12 月 10 日），载新疆维吾尔自治区档案局、中国社会科学院边疆史地研究中心编《近代新疆蒙古历史档案》，新疆人民出版社，2008，第 438 页。

③ 《蒋介石回复乌静彬有关治理新疆蒙旗意见致蒙藏委员会代电》（1946 年 8 月 1 日），载中国第二历史档案馆编《民国新疆档案汇编》（1928—1949）第 48 册，凤凰出版社，2015，第 436、341 页。

④ 中国人民政治协商会议伊犁哈萨克自治州委员会文史资料委员会：《伊犁文史资料》第 6~10 辑，2009，第 3 页。

双轨制格局，但由于地方政府的抵制，此一格局亦只是停留于政策层面，在省府与盟旗的斗争中，宁夏、青海、新疆各自形成不同的治理模式。"四一二"之后，盛世才通过第一个"三年计划"使新疆社会基本恢复正常，在新县制建设中，通过"改土归流"方式逐步改变新疆民族地区原本政治体制，在双轨制基础上，形成了"双重管理"的模式。但在实施过程中，新疆地方政府逐渐认识到旧体制"名义存在则职权亦存在。若于设治之后仍将旧名义保留，则于原有带兵职权外又增一治民职权，诚恐积重难返，将来再欲取消不免多感困难。为一劳永逸，并为加速纳蒙民于政治轨道计，不如乘此时机，毅然决然将吐、和两部改设设治局，所有盟长、固子达、藏根等一切旧名义官佐一并取消"①。

1939 年 4 月，盛世才指令撤销旧土尔扈特南路盟长公署，同年 6 月正式成立和通县后，改为和靖县，由殷英为和靖县首任县长。盟长公署下属各旗改为同名区，保留王公爵号，其年俸由省财政厅核拨至和靖县政府支付。1940 年 7 月，焉耆行政区组成以上层人士巴拉登大喇嘛为委员长的"清理盟长公署委员会"，于同年 7 月 15～28 日对盟长公署资产逐一进行清理交接。8 月，"清理盟长公署委员会"撤销盟长公署，取消其盟长，保留其王爵。通过 1940 年后的进一步改革，新疆地方形式上实现行政一体化建设目标，把前一阶段的"双重管辖"模式统一为"属地管理"，完成了近代新疆行政一体化的历史任务。

但是此一改革至 1946 年前后由于外部形势恶化又出现反复，原本取消的盟长公署又重新组建。1948 年，新疆蒙部地方形成《新疆旧土尔扈特南部落盟组织大纲》，对于盟长公署之职权规定：盟长公署掌理一切事务并考查监督一切，正、副盟长需根据旧礼教推行政务，盟署经费，除中央及省政府供给外，应由各区摊派，盟署兼管司法工作，

---

① 《民政厅为土尔扈特、和硕特二部改设设治局事致省政府的呈》（1938 年 7 月 25 日），载新疆维吾尔自治区档案局、中国社会科学院边疆史地研究中心编《近代新疆蒙古历史档案》，新疆人民出版社，2008，第 72 页。

盟长公署成立保安队，队中诸事由省保部直接领导。① 表面上看盟旗组织又重新得到了恢复，但实际分析，其政治上只是依据旧礼教而推行政务，经济上、地方军事上还要仰仗中央及省政府帮助，虽然说盟署兼管司法，但事涉其他民族事务还要转交地方办理。由于盟署组织的扩大，经费难免困难，其不足部分由各区摊派，实际加重了部民负担。故而恢复之后的盟旗组织，于外部环境、内部条件均缺乏发展空间。同时，盛世才通过"改土归流"，把旧有体制人员转变为政府公职人员，在现代化的历史趋势之下，盟旗制度重新把此批公职人员转变为旧体制下的属员，其在推行过程中亦遭到这些区长、村长的抵制。故从此一结果而论，1946年前后新疆"改土归流"工作的反复，只是在形式上恢复了旧有传统体制，并未能从根本上扭转近代以来新疆现代化的历史进程。

盛世才新疆"改土归流"，是新疆民族地区现代化进程中的重要部分。在其改土归流过程中，盟旗制度改革与现代行政体制一体推进，并试图在经济、文化上对新疆民族地区社会进行根本性改造。但囿于军阀自身局限以及20世纪40年代后日益恶化的边疆形势，此一工作进程略有迟滞，且在局部地区出现了传统政治的反复，但并没有打断新疆社会的现代化进程。此种区域、局部有限自治局面的出现，对于1949年以后新疆民族地方的政治格局变化产生了一定的影响。1950年4月，和靖县首届各族各界人民代表会议正式宣布废除王公特权，撤销盟长公署，成立县人民政府，建立区、乡人民政权。至此，统治南路的乌讷恩素珠克图南路旧土尔扈特盟盟长公署宣告结束，揭开了新疆民族地区的新篇章。

① 《新疆旧土尔扈特南部落盟组织大纲及现有组织表》（1948年），载新疆维吾尔自治区档案局、中国社会科学院边疆史地研究中心编《近代新疆蒙古历史档案》，新疆人民出版社，2008，第136~137页。

# 第十一章　民国政府西北地区改土归流与边疆社会

　　民国西北特殊的社会结构与政治形态，使民国政府西北"改土归流"于甘宁青新呈现不同的特点。民国新疆"改土归流"，杨增新初试而未果，金树仁仓促而动荡，盛世才虽于形式上完成了"改土归流"与民族社会改造，但却埋下了后来新疆社会动荡的根源。相对于新疆"改土归流"，宁夏的"改土归流"工作就明显简单明了。围绕旗县之争，省旗矛盾虽有发展，但在外部环境的重压之下，"改土归流"推进缓慢曲折，始终没有引起社会大的动荡。作为同样从甘肃省划分而置的青海省，虽然建省较晚，但西宁"改土归流"工作于民国初年就已经提出，建省以后，青海"改土归流"工作全范围展开，囿于地理环境的迥异，民族社会形态在青海也呈现多样性特征，使其"改土归流"实际上表现为草原生态社会系统与农业生态社会系统两大系统之间的斗争，政府通过行政手段的介入，最终影响了两大系统的发展过程，并借助政治、经济、文化等手段对青海民族社会进行了现代化改造。民国甘肃，其民族社会几乎囊括西北大部形态，蒙古族的盟旗制度、涉藏地区的千百户制度、传统的土司制度、寺院土司制度都于甘肃有其典型形态，故而民国甘肃"改土归流"具有西北"改土归流"的完整形态，并且与西北其他三省不同，其民族社会改造完全由中央及地方政府主导，而非军阀起主要作用。虽然国内政治斗争、中日民族矛盾对甘肃民族地区都有所波及，但其"改土归流"工作还是能够顺利推行，并在一定程度上完成了民族社会的改造。

## 第一节　西北土职的特点

清朝中期，在南方少数民族地区，对于那些为乱者、不法者、互争不息者、土民请愿者、自请纳土者、土司绝嗣者①，只要有可乘之机，即进行改土归流。但在西北少数民族地区没有大张旗鼓地进行，这主要是诸多因素所致。

首先是西北地区特殊的地理位置与社会关系。西北地区是京师和内地的屏藩，又处于中俄交界之处，于国家安全稳定有着十分重要的作用。因此，采取了"从俗从宜，各安其习"②，明令西北"各土司仍其旧"③。另外，西北地区大多数少数民族以游牧为生，"居无定所，兼之言语不通，若全任厅营稽查、约束，恐难周遍，不得不以番治番"。④再者，民族宗教的因素也是西北地区土司制度长期存在的原因。西北地区民族宗教复杂，文化落后，大多又居住偏远分散，中原文化对之影响远不如西南地区。因此宗教思想牢牢控制着人们的头脑，再加上复杂的民族关系，高昂的行政成本，因此，中央政府只要其能"障藩篱，正王制"，就采取"易其政不易其俗之道"⑤。

其次还要从西北土官的特点谈起。关于清代土司制度的特点，李世愉先生在《清代土司制度论考》中指出，清代的土司制度体现了因俗而治、恩威并施、土流一体的特点⑥，但相对于整个清朝而言，西北地区的土官具有以下特点。

相对较高的文化素养。西北地区土官的分布相对集中于中西陆路

---

① 张有隽、徐杰舜：《中国民族政策通论》，广西教育出版社，1992，第109页。
② 《清世宗实录》，雍正七年四月辛巳。
③ 《清史稿》卷517《列传三百四·土司六》，中华书局，1977，第14303页。
④ 那彦成：《平番奏议》卷3，清咸丰三年甘肃布政司库刻本。
⑤ 昭梿：《啸亭杂录》卷10《章嘉喇嘛》，中华书局，1980，第361页。
⑥ 李世愉：《清代土司制度论考》，中国社会科学出版社，1998，第166~169页。

交通线附近，所受中西方文化影响无论在时间上、地域上或是程度上都较其他地区为深。中西方交通贸易，不仅给该地区带来贸易的繁荣，而且也促进了中原文化在西北地区的传播。因之，相对于西南地区而言，西北地区受到儒家文化的影响更深，在思想上更容易接受中央王朝的政治理念、统治思想。

与中央政权的密切关系。清朝从开国之初，就开始对西北进行经营，连年用兵西北，在拓疆固边的过程中，历朝统治者都十分注重对边疆地方势力的培植利用。而这些地方力量又往往要借重中央权威以巩固自己的既有权势利益，因此有清一朝，西北地方势力或是通过征战，或是通过联姻，或是借助宗教，为边疆的巩固不遗余力。清政府采取传统的羁縻策略，通过满蒙联姻的办法，授和罗理的儿子阿宝为和硕额驸并赐第京师，命御前行走，进一步密切了阿拉善与中央的关系。① 有清一代该部与皇家联姻达 28 次，两者世代联姻，从未间断，且互相娶嫁，经常往来。② 1788 年，清高宗谕曰："哈密、吐鲁番两部，皆国家世仆……效力凡三十年，奋勉急公，是以分别施恩……现袭之王、贝子、公、台吉等封爵，出缺时不必降等，俱著世袭罔替。"③ 在清代，土司多次参与西北地区的军事征战。他们为西陲的安定立下了汗马功劳，被清政府视为"国家世仆，西北屏障"。据史料记载，甘青地区的土族土司，祁土司被征调 19 次，李土司 10 次，陈土司 9 次，汪土司 8 次，纳土司、吉土司各 6 次。④ 由于这种密切关系，西北地区的土职能够长期存在。

政治独立性较弱。秦汉以来，北方少数民族地区一直为历代中央政府的边患。清朝统治者也正是出于这一考虑，一方面在西北地区推行千百户制、札萨克盟旗制、僧纲土司制，给予他们一定的独立自主的权力，利用他们控制地方；另一方面从中央到地方在各个方面加强

① 祁韵士：《皇朝藩部要略》卷 10《厄鲁特要略二》，清道光筠渌山房刻本。
② 杜家骥：《清朝满蒙联姻研究》上，故宫出版社，2013，第 169 页。
③ 《清高宗实录》，乾隆五十三年戊申。
④ 《互助土族自治县县志》，1984，第 23 页。

对他们的控制，以防地方势力坐大自雄，危害边疆地区的稳定。青海地区自明朝初年便采用土官、流官参设制度，清初土官演变为土司，1724年，清朝平定罗卜藏丹津叛乱之后，始规定青海藏族受各级地方政府直接管辖，派员分别清查户口，划定地界，授予藏族各部落头目以千户、百户、百长等土职，统领各部落。对于新疆、西蒙古地区的札萨克制度，清政府《钦定大清会典事例理藩院则例》从疆域、封爵、设官、户丁、赋税、禁令等各个方面进行了严格的规定。其目的就在于羁縻、优抚和控制回部和蒙古，使其成为中央控制之下的相对独立的地方支柱。另一方面，由于其（青海）所处位置恰为中原与边疆游牧的交互地带，这样就给予其一定的独立存在空间，同时这一特殊位置又决定了其对双方政权的依存性。

正是由于有了上述的几种特点，再加上西北地区独有的民族、宗教、地理因素，西北地区的改土归流相对滞缓。到了清末民初，国家内忧外患，中央政府自顾不暇，对于西北地区的改土归流问题更是无法考虑。因而，西北地区原有的政治格局并没有发生根本性的变化。

## 第二节　民国西北改土归流的缘起

国民政府统一全国以后，西北地区还一直处于动荡时期，对于西北的政治经济中央一直无暇顾及，但就是在这种局势之下，西北地区的改土归流工作仍能缓慢地进行。推动西北地区改土归流的因素有许多，除了土官自身的落后性之外，还离不开当时的社会政治背景。

土官自身的消极因素。由于土司享有世袭其地、世有其民、世袭罔替的特权，其所处边远地区，中央政权往往又要对其有所倚重，所以就形成了土官、土司擅土自雄，邀截道路，抢掠村庄，俱置无问。土人犯罪，皆不关白流官，土官经自处决。造成土人知有土官而不知有国法。土官或为争草场牧地，或为承袭，仇杀不止，祸乱不息。汉人及其他民族被其摧残，受其荼毒，使边地社会生产力受到极大破坏。

一些边疆地区的土官、土司，无事近犯内地，有事远交外国，此又关系国防大计，深为历代统治者所忌。再加上土司的没落腐化，一味地摊派苛索，从而激成辖民要求政府改土归流。因之，一旦执政者稳定其自身的统治之后，就要考虑边疆地区的体制与稳定问题。

政治体制的变更。民国时期，作为封建社会政治体制的产物土官，其与现行的社会政治体制之间的矛盾日渐突出。随着共和体制的确立，民主共和观念日渐深入人心，他们的落后和封建性就凸显出来。

民国肇始，为了缓和清朝灭亡后遗留的民族问题，对于只要拥护共和的少数民族上层人士"无论已否赐有名号，应一律再加封号，以示优荣"①。虽然早在1912年，马安良曾建议甘肃改土归流，但遭到各土司"密修兵备，预备抵御"，甘督赵惟熙也"亦恐激变，不果行"②。到了1926年，西宁县农会会长蔡有渊等上书甘肃省政府，请求废除土司制度，甘肃省政府当即令西宁区行政长官林竞等"查明此案"，林竞等查明合议后建议"选员绅指导土民不再受土司之重叠压迫，以为自动请求改土归流之计划"。但是这一温和的方案遭到了土司们的强烈反对，为了维持其封建特权政治，他们屡次向青海省政府请求"注销前案"③。同样的情况也出现在哈密地区。因而，这一些封建势力为了维持既得利益，就必然要维护业已没落的封建制度，对军阀体制下的那一点民主共和不会也不能做出协调，从而把自己置于阻绊社会历史发展的地位。而军阀在谋取和巩固地盘的过程中，就必须建立自己的政治体系，因而，就必然要对旧有的秩序结构进行有利于自己的重新建构，土司制度的滞后性使他们没能相应机变协调，所以军阀们便在"改土归流"的旗帜之下对其进行改造，使之转变成为自己的统治机构。一旦形势发生变化，无论从民族抑或国家的角度考虑，解决两者矛盾关系慢慢地就提上了地方政府的议事日程。因此当改土

① 王得胜：《北洋军阀对蒙政策几个问题的初析》，载《内蒙古近代史论丛》第3辑，内蒙古人民出版社，1987，第35页。
② 阳秋：《甘乱杂志》，"中国西北文献丛书"第23卷，影印本，兰州古籍书店，1990。
③ 青海省志编纂委员会：《青海历史纪要》，青海人民出版社，1987，第329页。

归流之时，也受到了各族群众和新闻舆论的支持，并在不同程度上得到了中央政府的默认。

地域环境的影响。西北地区襟山带河，形势险要。左宗棠在平定西北的过程中就曾指出“重新疆者，所以保蒙古；保蒙古者，所以卫京师。西北臂指相连，形势完整，自无隙可乘。若新疆不固，则蒙部不安。匪特陕西、山西各边时虞侵轶、防不胜防，即直北关山亦将无晏眠之日”①。

民国建立以来，军阀纷争，党派相伐，列强环伺，国无宁日。特别是“九一八”事变后，外患日甚。国民党内部也认为“国家将来生命之所系，只有开发边疆，以西北为中心，才能建立永久的国防之基础”②，并提出“用西北作最后的长期抵抗根据地”③。由于西北地区地理位置关乎整个中国后方的安全稳定，再加上复杂的民族宗教关系，历代统治者遗留下来的历史问题，以及苏联民族政策与民族理论的影响④，给外部势力的介入造成了可乘之机。要想保持西北地区的稳定，首先要做的是加强地方的管理，消除各个大大小小的地方势力。正是出于西北地区重要位置的考虑，国民政府和地方军阀在利益一致的情况之下，于1931年才由政府正式公布废除土司制度。

社会经济的发展，从根本上动摇了封建土官的基础，孕育了新兴力量，促进了下层民众的反抗，从而也加速了封建土职制度的衰亡，改土归流成为历史发展的必然。

清朝后期，虽然说西北地区经济处于萧条时期，但不能否认，随着洋务运动和列强对西北地区资源掠夺的深入，西北地区的经济在萧条中也有缓慢发展。早在1895年英国买办在张家口开设洋行，通过甘

---

① 左宗棠：《左宗棠全集》奏稿6，岳麓书社，2009，第649页。
② 高屹：《蒋介石与西北四马》，警官教育出版社，1993，第129页。
③ 《汪精卫在洛举行国难会议之意义》，载罗家伦《革命文献》第36辑，台北，“中央”文物供应社，1979，第8415页。
④ 李国栋：《民国时期的民族问题与民国政府的民族政策研究》，民族出版社，2007，第238页。

肃驼帮大量采购青海羊毛。到了 1905 年，仅在西宁就有英商洋行七八家，丹噶尔亦有英商、美商、德商、俄商等外商洋行十余家，每年收购羊毛多达一百数十万斤。在西蒙古地区，列强通过种种途径在蒙古地区开设买办商行，收购驼毛、羊毛等畜产品，垄断了阿旗的驼毛贸易。1883 年，德商格里斯曾一次采购驼毛 31290 斤①，1892 年俄国成立"索宾尼科和莫尔恰诺夫兄弟"②大贸易公司，垄断了阿旗同周边地区的贸易。这种畸形的贸易关系给牧区人民带来了一些必需的日常生活用品，也促进了地方官僚资本的形成，在一定程度上给牧区注入了新的经济观念，或多或少地动摇了封建领主制的基础。另外，进入民国以后，地方政府多次放垦荒地，由领垦者自动开据承领，镇守使发给执照，概不征收地价。此后青海地方政府又多次放垦荒地，给予种种优惠，募民领垦。

在西蒙古地区，清朝末年为了筹集粮饷，宣布开放蒙荒，推行移民实边，允许和鼓励蒙古王公放荒招垦，以达到"上为国家恢拓利源，下为蒙番疏浚生计；内消隐患，外固边防"，并派遣理藩院尚书衔兵部左侍郎贻谷督办内蒙古西部地区垦务。③随着蒙古地区农业的兴起和发展，许多蒙古牧民学会了开垦出地，耕种粮食，自己种植日常生活所必需的食粮和牲畜饲料。④在这一发展过程中，一批新型的地主集团和宗教势力日益封建化，新兴的地主阶级开始生长形成。这些地方官僚、满汉大员、宗教教派之中的大教主、地主封建武装头子，以及部分巨商富户开始凭借政权、武力、教权在西北的政治旋涡中崭露头角，向旧有的秩序发起挑战。以封建领主制为基础的土官越来越成为社会生产力发展的桎梏，封建地主经济取代封建领主制经济已经从下层民众的渴求转变为历史的必然。

<hr />

① 阿拉善左旗档案馆馆藏档案：101-8-65。
② 〔俄〕彼·库·柯兹洛夫：《蒙古、安多和死城哈喇浩特》，王希隆、丁淑琴译，兰州大学出版社，2002，第 100 页。
③ 卢明辉：《清代内蒙古地区的"独贵龙"运动》，《西北史地》1983 年第 1 期。
④ 梁丽霞：《阿拉善蒙古研究》，民族出版社，2006，第 278 页。

军阀本质的决定。民国初年，国之根基初定，一切都处于百废待兴之中，再加上中央政府不时更迭，对于西北地区无暇顾及。处于这一时期的地方势力纷纷抓住这一有利时机，拓边殖地，趁机发展。他们建立起自己的常备军队，完善地方各级政权机构，使土司制度变得名存实亡。地方军阀为了自身的生存，就不得不加强对所属地盘的控制，从政治上、经济上为自身的存在和发展创造条件。对那些擅权自雄的土司从政治、经济、军事等各个方面进行打压，使土司制度进一步丧失了生存的空间。马麒任西宁镇总兵后，先是利用"祭海会盟"加强对蒙藏王公的控制，争得玉树地区的控制权，并在蒙藏地区设立理事员，改变了过去传统国家理藩院代管和土官就近管理的制度，进一步向中央政府呈请在都兰、循化、贵德、碾伯、大通、玉树、果洛等处开设县治，同时设置青海都统或护军使。① 1928 年，宁夏设省之后，马鸿逵一直想方设法把势力伸进阿拉善地区，但遭到阿王的强烈反对，阿王公然给马鸿逵写信"中央是我的中央，我不反对；满洲国是我的亲戚，我不断绝"②。为了避免双方直接的军事对抗，马鸿逵于1938 年秋在定远营设立"宁夏省政府驻定远营办事处"，开始清查户口，组织保甲，填发身份证，登记壮丁，③ 利用改土归流的形式逐步控制了阿盟。

## 第三节　民国政府西北改土归流存在的问题

进入民国以后，改土归流应该说是顺应了历史的趋势，是为民望所归。但是由于各方面的原因，在改土归流过程中暴露了诸多问题，改土归流的成效大打折扣。

---

① 杨效平：《马步芳家族的兴衰》，青海人民出版社，1986，第 81 页。
② 阿拉善盟政协文史资料委员会：《阿拉善往事（甲编上）》，宁夏人民出版社，2007，第 14 页。
③ 甘肃文史资料编委会：《马鸿逵史料专辑》，载《甘肃文史资料选辑》第 16 辑，甘肃人民出版社，1983，第 108 页。

改土归流，就其根本而言，乃是历史发展的必然。但在这一历史发展的大变革之中，却发生了许多逆历史潮流而动的变故。应该说在改土之初，广大下层民众是持积极支持的态度，但是在后来的发展过程中，因为为政者措置失当，没能处理好政府、民众、土职三者之间的关系，给那些不甘心失势的阶层造成了可乘之机，从而扭转了事情发展的根本方向，使改土归流工作流于形式。

1930 年 3 月，哈密沙木胡索特亲王病故，他的儿子聂滋尔袭爵。早已不堪王府重压的维吾尔族人民，趁机提出改土归流的要求，金树仁政府借势在哈密地区分设哈密、伊吾、宜禾三县，着手放荒和征收田赋。1931 年初，金树仁政府颁布了关于哈密的田赋征收办法，哈密地方民众向地方政府当局提出了缓征的请求，但遭到地方政府的拒绝。这时恰逢小堡事件发生，一些村落的都尔戈（王府委派的村长）和王府过去的官吏，出于维护自身利益的考虑，借机鼓动群众，纷纷起事。① 随着事态的扩大，原本为土职与土民之间的阶级问题，转而变为民族问题和宗教问题。

改土归流问题的转变，引发的因素有诸多方面，但主要还要从政府的措置分析。

在内忧外患之中成立的民国政府，由于国家力量所不及，对西北地区统而不治，在军阀的割据状态之下保持名义上的治权。一方面，民国政府要保持西北边疆的安全，维持现有的均衡局面；另一方面，在力所能及的情况下，逐步调整统治政策，使西北地区逐步纳入国家正常的秩序之中。所以民国政府一方面要控制利用军阀等地方势力，另一方面要改革其中与现行体制不和谐的因素。所以民国政府"一面向边疆推行选举制度，同时又维护其封建特权，事之矛盾未有过于此者"。"连满清末年的官僚且知倡改土归流政策，民国政府反在维护土司制度实为奇迹。"② 正是这种若明若暗、若即若离的态度，影响了改

---

① 包尔汉：《新疆五十年》，文史资料出版社，1984，第 128~129 页。
② 韦惠林：《论现阶段的边疆问题》，《边政公论》第 6 卷第 3 期，1947。

土归流的最终结果。

改土归流之后，稳定地方、安辑土官的问题随之被提上议事日程。因其在民族宗教上的特殊关系，地方政府在这一点上也是颇费心机。为了笼络和驾驭这些地方势力，青海省政府委任刚察千户华宝藏为青海藏族总千户，河南蒙古亲王为地方军团长，青南土司唐隆古哇为麦仓司令，汪土司后裔汪兆祥为参谋，连成鲁土司为省政府顾问。① 哈密聂滋尔在改土后也被金树仁政府任命为木垒县长，留居省城。② 达理札雅先是被马鸿逵"礼请"到银川，然后又被国民政府接到兰州，并在兰州设立办事处。

从表面上看，这样的安置似乎没有什么不妥，但在实际的运作过程中却暴露出一些问题。改土就是要归流，而在西北地区由于中央实力不济，军阀为各方面因素所限，在一些地方，虽然说改了土，但是由于民族宗教因素，"土"不离土，其结果反而是使"流反成流"。拉卜楞设立县制之后，军政宗教大权全部掌握在拉卜楞保安司令和活佛黄正清手中。县政府的力量仅及县城附近地区，到较远的地方去编组保甲或做其他事情，都要通过地方势力进行。直到1949年其基层组织仍然是部落制，其性质仍然是政教合一，而乡保有名无实。而在卓尼，推行保甲制足足用了6年时间。

改土归流中一方面要对封建既得利益集团进行安抚，另一方面又面临着地方统治机构的重建。由于所处地理环境、民族宗教、传统习惯的不同，改土归流之后各地的临时机构也不尽相同。

设治局是一个与县同级的特殊行政组织，它设立在边远省份或多民族聚居区，由于政治经济落后，不能设立县治，又需要相当机关加以治理，国民政府为了统一行政，于1931年颁布《设治局组织条例》，规定在上述情况一律设立"设治局"。设治局不设自治机关，因

---

① 陈秉渊：《马步芳家族统治青海四十年（修订版）》，青海人民出版社，1986，第213~214页。
② 曾问吾：《中国经营西域史》，上海书店出版社，1989，第542页。

其仅是过渡组织，在经济文化得到一定开发后，再改设为县治。[①] 办事处和理事都为地方政府临时性派出机构，其所处的位置与设治局类同，行使着同级县级政府的职能。而县制多是在改土归流条件比较成熟，经济文化相对发达的农区或半农半牧地区设置的基层组织机构。应该说，这样的设置是尽可能地适应了所处地区的环境，但是由于西北地区的改土归流多是在军阀割据的体制下进行的，所任官员，多为地方军人临时充任。临时性的过渡组织，五日京兆的机构官员，这在很大程度上影响了改土归流的成效。

---

① 徐矛：《中华民国政治制度史》，上海人民出版社，1992，第414页。

# 后　记

　　近代西北地区的"改土归流"，民国时期中央政府与学者们的认识，在某些方面和今天学者的认识存在一定的不同。民国时期，归土司、札萨克、僧纲、千百户均为"土"司，因之，在西北地区现代化进程中，对此"土"司之改造，均视为"改土归流"。现在学者的研究，基于"土"司与"土司"不同概念的建构，在近代西北地区"改土归流"问题上亦产生了不同的见解。清末以来"藩部内属""行政一体"成为中国历史发展的必然，正是由于由"夷夏之辨"到"中外之防"的转变，赋予了近代西北地区"改土归流"更为宽泛的概念。因此，近代中央政府对西北地区"土"司的改造，均可以名为"改土归流"。

　　认识"土司"并与"土司制度"结缘，得益于恩师王希隆先生。因此，兰州求学期间，我就萌生了研究西北土司的构想。承蒙新疆社会科学院陈霞诸老师关爱，2009 年发表了《西北土司流变考》，以此为开端，开始了在近代西北"改土归流"问题上的研究。从事西北土司研究十余年来，我一直笔耕未辍，书稿杀青之时，恩师王希隆先生曾经告诫，书稿完成，只能是在近代西北地区"改土归流"问题研究上的阶段性成果，学术研究永无止境，西北地区的"改土归流"问题研究亦是如此。

　　因此在本书付诸出版之际，自己心中诚惶诚恐。本书承蒙社会科学文献出版社诸位编辑老师审阅，提出了很多中肯意见，在此对他们的辛勤付出表示感谢！在成书过程中，先后得到中国社会科学院中国边疆研究所许建英老师多次的鼓励与帮助，河南大学民族研究所张燕、梁玉洁以及历史文化学院吉青姝同学先后参与到书稿的校注工作，在此一并表示感谢！

　　由于成书时间仓促，本人水平所限，书中难免存在不当或不足之处，还要敬请诸方家不吝赐教，在此深表谢意！

郭胜利

2023 年 11 月 5 日

**图书在版编目(CIP)数据**

近代西北"改土归流"研究 / 郭胜利著. -- 北京:
社会科学文献出版社, 2024.5
ISBN 978-7-5228-3404-7

Ⅰ.①近… Ⅱ.①郭… Ⅲ.①改土归流-研究-西北
地区-近代 Ⅳ.①K258.07

中国国家版本馆 CIP 数据核字(2024)第 065576 号

## 近代西北"改土归流"研究

著　　者 / 郭胜利

出 版 人 / 冀祥德
组稿编辑 / 宋月华
责任编辑 / 周志静
责任印制 / 王京美

出　　版 / 社会科学文献出版社·人文分社(010)59367215
　　　　　　地址:北京市北三环中路甲 29 号院华龙大厦　邮编:100029
　　　　　　网址:www.ssap.com.cn
发　　行 / 社会科学文献出版社(010)59367028
印　　装 / 三河市东方印刷有限公司

规　　格 / 开 本:787mm×1092mm　1/16
　　　　　　印 张:15.25　字 数:211 千字
版　　次 / 2024 年 5 月第 1 版　2024 年 5 月第 1 次印刷
书　　号 / ISBN 978-7-5228-3404-7
定　　价 / 98.00 元

读者服务电话:4008918866